Corporate Governance in
Government Corporations

政府公司的
法人治理

[澳] 迈克尔·J·温考普（Michael J. Whincop）/著
道德、法律、公平和治理基础研究中心
澳大利亚格里菲斯大学
高明华/译校
北京师范大学公司治理与企业发展研究中心

经济科学出版社
Economic Science Press

《治理译丛》学术委员会名单

学术委员会（按姓氏字母顺序）：

常修泽　樊　纲　高明华　韩朝华　胡汝银
黄桂田　黄少安　李维安　李文溥　刘　伟
刘纪鹏　刘小玄　刘迎秋　宁向东　沈　越
夏冬林　杨瑞龙　周业安

主　编：高明华

总 序

在具有悠久发展历史的企业大家族中，公司治理（corporate governance）只是一个新成员，这个名词的提出迄今不到30年的时间，但提出不久就引发了一场全球性的公司治理浪潮，而且潮头至今不退，这就不能不令人深思了。

一、公司治理理论的发展

公司治理理论的发展可以划分为以下三个阶段：

第一阶段从18世纪中后期到20世纪90年代中期，突出特点是强调对股东利益的保护。

早在1776年，亚当·斯密（Smith, Adam）在其《国民财富的性质和原因的研究》中就指出："在钱财的处理上，股份公司的董事为他人打算，而私人合伙公司的伙员，则纯是为自己打算。所以，要想股份公司董事们监视钱财用途，像私人合伙公司伙员那样用意周到，那是很难做到的……这样，疏忽和浪费，常为股份公司业务经营上多少难免的弊窦。"[①] 显然，斯密已经触及了股份公司因存在经营者和资本所有者之间的利益不一致而引起的代理问题。

但是，在20世纪20年代以前，由于代理的缺陷问题还不突出，因此并没有引起人们的普遍关注。一方面，当时占主导地位的企业形式是个人业主制企业和合伙制企业，在这两种企业形式中，所有者与经营者是合一的，所有者利益与经营者利益完全或基本一致，不会产生任何分歧，从而治理问题也就不会存在；另一方面，实行股份制的企业，原先的所有者仍然拥有该企

[①] ［英］亚当·斯密：《国民财富的性质和原因的研究》（下卷），商务印书馆1974年版，第303页。

业的控股权，利润最大化的企业目标仍可以顺利地贯彻落实。像美国近代企业家摩根、洛克菲勒、卡耐基等，不仅拥有摩根银行、标准石油公司、美国钢铁公司等大型企业的大量股票，而且还积极参与其经营管理，使之坚持利润最大化的企业目标。

然而，所有者直接控制公司毕竟不是现代公司制企业的主流，尤其是大规模公司制企业，所有者更是远离企业，而且所有权相当分散，这在客观上为经营者背离所有者的利益提供了可能。20世纪20年代以后的美国，这种可能不仅成为现实，而且已经相当突出。伯利和米恩斯（Berle，A. A. and G. C. Means）在1932年出版的《现代公司与私有财产》中指出，所有权和控制权的持续分离可能会使管理者对公司进行掠夺，他们把这种情况称之为"经营者控制"（management control）[1]。

20世纪60年代以来，公司所有权和经营权的分离及经营者支配公司进一步加剧。如在美国，60年代初，经营者支配公司的资产占200家非金融企业总资产的85%；1970年，日本303家最大非金融公司的50%、29家最大金融机构的90%被经营者支配；1975年，英国最大的250家公司中有43.75%、德国1971年最大的150家制造业和商业企业中有52%被经营者支配[2]。在这些公司的董事会中，经理人员占了多数，不少公司的首席执行官（chief executive officer，CEO）同时又坐上了董事长的宝座，受聘于公司所有者的经营管理者反过来最终控制公司，由此导致的因偏离企业利润最大化目标而造成的各种弊端也越来越引起人们的关注。

于是，在20世纪70年代中期，美国拉开了有关公司治理问题讨论的序幕。1979年，威廉姆森（Williamson，O. E.）发表《现代公司的治理》，正式提出了"公司治理"这一概念[3]。1984年和1985年，他又接连发表《公司治理》、《治理经济学：框架和含义》和《资本主义经济制度》等论著，对公司治理进行了较系统的归纳和分析[4]。此后，詹森（Jenson，M. C.）、麦克林（Meckling，W. H.）和墨菲（Murphy，K. J.）等学者对于公司治理不断向纵深发展做出了积极的贡献。他们一致的观点是强调通过降低代理成

---

[1] [美]伯利、米恩斯：《现代公司与私有财产》，台湾银行经济研究室编印，1981年，第90页。

[2] 云冠平、朱义坤、徐林发：《经营者支配之成因》，载《经济学动态》，1998年第5期。

[3] Williamson, O. E., 1979, "On the Governance of the Modern Corporation", *Hofstra Law Review*, 8 (Fall): 63-78.

[4] Williamson, O. E., 1984, "Corporate Governance", *Yale Law Journal*, 93 (June); 1984, "The Economics of Governance: Framework and Implications," *Journal of Theoretical Economics*, 140 (March): 195-223; 1985, *The Economic Institutions of Capitalism*. New York: Free Press, 1985.

本（或交易成本），来实现资本所有者的最大化利益①。

第二阶段始于20世纪90年代中期，突出特点是强调利益相关者（stakeholders）在公司治理中的权益。

1995年，布莱尔（Blair, M. M.）在其出版的《所有权与控制：面向21世纪的公司治理探索》中，系统地提出了她的利益相关者价值观（stakeholder-value perspective）或利益相关者模型（the stakeholder model），即公司不仅仅要对股东负责，还要对经理、雇员、债权人、顾客、政府和社区等更多的利益相关者的预期做出反应，并协调他们之间的利益关系。② 在布莱尔之前，尽管多德（Dodd, E. M.）和威廉姆森等人也曾强调要关注股东以外的其他利益相关者的利益，但他们分析的落脚点却是对股东利益的保护。布莱尔的贡献在于：她没有从传统的股东所有权入手来假定股东对公司的权利和责任，而是认为公司运作中所有不同的权利和责任应该被分解到所有的公司参与者身上，并据此来分析公司应该具有什么目标，它应该在哪些人的控制下运行，以及控制公司的人应该拥有哪些权利、责任和义务，在公司中由谁得到剩余收益和承担剩余风险。她强调，尽管保护股东的权利是重要的，但它却不是公司财富创造中唯一重要的力量。过度强调股东的力量和权利会导致其他利益相关者的投资不足，很可能破坏财富创造的能量。

利益相关者价值观使公司治理从经济学、管理学延伸到社会学、政治学和伦理学等多个学科。近几年的新利益相关者模型进一步扩大了利益相关者范围，按照对于公司的重要性，利益相关者被分为两级：一级（primary）利益相关者是指那些对于公司的生存不可缺少的人或组织，如所有者、客户、职员、社区、政府，有时还包括供应商和债权人等；二级（secondary）利益相关者包括那些与公司生存关系不大的其他组织和个人，但公司的经营对他们的利益有影响，如环境主义者、媒体、学者和批评家、贸易组织，甚

---

① 参见 Jensen, M. and W. Meckling, 1976, "Theory of the Firm: Managerial Behavior, Agency Costs and Ownership Structure", *Journal of Financial Economics*, 3 (October): 305 – 60. Jensen, M. and R. Ruback, 1983, "The Market for Corporate Control: the Scientific Evidence", *Journal of Financial Economics*, 11: 5 – 50. Jensen, M., 1983, "Organization Theory and Methodology," *Accounting Review*, 58: 319 – 39. Fama, E. and K. Jenson, 1983, "Separation of Ownership and Control," *Journal of Law and Economics*, 26: 301 – 25. Jensen, M., 1986, "Agency Costs of Free Cash Flow, Corporate Finance, and Takeovers," *American Economic Review*, 76: 323 – 29. Jensen, M. and K. Murphy, 1990, "Performance Pay and Top-management Incentives," *Journal of Political Economy*, 98 (April): 225 – 64. Jensen, M., 1993, "The Modern Industrial Revolution, Exit, and the Failure of Internal Control Systems," *Journal of Finance*, 48: 831 – 80.

② Blair, M. M., 1995, *Ownership and Control: Rethinking Corporate Governance for the Twenty-first Century*, The Brookings Institution, Washington, D. C., 1995.

至竞争者。① 图1显示了一个大公司利益相关者的可能情况。

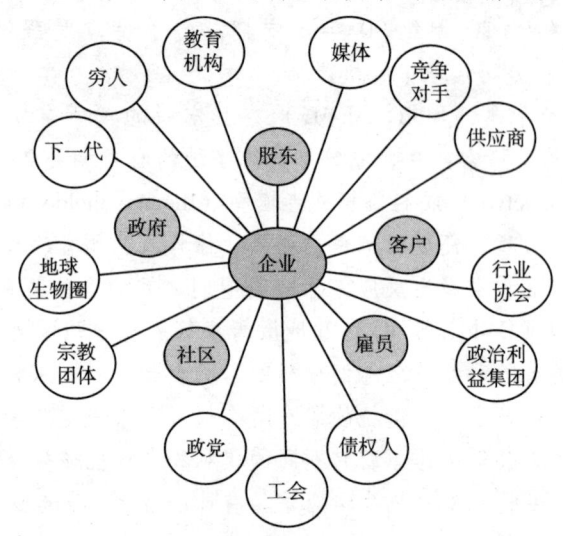

图1 新利益相关者模型

资料来源：[美]乔治·A. 斯蒂纳（George A. Steiner）、约翰·F. 斯蒂纳（John F. Steiner）著：《企业、政府与社会》，华夏出版社2002年版，第14页。

新利益相关者模型的倡导者注重于发现新的治理原则，用以指导公司处理与相应的利益相关者的关系。与目前在实践中多数公司经理的做法相比，利益相关者理论要求公司对各种利益相关者的影响给予更多的伦理或道德方面的考虑。为此，应当吸收利益相关者的代表参与公司的控制和公司的决策，② 即通过利益相关者共同治理，使公司战略反映各方利益相关者的利益。

第三阶段始于20世纪90年代后期，突出特点是公司治理理念向非公司的法人主体，尤其是非营利性组织的延伸，这个时期几乎是与第二阶段同步的。

在非营利性组织治理中，政府往往居于十分重要的位置，它可以影响到非营利组织的决策。理事会是非营利性组织治理的关键，它行使组织决策和领导职能，而且随着非营利性组织的发展，理事会的结构和程序不断制度化和专业化。与营利性的企业组织的治理相比，非营利性组织的治理通常更强调相关参与人的责任机制，因此需要一个更有效的、强有力的、直接的和清晰的治理结构。

---

① Clarkson, Max, 1995, "A Stakeholder Framework for Analyzing and Evaluating Corporate Social Performance," *Academy of Management Review*, January, 106–107.

② [美]乔治·斯蒂纳（George A. Steiner）、约翰·斯蒂纳（John F. Steiner）：《企业、政府与社会》，华夏出版社2002年版，第15页。

二、全球公司治理浪潮

公司治理浪潮起源于英国。20世纪80年代由于不少英国著名公司相继倒闭，由此而产生了一系列的委员会和有关公司治理的一些最佳准则，其中最为重要的是在卡德伯里（Cadbury）勋爵领导下制定的《卡德伯里报告》（Cadbury Report），关于董事会薪酬的《格林伯里报告》（Greenbury Report），以及关于公司治理原则的《汉普尔报告》（Hampel Report）。在以上三个报告发表之后，伦敦证券交易所和英国会计师公会又进一步推出了将这三个报告的精髓全部纳入其中的《综合准则》（Combined Code）和落实准则中有关公司内部控制和风险管理条款的《腾布尔报告》（Turnbull Report）——《内部控制：公司董事落实〈综合准则〉指引》，以整合和细化上市公司的治理标准。

从20世纪80年代末90年代初开始，世界经济发生了一系列的新变化，如90年代日本泡沫经济的崩溃，其后的日本经济衰退，1997年爆发的亚洲金融危机，德国统一的高昂代价，建立统一欧洲经济体的改革等，这些变化使得从英国起源的公司治理运动迅速在世界各地得到响应，并日益高涨。

从美国来看，虽然在20世纪80年代以前的美国公司治理很不活跃，但在80年代，美国出现了大规模的公司并购浪潮和重组活动。市场敌意收购是对公司的一种重要的约束机制，在其威胁下，许多上市公司纷纷主动进行改革，以免成为敌意收购的对象。进入20世纪90年代后，美国的公司治理活动又出现了新的变化，金融杠杆和敌意收购大幅度减少。同时，其他的公司治理机制，特别是公司高管人员的股票期权激励以及公司董事和股东积极参与公司治理等，开始发挥更大的作用。此时，美国资本市场的结构发生了根本性的变化，各种机构投资者（包括养老基金、共同基金、保险基金等）持有企业股权的比例，由1970年的12.4%，提高到1997年的48%。股东进一步法人化和机构化的趋势使得在英国、美国等发达国家中股东高度分散化的状况发生了很大变化，机构投资者开始作为战略投资者进行长期投资。这种所有权结构的变化要求实现所有者主权，增强董事会的独立性，强化对经理阶层的监督和约束，维护股东的利益，全面改善公司治理。

正是由于上述外部环境的变化，使得公司治理机制成为全球关注的最热点问题，并由此产生了一系列最佳公司治理原则。自《卡德伯里报告》以后，许多国家、国际组织、中介机构、行业协会纷纷制定了自己的公司治理原则。据统计，到2007年年底，有60多个国家和法律管辖区域推出了近200家公司治理准则或类似的文件，另外还有近20个国际性的准则。

尤其应当提到的是《OECD公司治理准则》。1998年4月27—28日，经济合作与发展组织（OECD）召开部长级会议，呼吁 OECD 与各国政府、有关的国际组织及私人部门共同制定一套公司治理的标准和指导方针，为了实现这一目标，OECD 成立了公司治理专门筹划小组，于 1999 年出台了《OECD 公司治理准则》（以下简称《准则》）。《准则》面世后，拥有 6 万亿资产管理规模的国际公司治理网络成员（ICGN）以及主要的机构投资者如加州公职人员退休基金系统（CalPERS）即对该准则表示支持。2000 年 3 月，金融稳定性论坛（Financial Stability Forum）把《准则》作为衡量金融体系健全与否的 12 个主要标准之一。《准则》还成为世界银行和国际货币基金组织制定的《标准与准则报告》（Reports on Standards and Codes）的公司治理部分的基础。国际会计协会创办的会计准则发展国际论坛（IFAD），也将《准则》作为分析治理和披露制度的工具[①]。

除了 OECD 之外，其他国际机构也纷纷加入到推动公司治理运动的行列。世界银行在自己的网站上开辟了专门的公司治理栏目，并与 OECD 合作主办了定期性"全球公司治理论坛"、"亚洲公司治理圆桌会议"、"拉丁美洲公司治理圆桌会议"、"俄国公司治理圆桌会议"等论坛或会议。其目的是在公司治理方面加强全球及地区性的对话和信息沟通，分享经验，达成共识，加强协调，一致行动。美国著名的机构投资者 CalPERS 发起建立了民间性质的国际公司治理网络，每年举行一次年会，并开辟专门的网站，系统地推出国内和国际公司治理原则，在世界范围内从投资者的角度出发推进公司治理改革。在欧洲、亚洲也出现了专门的组织，如"欧洲公司治理协会"（即"欧洲公司治理网络"的前身）、"亚洲公司治理协会"和"日本公司治理网络"。

世界上许多重要的证券交易所也越来越关注公司治理，对上市公司的监管内容不仅包括信息披露，而且还越来越强调上市公司的治理结构，世界交易所联盟则起草了有关公司治理准则的指引。

进入 21 世纪，公司治理领域出现了一些新情况、新发展，尤为突出的是接连出现了一些骇人听闻的大公司丑闻事件，如美国安然（Enron）与世界通讯（Worldcom）造假案件、日本雪印食品舞弊案件，以及中国上市公司中诸多不规范的关联交易、大股东侵占上市公司利益等案件，从而再一次引发了人们对公司治理问题的反思。在这种情况下，美国于 2002 年 6 月出台《萨班斯—奥克斯利法案》（Sarbanes-Oxley Act，又称 SOX 法案），该法案的严厉性对美国及至于全球证券市场的影响不亚于一场强烈的地震。同年，

---

① 上海证券交易所研究中心：《中国公司治理报告（2003）》，复旦大学出版社 2003 年版，第 274~277 页。

OECD 部长级会议一致同意对 OECD 国家的最新发展进行重新考察，以便根据最新的公司治理发展状况对《准则》进行审查。这项任务由 OECD 公司治理筹划小组承担，该小组的成员包括所有的 OECD 成员国，还包括世界银行、国际清算银行、国际货币基金组织等观察员，为了更好地评估《准则》，筹划小组还邀请了金融稳定论坛、巴塞尔委员会，以及国际证监会组织（IOSCO）等特邀观察员。2004 年，OECD 结合公司治理领域的最新发展情况，同时参考了非 OECD 国家，尤其是那些参加了 OECD 和世界银行共同组织的公司治理地区圆桌会议的俄罗斯、亚洲、东南欧、拉美和欧亚大陆国家的经验，立足于宣扬公司治理的理念，公布了最新的《OECD 公司治理准则》。

新修订的《准则》的基本精神包括以下六个方面：（1）公司法理框架应当促进透明和有效的市场，符合依法原则，并明确划分各类监督（supervisory）、监管（regulatory）和执行（enforcement）部门的责任。（2）公司治理框架应该保护和促进股东权利的行使。（3）公司治理框架应当确保所有股东（包括少数股东和外国股东）受到平等对待，当其权利受到侵害时，所有股东应能够得到有效赔偿。（4）公司治理框架应承认利益相关者的各项经法律或共同协议而确立的权利，并鼓励公司与利益相关者之间在创造财富和工作岗位以及促进企业财务的持续稳健等方面展开积极合作。（5）公司治理框架应确保及时准确地披露公司所有重要事务的信息，包括财务状况、绩效、所有权和公司的治理。（6）公司治理框架应确保董事会对公司的战略指导和对管理层的有效监督，确保董事会对公司和股东的受托责任（accountability）。目前，《准则》已为经合组织和非经合组织所普遍接受，成为公司治理的国际标准，同时也是各国、各地区公司治理准则的范本，用以衡量公司治理的绩效。

从公司治理浪潮，尤其从得到国际社会普遍认可的具有权威性的 OECD 公司治理准则，不难看出公司治理的极其重要性。前任世界银行行长詹姆斯·D. 沃尔芬森（James D. Wolfenson）指出："对世界经济而言，完善的公司治理和健全的国家治理一样重要。"如今，无论是发达国家还是发展中国家，都把完善公司治理看做是改善投资环境、夯实经济基础的必要手段。

中国企业，尤其是国有企业正处于发展的关键时期。近几年，中国公司治理问题频频发生，黄宏生案、陈久霖案、顾雏军案、德隆案、杭萧钢构案、黄光裕案……一案未平，另一案又浮出水面，在这些案件的背后，实际上是治理制度的缺失。我们在推进企业改革时，过多地重视形式，而忽略了相应的治理制度建设。试想一下，我们哪家上市公司没有一个漂亮的公司治理结构呢？但为什么效果不大？关键就在于治理制度不到位。在制度建设中，制度的执行尤其重要。著名学者培根说过，一次不公正的判决，其危害性胜于十次严重的犯罪。通过制度建设，要使违规者违规的成本大大超过违规的收益，或者反过来说，使合规的收益大大高于合规的成本。美国严厉的 SOX 法案强化的就是这种成本约束，该法案在公司治理理念上发生了质的变化，即假设企业是没有诚信的，只有在一系列制度的约束下，它们才能担负起其对投资者和社会的责任，因此，必须要加强对当事人责任的处罚。

三、关于"治理译丛"

基于以上背景，2005 年年底，我向经济科学出版社金梅女士提出建议，出版一套"治理译丛"，得到了她的积极响应。后来经过经济科学出版社的努力，该丛书列入了"十一五"国家重点图书项目。

我们之所以把该丛书命名为"治理译丛"，而不是"公司治理译丛"，是由于理论界和实际部门对"corporate governance"存在着某种不太正确的理解。"corporate governance"的准确译法应是"法人治理"。"corporate"之所以翻译成"法人"，是因为需要治理的不仅仅是公司，还有非公司的企业法人和非企业的法人，前者如没有公司化的家族企业和国有企业，后者如非营利性组织（non-for-profit organizations）和公共部门（public sector）。而且，将"corporate"翻译成"公司"还经常出现汉语的语病问题。例如，温考普（Whincop, Michael J.）所著 *Corporate Governance in Government Corporation*，如果翻译成"政府公司的公司治理"，显然不顺；再如，OECD 制定的"OECD Guidelines on Corporate Governance of State-Owned Enterprises"，翻译成"OECD 国有企业公司治理指引"也是有问题的，因为"企业"和"公司"两个词存在着重复。

当然，法人治理问题是始于公司的，法人治理更多地体现在公司制企业中，从这个意义上说，把"corporate"翻译成"公司"未尝不可。但是，考虑到法人治理向非公司制企业和非企业主体（尤其是非营利性组织）的延伸，在分析这些主体的治理时，就只能翻译成"法人治理"。所以，把这套丛书命名为"治理译丛"是再合适不过了。

在"治理译丛"书目的选择上，我们并非一揽子把所有书目选定，而是跟踪该领域的前沿，选择著名出版社的最新版本，随选随译。所选书目以学术著作为主，兼及实务性著作。我们力求通过这套译丛的出版，推动中国公司治理研究向纵深发展，同时能够为国有企业以及其他各类主体的治理改革提供借鉴。

北京师范大学公司治理与企业发展研究中心

高明华

2010 年 9 月

译者序

20世纪80年代末，发端于英国的公司法人治理问题讨论很快演化为一场全球性的公司治理浪潮，这一浪潮催生了全球范围的企业制度改革。相应的，探讨企业法人治理的文献也如雨后春笋。然而，在国外文献中，却鲜有专门研究国有企业法人治理的身影。而国有企业作为世界各国经济的重要组成部分，其治理的必要性比私有企业却有过之而无不及。2005年，OECD出台《OECD国有企业法人治理指引》（OECD *Guidelines on Corporate Governance of State-Owned Enterprises*），这印证了国有企业法人治理的紧迫性和重要性。现在呈现在读者面前的这本著作是为数不多的专门研究政府公司（国有企业）法人治理的重要文献之一，在我国则是第一本系统性的国有企业法人治理的译著。

作者迈克尔·J.温考普（Michael J. Whincop，1968—2003）教授在法经济分析和公司法研究方面建树颇丰，是澳大利亚乃至国际上领先的学者。1994年，他进入澳大利亚格里菲斯大学（Griffith University）法学院任讲师。在随后的短短8年内得到三次晋升，于2002年被聘为教授，时年33岁，并担任道德、法律、公平和治理基础研究中心（Key Centre for Ethics, Law, Justice and Governance）"企业道德和法人规制"项目负责人。温考普教授研究领域广泛，成果丰富。2003年，他突然病故，年仅34岁。虽然一生短暂，但他却为后人留下了卓越的知识财富。本书可以说是温考普教授在政府公司法人治理领域研究的一个总结，它集合了法人治理、公司法和法经济学的基本理论和实践，理论和实证分析紧密结合，读起来给人一种耳目一新的感觉。

本书的基本思想主要包括：

1. 政府公司治理的目标。这包括三个方面：一是节约管理的代理成本

（agency cost of management）；二是协调拥有治理权的执政当局与最终所有者（公众）之间的利益关系，以最小化治理的代理成本（agency cost of governance）；三是约束政府公司的反竞争行为，尤其是政府公司的经营属于自然垄断的情况下，其目的是最小化垄断的社会成本。除了第一个目标与经营性公司类似以外，其他两个目标则是政府公司所独有的。

2. 政府公司董事会与管理层之间的相互关系。这种关系在政府公司中的作用与经营性公司同等重要。然而，在董事会运作、协调两者关系的方法和经理人报酬等方面，政府公司和经营性公司则存在本质的差别。这说明，政府公司董事会可能会受到一些消极因素的影响，如董事缺少法人治理经验、对任期具有不安全感、职责过于冗长和复杂等，致使政府公司股东难以像经营性公司那样获得利益的最大化。

3. 执政当局对政府公司的治理权力。由于政府公司具有公共性，执政当局势必要求对政府公司拥有治理权力。尽管存在着对执政当局治理权力的种种限制因素，但是，这些限制因素经常被超越，原因在于政府部门的介入有可能创造新的策略性行为，如歪曲信息、"抢夺地盘"等。政府的政策也常常与最小化管理的代理成本相悖，因为这些政策的出台更多的是出于政治的考虑。在这种情况下，执政当局的治理势必会产生高昂的成本。

4. 利益相关者在政府公司法人治理中的作用。这些利益相关者是指"非投资"的选民，即股东以外的选民，包括经理、雇员、债权人、消费者、当地社区等。他们可以直接通过其在董事会中的代表，或者通过对董事会成员进行游说，或者间接地通过游说政府股东，来对政府公司法人治理施加影响。但是，这种影响常常受到很大的限制，为此就需要建立一套适当的程序，用于协调政府公司与利益相关者之间的利益关系，这就是公共服务义务（CSOs），即政府公司必须要对利益相关者承担公共服务义务。不过，政府公司的 CSOs 可能会破坏其竞争中立原则（principle of competitive neutrality）。

5. 政府公司法人治理制度的完善。这包括两个方面：一是限制政府对公司管理层的无效干预；二是对管理层进行强有力的激励以减少成本和增加公司价值。这种制度设计需要独立的法人治理程序，但治理程序并不是自动实施（self-enforcing）的，这需要依靠法律规则和道德原则。法律规则有助于明确利益集团对公司法人治理的介入程度，而道德原则则有助于明确公司法人治理参与者的角色和相互作用。需要强调的是，简单地搬用经营性公司的治理程序、法律和道德规范，对于政府公司并不是最优的。

译者序

本书最核心的思想也许是以下两个方面：

1. 公司目标描述（statement of corporate intent, SCI）。SCI 包括但绝不限于财务目标，还包括消费者服务和其他社区关心的目标。这些目标要经过董事会和对应的政府持股部长之间的协商，以形成一个正式的绩效合同，在政府公司框架内创造出有效的责任机制。在这些目标的实施过程中，政府是不能干预的。但如果政府公司没有实现这些目标，政府就会积极地介入。SCI 利用了私有企业的做法，是激励政府公司的一种主要机制，它对于政府实现公有目标，加强政府对企业的绩效监督具有重要的意义。

2. 公共服务义务（community service obligations, CSOs）。CSOs 是政府公司承担公共目标的一种制度设计。它是一种补偿机制，如果政府公司从追求商业利益最大化目标转为实现非营利性目标，由此产生的费用要由国家来承担。一般情况下，政府公司必须接受政府的指导，如果政府希望政府企业去履行非商业性职责，它们就会拟定一个决议。在协议中，政府企业履行这一职能，政府则提供全部补偿，或者补偿其所付代价的一部分。实行 CSOs 的目的在于，在谋求公司财务绩效最大化的同时，实现垄断的社会成本的最小化。CSOs 作为政府公司法人治理的重要组成部分，代表着政府公司利益最大化和公共利益目标之间不一致问题的一部分解决方案。

本书给予我们的最大启示在于：国有企业公司化改革很有必要，但其公共目标不能因此而取消或忽略。

在中国 20 多年的国有企业改革中，国有企业的公共性似乎越来越模糊了。在现实中我们看到，就追求赢利来说，国有企业与私有企业已没有什么差别。如果说有差别的话，那就是国有企业在其所在领域拥有很大的垄断权。

公共性是国有企业的本性所在。这是因为，国有企业的财产是全民的，国有企业的"股份"每个公民都有份，这与股东持有股份公司的股份没有什么区别。但是，由于"全民"很抽象，或者说，全民无法直接从国有企业领取股息红利，所以，公共性便成为国有企业的本质属性。更进一步说，国有企业存在的原因就是公共性，甚至可以说，公共性是国有企业存在的唯一原因。如果企业要赢利，私有企业足矣，依法纳税便是了。国有企业要赢利，但不必然要赢利，赢利不是最终目的，最终目的是用赢利服务全民，即提供公共服务，如义务教育、医疗卫生保健、扶贫（如目前的新农村建设）、城市公共交通、国防等。也可以不赢利，而是直接服务于公民，如向公民提供低价优质产品、公共基础设施建设等。

国有企业从其产生的那一天起，就是立足于公共领域的，也就是不以营利为目的的。原因很简单,这些领域难以克服"搭便车"和外部性问题,所以私有企业不愿意进入,进来以后赚不了钱。但是,公共品对于公众又是不可或缺的,这就决定了只能由国有企业来生产这些公共品;相反,私人品只有私有企业生产才最有效率,而国有企业由于没有唯一的所有者,产权不甚明晰,从而注定其效率达不到最优。而且,让国有企业与私有企业在私人品领域去竞争,既是不公平的,也会造成消费者剩余的损失。这是因为,国有企业享有政策优势,或者拥有部分垄断资源,这些优势或资源并非用来造福于全民,而是成为经营者,或者经营者与政府官员合谋攫取公民利益的工具,此时相当大的消费者剩余就会转移到这些经营者和政府官员口袋里。私有企业由于不具备这些优势和资源,在竞争中势必处于不利地位,甚至不得不退出。

客观地说,中国的国有企业改革既滞后,又走过了头。所谓"滞后",是指一些国有企业本应该完全退出国有领域,但却"赖"着不退,国有企业的摊子仍然过大,即使是曾经被认为天生就是国有企业的民航、通信(特别是移动通信),也已具备了完全市场化的条件。对于这些国有企业,放弃垄断,完全市场化是最优的选择,一旦走向市场化,追求公共利益便属于企业的自愿选择。如果这些国有企业继续以垄断形态存在,则无疑会造成对公众利益的侵害。所谓"走过了头",是指那些本应该由政府投资、不能盈利的领域,国有企业却以营利为目的介入进来,最典型的莫过于医疗和教育,医院成了自负盈亏的市场主体,很多学校也准企业化了。这些在发达市场经济国家都基本没有市场化的领域,我们却都市场化或准市场化了。对于这些国有企业,一定程度的市场化是可以的,但维护公共利益是其不可推卸的应尽义务,否则,很可能会带来巨大的社会成本。

中国的国有企业改革正处于关键时期,如果使国有企业改革保持正确的方向,本书显然可以提供很多借鉴。

本书的翻译是集体智慧的成果。参与本书初稿翻译的有:王延明和张华(第1章)、刘宇思(第2章)、刘科星(第3章)、陈贻雄(第4、5章)、许蓓(第6章)。他们都是北京师范大学的博士生和硕士生,让他们翻译初稿的初衷是提高他们阅读原著的能力。但由于各种原因,大部分初稿我没有采纳,而是进行了重新翻译,但他们体现在初稿中的智慧还是为我注入了很多灵感。翻译完成后,我把译稿分发给我所有在读的研究生进行阅读,除了寻找其中的错误外,目的还在于看看是否符合汉语的习惯,中国读者是否能够读得通、读得懂。所有同学都反馈了意见,这些意见使得译稿得到了进一步的完善。除了上述同学外,其他还有:肖松、蔡卫星、郭锐欣、刘勇、肖磊、韩向晖、孙大鹏、李文明、杜雯翠、曾诚、赵璐、原玉杰。在此向他们表示由衷的感谢！但本书翻译中出现的任何不当之处，皆由我本人负责。

本书是"治理译丛"的第一本，原著是由经济科学出版社金梅女士和我共同选定的。金梅女士还为本书的出版和编辑付出了大量心血，对她的认真负责，我非常钦佩，也向她致以崇高的谢意！

北京师范大学公司治理与企业发展研究中心

高明华

2010 年 9 月

目 录

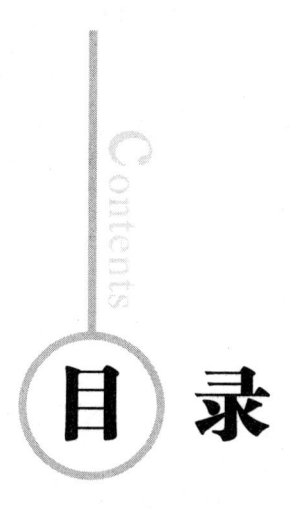

序 言 / 1

说 明 / 1

第1章 导 论 / 1

1.1 政府公司的法人治理问题 / 6

1.2 政府公司法人治理实践的简要介绍 / 12

    1.2.1 既有公司化模式 / 13

1.3 关于数据的注释 / 17

第2章 历史与比较 / 19

2.1 联邦国家的经验 / 21

    2.1.1 英国 / 21

    2.1.2 新西兰 / 23

    2.1.3 澳大利亚 / 24

    2.1.4 美国和加拿大 / 35

2.2 东欧和中国的私有化 / 40

    2.2.1 俄罗斯 / 41

    2.2.2 波兰 / 44

2.2.3 捷克共和国和斯洛伐克 / 45
2.2.4 中国 / 47
2.3 综述 / 52
2.4 结论 / 55

第3章 政府公司的管理 / 56

3.1 管理层法人治理：政府公司和经营性公司的比较 / 57
    3.1.1 治理问题与合同 / 57
    3.1.2 治理问题与董事会 / 61
    3.1.3 治理问题与法律规则 / 63
3.2 法人治理和经营者：经验证据 / 65
    3.2.1 经营者报酬水平 / 65
    3.2.2 报酬不足的影响 / 67
3.3 法人治理和董事会：经验证据 / 69
    3.3.1 任命方面 / 69
    3.3.2 供给对董事职位的影响 / 74
    3.3.3 受托人责任 / 78
    3.3.4 董事任期及终止 / 83
3.4 结论 / 97

第4章 作为股东的政府 / 98

4.1 政府公司法人治理的代理成本 / 100
4.2 关于政府部长在法人治理中的角色的证据 / 108
    4.2.1 假设 / 108
    4.2.2 任命程序 / 108
    4.2.3 对干预的预期 / 110
    4.2.4 公司目标描述 / 115
    4.2.5 投资部长和财政部长的治理角色 / 118
    4.2.6 假设检验的结果 / 131
4.3 政府公司和政府部门 / 132
    4.3.1 有关部门的证据 / 133

4.4 政府公司和政府政策 / 139
　　4.4.1 独立性、非正式政策和干预的范围 / 139
　　4.4.2 政府政策的巨额成本 / 141
4.5 结论 / 144

第 5 章 利益相关者与法人治理 / 146

5.1 利益集团政治与利益相关者 / 147
　　5.1.1 对利益集团政治前述证据的评论 / 148
　　5.1.2 关于利益集团政治的更进一步的证据 / 149
　　5.1.3 劳工政策 / 157
5.2 公共服务义务 / 161
5.3 对法人治理中利益相关者的理论检验 / 163
　　5.3.1 债权人 / 163
　　5.3.2 雇员 / 164
　　5.3.3 消费者 / 165
　　5.3.4 当地社区 / 166
　　5.3.5 经理 / 167
5.4 结论 / 168

第 6 章 政府公司的改革 / 169

6.1 财务 / 170
6.2 经理人 / 175
6.3 董事会 / 176
　　6.3.1 董事会的任命和结构 / 177
　　6.3.2 董事的报酬 / 179
　　6.3.3 主席的角色 / 181
　　6.3.4 董事会委员会 / 184
　　6.3.5 董事的职责 / 187
　　6.3.6 任期与任期终止 / 193
6.4 政府部长的治理角色 / 193
　　6.4.1 执政当局内治理权力的配置 / 194

6.4.2　目标建立和公司计划　/　196
　　6.4.3　公共服务义务和政策指导　/　198
　　6.4.4　有关政府部门的观点　/　200
　　6.4.5　政府公司和利益集团的相互作用　/　201
　　6.4.6　政府部长的道德　/　201
　6.5　对政府公司运作的治理　/　202
　6.6　结论　/　204

参考文献　/　206

主要词汇索引　/　221

图表目录

表 1.1　人数和样本　/　18

表 1.2　样本分类　/　18

表 2.1　波兰私有化初期的股份　/　44

图 2.1　政府公司的代理总成本对评价政府决策能力的作用　/　53

表 3.1　CEO 报酬过度与不足（按部门）　/　66

表 3.2　CEO 报酬不足的影响（按部门）　/　67

表 3.3　法人治理的经历　/　71

表 3.4　经历和资格（按部门）　/　72

表 3.5　有关完善董事会构成和功能的建议（按部门）　/　73

表 3.6　报酬感受与上市公司经历的交叉列表　/　75

表 3.7　报酬适当性感受与法律责任效应的交叉列表　/　76

表 3.8　声望效应与上市公司经历的关系　/　78

表 3.9　对董事责任的理解　/　79

表 3.10　"实际"和"应该"采取的处理冲突的方式　/　80

表 3.11　对企业谈判交易中的冲突"实际"和"应该"采取的处理方式之交叉列表　/　81

表 3.12　如何解决企业谈判交易和乡村服务交易中的冲突之交叉列表　/　82

表 3.13　如何处理企业谈判交易中的冲突（按部门）　/　83

表 3.14　董事任期统计摘要　/　84

表 3.15　在与政府或政党变化相关的持续性政府公司中结束董事任期的情况　/　85

表 3.16　董事任期结束时的连任情况（按部门）　/　85

表 3.17　上市公司经历和董事连任的关系　/　85

表 3.18　上市公司经历与董事连任的关系（按部门）　/　86

表 3.19　政府变化和董事连任的关系　/　86

表 3.20　执政党变化和董事连任的关系　/　86

表 3.21　执政党变化与董事连任的关系（按部门）　/　87

表 3.22　董事连任的计量模型（$\log it$ 回归）　/　88

表 3.23　董事职位的提前终止（按部门）　/　89

表 3.24　董事职位的提前终止（按部门）　/　89

表 3.25　上市公司经历与提前终止董事任期的关系　/　90

表 3.26　上市公司经历与提前终止董事任期的关系（按部门）　/　90

表 3.27　政府变化与提前终止董事任期的关系　/　90

表 3.28　政府变化与提前终止董事任期的关系（按部门）　/　91

表 3.29　执政党变化与提前终止董事任期的关系　/　91

表 3.30　执政党变化与提前终止董事任期的关系（按部门）　/　91

表 3.31　提前终止董事任期的计量模型（$\log it$ 回归）　/　92

表 3.32　可能导致董事职位终止或没有连任的因素（按部门计算均值）　/　93

表 3.33　可能导致董事职位终止或没有连任的因素
（现任和前任董事之间的比较）　/　95

表 3.34　董事未能连任的原因（按部门）　/　95

表 3.35　董事未能连任的原因（按部门）　/　97

图 4.1　政府公司的总代理成本与政府自由决策程度之间的函数关系　/　107

表 4.1　考虑做出一种任命的主要依据　/　109

表 4.2　有关董事任命主要与谁接触　/　110

表 4.3　政府介入公司管理的情况　/　111

表 4.4　对政府公司政治干预的预期与上市公司经历之间的关系　/　111

表 4.5　对政府变化效应的预期与上市公司经历之间的关系　/　114

表 4.6　SCI 和制订公司计划的种类　/　115

表 4.7　对实现 SCI 目标的监控（按部门）　/　116

表 4.8　政府部长积极参与 SCI 协商与董事会监控 SCI 目标之间的关系　/　117

表 4.9　未能实现 SCI 目标的后果　/　117

表 4.10　政府部长积极参与 SCI 协商与未能实现 SCI 目标的
后果之间的关系　/　118

表 4.11　各种沟通方式采用的频率　/　120

表 4.12　政府部长提出的具体问题发生的频率　/　121

表 4.13　投资部长提出的具体问题发生的频率（部门均值及方差）　/　122

表 4.14　财政部长提出的具体问题发生的频率（部门均值及方差）　/　123

图表目录

表 4.15　董事就具体问题主动与政府部长沟通的情况　/　123
表 4.16　政府介入政府公司经营的影响　/　124
表 4.17　不同部门投资部长对政府公司经营介入的影响（部门均值及方差）　/　125
表 4.18　政府对政府公司管理或治理的干预（按董事状态和部门分类）　/　126
表 4.19　政府部长干预政府公司管理的动机和环境　/　127
表 4.20　投资部长干预变为政治干涉的情况　/　128
表 4.21　政府部长拥有特殊权力来源的可信性　/　129
表 4.22　投资部长和财政部长在目标上的差异　/　130
表 4.23　投资部长和财政部长目标冲突的解决情况　/　130
表 4.24　政府公司与政府投资部门之间的工作关系（按部门均值）　/　134
表 4.25　政府公司与财政部之间的工作关系（按部门均值）　/　134
表 4.26　政府公司与政府投资部门和财政部工作关系之间的差异（按部门均值）　/　135
表 4.27　有上市公司经历的董事对政府公司和政府投资部门之间工作关系在认识上的差异（按部门均值）　/　138
表 4.28　政府公司在提供服务和定价方面的独立性（按部门）　/　140
表 4.29　政府政策的效应（按部门）　/　141
表 4.30　政府政策的效应（按董事类型）　/　142
表 4.31　政府政策的效应（按部门和董事类型）　/　142
表 4.32　政府公司对政府政策的反应（按部门）　/　143
表 4.33　政府政策的效应和反应之间的关系　/　144
表 5.1　消费者对董事或管理层的游说行为（按部门）　/　150
表 5.2　董事对消费者或用户的支持（按部门）　/　150
表 5.3　游说行为与董事支持之间的关系　/　151
表 5.4　政府公司提供服务上的政治压力（按部门）　/　152
表 5.5　政府公司提供服务上的政治压力与游说董事行为之间的关系　/　153
表 5.6　政府公司提供服务上的政治压力与董事为利益集团代言之间的关系　/　153
表 5.7　在政府公司提供服务上董事享有的自由程度与其是否支持利益集团之间的关系　/　154
表 5.8　在政府公司提供服务上的政治压力与其在提供服务上的自由程度之间的关系　/　154
表 5.9　政府公司提供服务上的政治压力与预期政府施加无效限制之间的关系　/　155

表 5.10　政府公司提供服务上的充分自由与预期政府施加无效限制之间的关系　/　155

表 5.11　政府公司在提供服务上的政治压力与政府部长在管理和治理上的
　　　　　非正式干预之间的关系　/　156

表 5.12　政府公司在提供服务上的政治压力与政府部长在管理和治理上的
　　　　　非正式干预之间的关系（按部门）　/　156

表 5.13　政府公司在定价和提供服务上的充分自由与政府部长在管理和治理上的
　　　　　非正式干预之间的关系　/　157

表 5.14　政府公司在最大化劳动生产率方面的自由决策（按部门）　/　158

表 5.15　最大化劳动生产率的自由决策与拥有上市公司法人治理
　　　　　经历之间的关系　/　158

表 5.16　最大化劳动生产率的自由决策与拥有上市公司法人治理
　　　　　经历之间的关系（按部门）　/　159

表 5.17　在定价和提供服务上的自由与最大化劳动生产率上的
　　　　　自由之间的交叉列表　/　159

表 5.18　政府公司职员的生产效率（按部门）　/　160

表 5.19　董事会中的劳工代表（按部门）　/　161

表 5.20　对 CSO 的过高或过低定价（按部门）　/　163

图 6.1　关于杠杆作用的财务恶化成本和代理成本　/　171

图 6.2　政府公司中的代理成本和财务恶化成本的变化　/　172

表 6.1　非执行董事的工作时间和报酬（按公司类型）　/　180

表 6.2　作为建议来源的董事会主席和政府　/　183

表 6.3　不同部门基于绩效的支付增加　/　186

图 6.3　政治冲突与金钱冲突的表现　/　190

图 6.4　SCI 所要求的回报率的战略性激励　/　197

序 言

在过去 20 年中,世界各国政府通过不同的方式,力求最大限度地满足社会对政府服务的需求。这些方式包括私有化、竞标、外包和对官僚机构的重组,其目的是促使政府运行更有效率。政府转型的一个普遍做法是在政府服务供给中引入市场激励方式,或尝试在组织结构或合同中模拟这些市场激励方式。当然,关于市场激励有效性的研究是微观经济学的基础,然而,人们却经常忽视这样的研究,即在实现国家的经济和社会目标中,法人治理程序(corporate governance process)应该扮演什么样的角色。作为现代经济的一个重要问题,同时也是法律和公共管理的重要学术问题,对这种研究的忽视是不可思议的。应该认识到,法人治理是基础性的问题。

在本书中,我对政府公司(government corporation)的法人治理进行了研究。即使在 20 世纪八九十年代私有化浪潮之后,政府公司依然管理着相当重要的公用事业、基础设施和跨国企业。在竞争性市场的力量弱化的情况下,这些组织的治理安排显得尤为重要。然而,学术界很少关注这些组织的治理问题。在本书中,除了回顾和综述关于法人和公共治理的理论文献以外,我还对澳大利亚昆士兰州的政府公司进行了实证研究。这项研究是由昆士兰州财政局和澳大利亚研究委员会(Australian Research Council)资助的。不过,本书的观点并不必然代表这两个机构的观点或政策。

我由衷地感谢大卫·斯基尔(David Skeel)和马克斯韦尔·斯特恩斯(Maxwell Stearns)对这个研究项目的杰出贡献,以及 A. J. 布朗(A. J. Brown)和乔恩·莱基(Jon Leckie)为项目研究提供的支持,还有来自财政局的杰基·马丁(Jackie Martin)、安德鲁·麦克米丁(Andrew McMicking)、布鲁斯·麦卡勒姆(Bruce Macallum)和杰夫·拉森(Jeff Lassan)对项目研究的贡献和投入。最后还要感谢我的母亲和妹妹对我的关心和支持。

迈克尔·J. 温考普(Michael J. Whincop)
布里斯班,澳大利亚

说　明

本书采用了我以前发表的部分成果。第 3 章的部分内容来自于我以前发表的一篇文章《另一种责任：政府公司法人治理中的信用观和寻租》，该文发表于《新南威尔士大学法学期刊》2002 年第 25 期。第 4 章的部分内容来自我以前发表的一篇评论《政府公司法人治理中代理股东的作用》，该文见于迈克尔·J. 温考普（Michael J. Whincop）编著的《从官僚机构到经营性企业：政府服务转型中的法律和政策问题》（阿什盖特（Ashgate）出版社 2002 年版）中的第 6 章。

第1章

导　论

在20世纪八九十年代，世界各国都努力限制政府权力，尽可能地通过竞争性市场来满足人们对公共服务和公用事业的需求。对这种转变的分析一般见诸于公共选择经济理论（economic theory of public choice）中。在这种理论中，政府行为得到了最好的解释，即政客们都是自私地寻求自身福利的最大化，而不是无私地促进公共利益的最大化（比如，Buchanan and Tullock，1965；Niskanen，1968，1971）。由于市场和政府具有不同的特性，使得自私在市场中是一种美德，而到了政府那里则变成了罪恶。大多数标准的公共选择理论更适合于分析较小的政府。因此，在过去20年中，公共选择理论为限制现代政府的权限提供了理论渊源，尽管它很难解释为什么自私的政治家在这种非典型的福利增进方式上还能有所作为。

尽管公共选择的解释很重要，尤其是它着重对公共供给和私人供给的效率进行了比较研究，但它仍然是不完善的。对过去20多年历史的研究表明，政府应该提供何种服务以及如何提供的问题，在每一轮的政治和经济周期中，都只是得到暂时的回答，从来没有得到根本性解决。20世纪八九十年代新自由主义的狂热表明，经济改革并不是一项永久远离公共供给的运动。更确切地说，这项改革最好应理解为一个步骤（不是意识形态的偏执），在某种程度上，它是对官僚机构中的预算压力、政治议程和组织危机的一种反应。在21世纪到来之后，公共选择理论的解释力却出现弱化的迹象。让我们来看两个例子。一是政府拥有大量优先股的航空公司的准国有化，如新西兰航空公司和瑞士航空公司（详见Dirmeyer等，2002），而在美国航空产业中，政府拥有的优先股价值高达150亿美元①。另一个例子发生在美国电力

---

① 《航空运输安全和体系稳定性法案》，115 Stat. 229；《公共法》，107—142。

市场的失序之后，尤其发生在加利福尼亚州（商业周刊，2001）。在电力供应中，存在一种"团体选择"（community choice）的趋向，这些团体包括正在成为电力买家的代表团体利益的地方政府①。分配关系、政治策略、提供重要服务的私有企业的破产，都为以上问题提供了佐证。历史证据表明，这种周期循环问题会一再出现。

在一个行为具有周期性的环境中，存在这样一种风险：即使对有关指导重组和改革的公共政策充满渴望，也往往会半途而废。比如，私有化过程中的价格规制（price regulation）可能被用来促进企业本身的利益，而不是消费者的利益。再比如，面对充满愤怒情绪的市场环境，政府可能不会允许私有企业提供公共服务或基础设施。政府可能会欣然放弃这些企业，或者向其他提供公共服务和基础设施的企业进行补贴。最终，政府可能会违背让公共官僚机构放弃政治性微观管理的诺言。这样，各种形式的重组只是改变了机会主义的边界，或者机会主义变换了形式，这种机会主义就是经济家所称的政治过程中的"寻租"②（rent-seeking）。

这种情况表明，由私有企业和公共官僚机构提供公共服务、基础设施和公用事业的法人治理安排是非常重要的。这种法人治理安排决定了这些科层组织在多大程度上能够避免"寻租"和政治上的机会主义，也反映了目前和未来政府对于在其改革计划中所提出的目标的承诺。

法人治理安排的重要性是不证自明的。经济学界、法学界和公共管理学界对于法人治理安排的研究很好地说明了这一点。然而，有关现代国家公共服务供给安排的法人治理方面的文献却刚刚开始出现。大量关于私有化的分析都是对公共企业（public firm）和私有企业经济效率的比较静态分析（梅金森和内特尔（Megginson and Netter, 2001）详细回顾了这些研究）。然而，许多比较研究并没有给我们多少启示。令人疑惑的是，私有企业和公共企业的经理人都在寻求同样的最大化目标函数，或者寻求一个比其他函数更有利于社会福利最大化的目标函数。

显然，推动法人治理结构的完善存在多种目标，这些目标需要平衡，而平衡这些目标的困难在于，在对公司法人治理的大量经济分析中得出的看似具体的结论，在对它们进行归纳时却因为要平衡各种目标而变得复杂了。经

---

① 马萨诸塞州和俄亥俄州已经批准团体选择立法，允许地方当局成为电力供应者（参见实例，东北俄亥俄州公共能源委员会，http://www.nopecinfo.org/index.html）。引人注目的是，在美国各州，用电违反规定是很多的，比如，在加利福尼亚州和马萨诸塞州，几十亿美元的优先股进入了私有能源公司的腰包（Weisman, 1997）。

② 寻租尤其是指在经济剩余的分配中增加自己份额的行为。

济学文献一般都假定，法人治理的目标是最大化企业资产的价值。但是，对这些资产拥有要求权的团体，其权利需要受到限制，以减少它们可能存在的事后契约（post-contractual）的机会主义，如道德风险或钳制行为（hold-out behavior）（Jensen and Meckling, 1976; Williamson, 1985）。相比之下，在政府介入商品和服务供给的某些领域，效率目标肯定会与"代表性"目标（'representational' objective）相抵触。也就是说，法人治理过程一定要能够把团体的注意力引导到与团体福利相关的服务供给上来。困难在于，由于存在着不同目标之间的交织，使法人治理过程更加复杂化，也使有关私有企业的规范性结论在推广到公共企业时变得复杂起来。

尽管存在这样一些问题，还是出现了一些与私有化和局部私有化相关的法人治理问题的文献，它们集中从微观上分析既有的制度及其局限性（比如，Graham and Prosser, 1991; D'Souza 等, 2001）。然而，对于公共企业法人治理的持续的、一般性的分析却几乎完全是空白，这些公共企业被指望能够像经营性公司（business corporations, BCs）那样来组织和管理（比较 Prichard, 1983; Stevens, 1993）。不过，这在独具一格的转型经济体中是例外的（例如，Shirley, 1999）。即使是在 20 世纪八九十年代的私有化浪潮之后，政府公司（government corporations, GCs）在世界许多经济体中仍旧发挥着关键的作用。在西方经济体中，政府公司在具有自然垄断性质的市场中普遍存在着。在新兴经济体中，由于市场的缺失，政府公司甚至将发挥更重要的作用，尤其是在私有化不太成功的一些国家（例如，Kuznetsov and Kuznetsova, 1999; McCarthy 等, 2000; Pagoulatos, 2001）。

无疑，政府公司已经引起了人们的注意。特别是，通过公司化进程，政府公司由政府部门转变为具有充分自治权的实体，拥有像经营性公司那样的惯例和规定（详见 Collier and Pitkin, 1999）。然而，许多这类文献存在着三个严重的缺陷。

第一个缺陷是，这些文献明确地或隐含地基于这样一个前提：公司化是一个没有"终点"（closure）的过程，也就是说，已经公司化的企业还要准备私有化，这是最终的"致命一击"（coup de grace）；或者说，公司化是有点"羞羞答答"的私有化，只待政府具备了更强的意志和决心。实际上，这个假设是没有什么意义的。首先，它的优点是值得怀疑的。目前还有相当数量的政府公司没有私有化，这些政府公司有权根据自己的情况决定是否私有化。其次，一开始就断言私有化具有优越性，这样的分析是不可能有意义的。

第二个缺陷是，那些分析法人治理问题的文献一开始就声称，影响法人治理环境的因素越接近于经营性公司，就越有利于人们所关注的问题的解决。但是，这种说法过于一般化。看待这个错误，我们可以暂时把注意力转到福利经济学中的次优理论上（Lipsey and Lancaster, 1956）。该理论认为，市场存在着大量不完全之处，这些不完全会导致市场均衡偏离社会最优。对不完全市场的一系列矫正也会使经济偏离最优，它会向相反的或人们想要的方向移动。同样的，也不能断言，仿效某些对经营性公司有益的法人治理制度（governance institution）必然会有利于政府公司。两者的治理环境在许多重要的方面都存在着差异，所以理想的法人治理均衡可能也不会一样（Stevens, 1993）。

第三个缺陷是，尽管这些文献的论证合乎规范，也很严肃，但是，在公司化组织的法人治理制度方面，却相对缺少经验证据。这些研究通常都是基于对经营性公司的直觉的经验，以及对公共企业和私有企业的效率比较分析。我们缺乏政府公司法人治理过程方面的有力证据，特别是缺少政府作为股东角色方面的证据。由于政府在目标和权力方面不同于规范的经营性公司的持股主体，所以，对政府股东行为的分析是一个特别有趣的论题。它为我们提供了一个审视政治行为的经济理论，并评估其在特殊制度条件下应用的机会。

根据这些文献中的缺陷，以及对大多数政府公司分析中出现的问题，本书提出以下几个目标。第一，在不做出任何希望政府公司私有化的假设的情况下，提出政府公司法人治理的一个更一般的理论。为了做到这一点，我们需要从最基本的工作开始。特别的，要避免被政府公司的法人形式所误导，它会使我们的调查变得狭窄，对此，我们必须从如下工作开始，即识别与政府公司相联系的每一个选民（constituency）及其应有的利益，这些利益应当得到法人治理程序的适当保护。

我的第二个目标是检验与政府公司法人治理程序相关的经验证据。如上所述，对公司化的经验分析在关于政府公司目标函数的假设上经常是带有倾向性的，即政府公司经理人被假定是为了实现公司价值的最大化。为了弥补这个不足，有必要从各类选民之间的关系层面上对这些问题进行微观分析，这些选民是被假设受到法人治理程序保护的。

尽管我的理论分析是一般性的，但经验证据却是相当具体的。对此，后面还会有详细的描述。这些经验证据来源于对一个特定辖区中政府公司的思考，具体说，就是澳大利亚昆士兰州的政府公司（Government Owned Corporation）。很明显，相对于其他系统，这些证据还不够一般化。然而，作为一个案例研究，它的贡献大于它的局限性。它显示了理论分析中出现的一些两难困境，也证明了一个对于"承诺"的基本的法人治理问题。也就是说，政府会在多大程度上承诺给予经理人努力追求效率的治理环境，做出这种承诺在多大程度上是违心的？对于这个问题，我在本书第6章中考虑了不同的答案。

我的第三个目标是关于在政府公司法人治理的方式上做一些尝试。特别是，如果市民社会（civil society）反对20世纪八九十年代表现非常突出的那种对于市场的武断的承诺，那么，由强有力的法人治理承诺来保护的公共品供给就是很有必要的。否则，就像一个人只是为了未来的生态循环而简单地撒播种子，往往伴随着此后的不稳定、浪费和寻租。软弱的法人治理意味着把权力授予那些鼓吹激进式改革（radical change）的选民，这种改革要么以市场为导向，要么偏离市场导向。有一些近乎是奇闻轶事的证据支持了这个观点，即一个国家的经济越疲弱，它的国有企业（state-owned enterprise）和政府公司就会越多地被用于实现非商业性的政治目标，尤其是解决就业问题（比如史蒂文斯（Stevens, 1993），可以与加拿大马尼托巴省和艾伯塔省的经验进行对比）。这就进一步加剧了私有化对政治路径的依赖性。正是由于这个原因，强化对法人治理的承诺非常必要。

即使已经意识到偏离市场导向的行为是错误的，或者说是过分的，但是大量重要的资产仍旧掌握在政府公司手里，这类似于国家垄断。然而重要的是，要保证这些资产处于适当的法人治理保护之下，这个"适当"既可以界定为代表公共利益，也可以界定为效率。

本章还有以下三项任务：

第一，建立一个基本框架，用于分析政府公司涉及的基本治理问题。而经营性公司本质上只需解决一个法人治理问题，即如何协调好投资者与经理人之间的利益关系，在这方面至少有三个与政府公司截然不同的问题：其一是经理人与最终所有者之间的利益协调问题，在这方面，政府公司与经营性公司是一样的。然而，与经营性公司不同的是，政府公司最终所有者的利益比起经营性公司要更加不一致，后者不会扭曲福利最大化的要求。其二是被授权对经理人行使治理权力的人与最终所有者之间的利益协调关系。法人治理权力经常被授予执政当局的成员。由此产生的问题是，作为政治过程的参与者，这些成员在多大程度上倾向于使用这些治理权力来谋求政治上的有利地位。其三是与政府公司的反竞争行为相联系的社会成本（social cost）的减少。这里又回到了第一个治理问题，因为这是经理行为与最终所有者之间利益关系的一个方面。然而，第一个治理问题与管理的代理成本（agency cost of management）是相关的（Jensen and Meckling, 1976），同时也与产生于授权的道德风险（moral hazard）问题相关。另外，这个治理问题还涉及与垄断相关的社会成本。

第二，提供一个关于政府公司法人治理结构的简要说明。典型的模式来自于昆士兰的公司化制度。它提供了一个关于组织形式的初级框架,是研究其他辖区政府公司的一个起点,也是理解经验分析的一个参考。在第2章中,通过对历史证据的考察以及对其他辖区现代公司的比较,对政府公司的发展前景进行了展望。

第三,简单概括本书其他章节的内容。

1.1 政府公司的法人治理问题

首先考察经营性公司法人治理的逻辑是有益的,这是理解政府公司法人治理的必要的起点。私有企业遇到的基本的法人治理问题是关于投资者与管理上的代理人之间的利益安排问题。投资者必须寻找最佳的合同(从广义上说,这包括所有的激励,以及应用于该合同的治理程序),以此来刺激代理人实现投资者在企业投资价值的最大化。投资者选择合同时的激励及其所要求的法人治理机制(governance machanism)都与社会福利密切相关。投资者对其选择的合同具有剩余财富效应(residual wealth effect),通过最大化其财富,他应该实现社会福利最大化(Jensen and Meckling, 1976)。

经营性公司的法人治理是一种双边治理(bilateral governance),这种观点是一种简化的说法,但这种简化却具有很强的适用性。

第一,最小的经营性公司都有多个股东。通过伯利和米恩斯(Berle and Means, 1932)的研究,人们认识到,大量小股东的存在可能会扭曲选择最佳合同的那些股东的激励,而最佳合同可以监督和防止管理层玩忽职守。但是,资本市场的运作可以替代这种扭曲的激励,它允许不同股东以己所长来实现各自的、所有股东都认可的单一目标(De Angelo, 1981)。

第二,经营性公司双边治理的复杂性在于非股东选民的存在,以及他们通过法人治理程序寻求保护的潜在要求权。这个问题在公司法学者左右两派之间已经形成或者仍在形成明显的分歧。具有经济学思维的学者通常不承认这些选民参与公司治理的合理性,他们强调这些选民的利益可以通过与企业的签约程序得到保护,一旦签约,这些选民便成为企业的组成部分,此后每隔一段时间,他们便会与企业重新谈判签订新的合同(如Macey, 1991)。然而经济学分析也指出,公司治理程序通过公司的最高治理主体——董事会,能够对股东和其他选民之间利益关系的调整进行自由决策(Blair and Stout, 1999)。相比这个争论更难解决的一个问题是,那些控制企业的人在多大程度上可能偏向股东利益而忽略其他选民的利益。科菲(Coffee,

1990）指出，20世纪80年代的并购浪潮导致经理人与股东为了实现公司价值最大化而再次联合起来。而在此之前，为了减少公司经营上的波动，扩大公司规模，他们通过分享优先权（shared preference），更多地考虑债权人和雇员的利益①。然而，这种平衡绝不是一个完全稳定的均衡，会随着时间的推移而发生改变。

通过对双边治理模式的两个复杂问题的分析，我们可以进一步考察政府公司法人治理的一些特点。首先，要使某个选民的利益与政府公司某个公共目标统一起来是相当困难的。这是因为，政府公司的代理人所最终代表的选民——公众，与政府公司具有双重关系。一方面，他们是政府公司的剩余索取者（residual claimant），就像经营性公司的股东一样。尽管他们没有或仅有很小的机会得到自己的利益，但是，公众是拥有支付公司固定收益后的剩余回报权（residual return）的，这些固定收益索取权的享有者包括债权人和雇员。另一方面，公众也是政府公司所提供的商品或服务的接受者。在这种情况下，政府公司与公众之间常常是一种垄断关系，这种公共所有的情况典型地表现在自然垄断（natural monopoly）上。由于政府公司与公众之间的这种双重关系，从而很难说清楚到底是哪种行为最大程度地代表了公众的利益。这就使评价经理人行为和政府或政府官员行使法人治理权力的行为变得更加复杂。有评论者指出，政府公司不属于公众，而是属于占用政府公司盈余（surplus）的经理人和政府官员（Walker，1998）。

为了使讨论更加具体，我们考虑这样一种方法，即"公共服务义务"②（community service obligation，CSO），现代公司化计划的倡导者就是通过这种方法，试图解决作为剩余索取者的公众和作为受益人的公众之间的紧张关系。CSO的目的在于，通过允许执政当局授权偿付公众因拒绝价值最大化所遭受的巨大损失，使政府公司的经理人能够实现公司价值的最大化。尽管这种机制确实减少了一些冲突，但是大多数冲突只是因此而做了转移而已。从CSO被批准到执行CSO，期间全国各州的情况会发生变化，因此，在对CSO的解释及其效应上，被批准的CSO会引发一系列问题（Quiggin，2003）。CSO可能变得不易更改，或者改变它的成本非常高（Trebilcock and Prichard，1983）。在CSO投资资金发行的适当方式上也会产生问题，因为政府公司在与政府讨价还价时往往不能做出关键性的反应，而是由政府自由

---

① 另一方面，法院认可的并购壁垒，如毒丸（poison pill）（这是董事会单方面采取的一种措施，它会造成并购方财富的极具破坏性的转移），毫无疑问会使管理层再次避开并购。关于这个问题更多的评价，参见德茨奇（Deutsch，2003）。

② 参见第2章、第36页和第5章、第179—180页（指原著页码——译者注，下同）。

决定，尤其是在反映边际成本的市场价格缺位的情况下。

我们观察的非股东选民问题与经营性公司是相似的。就是说，在公司治理过程中，政府公司必须对有代表权的选民的要求做出回应。然而，不同于经营性公司，它们的问题一般可以通过公司与选民进行讨价还价而得到解决，而政府公司的风险则是，这些问题可能要通过执政当局行使治理权力来解决，执政当局必须响应选民自我寻求政治解决的要求。这也揭示了政府公司管理层与执政当局之间的一般性冲突问题，因为在行业指导上，执政当局对政府公司拥有治理权力。经营性公司中的利益集团（interest group）常常会利用立法手段来实现协议性合同所实现不了的目标。然而，政府公司有一个关键的不同之处，那就是管理层很少能够独立于政府的立法目标（尤其是在议会制度中）。政府会抵制为私人利益服务的立法，不过政府抵制的激励是很有限的。

由于这些复杂性，很难断言政府公司的治理程序会像经营性公司的双边治理那样，将会产生一个有特色的经济制度。尤其是，我们必须搞清楚政府公司的治理程序是否应该努力服务于其目标，而这种目标可能与管理代理人（management agents）的控制不一致。

在这些问题中，首要的问题是，法人治理程序应该在多大程度上服务于对竞争进行规制的目的，是促进它还是保护它。在经营性公司中，绝不允许法人治理程序服务于涉及垄断的目的。这是反托拉斯法应该履行的职责，在经理人努力实现公司价值最大化的范围内，反托拉斯法代表着一种约束机制。为什么对于政府公司来说，情况就有所不同呢？答案出于这样一种认识，即政府公司的业务通常带有自然垄断性质，从而首先考虑的就是它要归公共所有。因此，政府公司近于垄断就是必然的了。

此外，对公司拥有治理权力的政府官员面临着一个不可避免的冲突，这种冲突源于一些不同的利益域（area of interest），这些利益域都想让政府官员来促进自己的利益。作为股东，政府的利益目标是最大化公司的价值（它要求公司最大化其垄断租金（monopoly rents），包括提高进入的壁垒）。相比之下，作为公众利益的维护者，政府的责任则是最大化社会福利（social welfare）。这就需要不时地确定"公正的"价格（'equitable' prices），而这种定价会削弱市场竞争。最终，政治家们可能对控制政府公司产生了兴趣，而这种控制间接地导致了反竞争效应。比如，政府公司为了实现自己的目的，可能会采取很高的政治贿赂或者分配垄断租金以获取最大化政治支持的手段。这样，通过设计治理结构（governance structure），预先提出解决两难困境的方法，对政府来说有时也是有利的做法。

其次，法人治理结构可能需要适应这样的情况，即治理博弈要在正式治理机关（governance apparatus）的"框架外部"（outside of square）来进行。为了理解这一点，需要注意政府与政府公司之间的关系是具有多面性的。政府是政府公司的股东，然而，它又是政府公司的规制者，并且决定着政府公司存在和经营的法律环境因素。同时它也许还是政府公司的主要消费者和主要贷款者。政府行使与这些关系相关的权力使其能够避开已建立起来的治理程序，因为这些治理程序会限制政府在企业管理中的权力。例如，管理决策可以由立法规定只能由管理者自己来做出，执政当局不能插手。然而，由于正式法人治理机构之外的关系能够产生权力，这使得政府能够对经理人做出可信的威胁（credible threat），即政府能够影响或者控制管理层。由于这个原因，法人治理结构就需要加强对经理人的保护，使其免受间接权力形式的影响，而这种影响在经营性公司中是不可想象的。

再其次，也是相关的，法人治理结构需要受到保护以抵制政治权力的滥用。在一个古典企业里，股东是拥有企业剩余收入（residual income）的首要主体。然而，在现代公司里，股东经常发挥着巨大的杠杆作用，他们是企业中拥有大量权益的金融机构（financial institution）。尽管在政府公司中鼓励机构投资者（institutional invester）扮演更积极的角色已形成惯例，但有证据表明，有时一些机构投资者的代表致力于追求大量的次优目标（例如，Romano，1999），如推动政治议程。然而，机构投资者在投资回报上经常受到监控，还要在此基础上与其他机构进行竞争，因此，他们需要加强法人治理程序以抵制政治干预，但是，这种需求却会受到限制。相比之下，在选民存在"搭便车"（free-rider）的情况下，实现政府公司价值的最大化很少能够赢得很多的选票（可比较 Trebilock and Prichard，1983）。而政治家则可能通过满足有实力的利益集团的要求，来寻求最大化选民的支持（Buchanan and Tullock，1965；Peltzman，1976）。利益集团的政治要求可能影响到法人治理程序。

除了对法人治理负有最终责任的政治家（如议会体制中的部长）外，政府部门的参与也使法人治理的环境变得更加复杂。一个部门的官僚机构有它自己特有的利益，如最大化自己的预算，或者在政策制定或自定投资资金的使用方面最大化自己的权利（Niskanen，1971；Dunleavy，1991）。政府公司的战略计划可能经常会被这样一种需要所扭曲，即政府部长和部门之间、政府公司和部门之间，以及政府部长和政府公司之间，为了实现各自的利益目标，而形成或者反对形成特定的联盟（Trebilock and Prichard，1983；Langford，1979）。

总结一下迄今为止所考察的问题，我们看到，经营性公司的双边性质的治理程序并不适合于政府公司，这是因为，在政府公司中，公众既是消费者也是剩余索取者，单一的利润最大化目标完全消失了。另外，政府公司的治理程序可能需要解决一系列问题，而这些问题在经营性公司中是不存在的。这些治理程序是应对市场竞争的需要，也是政府对政府公司的治理权力与其他权力之间的相互作用复杂化的结果，还是政府股东（或他们所在的政府部门）的政治或战略行为影响的结果。尽管这种复杂性可能会排除单一"最佳"（first-best）目标的治理均衡的存在，但是，仍可以证明，缩减治理目标数量是有可能的。这些目标可用以说明，不同的治理结构是如何体现在一定程度的折中协议上的，通过这种折中，公司可以实现其中的一种或其他几种目标。

第一个目标是节约管理的代理成本，这一目标与经营性公司是相似的。在政府公司中，与经营性公司一样，都不希望欺诈和剥夺存在。为了实现这一目标，适用于经营性公司的治理程序也可以用于政府公司。一个例子是，通过运用受托人禁令（fiduciary prohibition）来防止欺诈和改变报酬组合（compensation package），以此刺激公司价值的增加。但是，在这里，政府公司法人治理环境的独特性使得问题复杂化了。对于政府公司来说，利益集团和政府的行为具有相近性，于是便形成了一种新的政治利益冲突，这种冲突对于传统的受托人规范提出了挑战（Whincop，2002a）。同样，由于股票价格形成机制的缺失，需要依靠代理人来估量公司价值，使得报酬组合也复杂化了（King，2003）。更进一步说，没有市场机制来衡量政府公司是否实现了减少管理的代理成本的目标。

第二个目标源于政治家作为调解人的作用。具体说，公众一方面是政府公司产品的消费者，另一方面又是政府公司收入流的剩余索取者，两方面的利益要求存在冲突，政治家需要调解这种冲突。我们可以把这个目标描述为寻求治理的代理成本（agency cost of governance）的最小化。政治家或政府的其他高级官员在政府公司中行使着治理权力，虽然政府公司的目标比起私有企业更加混乱，但是，政府股东应该是为公众利益而行使他们的权力，而不是为了政治目标。

关于第二目标，尤其不适合照搬经营性公司治理的规范和规则。在私有公司中，没有类似的规范限制股东的治理权力（可比较 Romano，1999）。这个目标与第一个目标之间存在着一种不可忽视的此消彼长的关系。较大的治理权力原则上应该能够减少管理的代理成本，然而，它却会增加治理的代理成本；相反，赋予管理层较大的权力可能会增加管理的代理成本，但可以降低政治家滥用其权力的概率。

第1章 导 论

两个目标之间的权衡被认为是正的交易费用（transaction cost）的结果。正如我们在分析 CSO 所看到的，与 CSO 相关的一个困难是它不具备充分的处理偶发事件的能力，就是说，它没有被赋予应对外部世界多种变化的足够的特性。这个问题在合同经济学（economics of contract）中是尽人皆知的。由于存在着谈判的成本，也难以证实世界到底会发生什么变化，这使得合同不可能预见未来世界发生的每一个事件（Ayres and Gertner, 1992; Schwartz, 1992）。相应的，要么法人治理权力必须全部授予，要么不授予。这是现实世界中绝大多数法人治理形式的特征（Hart, 1995），这些相对简单的安排是相当有效的。然而，问题在于对"自动实施"（self-enforcing）的权力进行简单配置的效率依赖于很强的激励，这种激励就是实现当事人在交易剩余（exchange surplus）中份额的价值最大化。但是，这种激励是很难复制到政府公司中的，尤其对政治家来说，他们的福利与交换剩余的价值之间只具有很弱的关系。而政府公司需要的治理机制是，要使各利益团体有激励去自动实施适当的、能够带来福利增长的行为。然而，在产权（property rights）不健全的环境中去寻求这种激励将会遇到相当大的挑战。

第三个目标是需要约束政府公司的反竞争行为，尤其是政府公司的经营属于自然垄断的情况下。相关文献可以按照如下标准进行分类，即"公司化"是增加还是减少了政府公司的反竞争行为（Sappington and Sidak, 1999; 比较 King, 2003）。一方面，取消直接的政府干预可以消除追求以下项目的冲动，即那些能够带来很高的政治回报，但却有损害私人竞争者的项目；另一方面，对政府公司进行补偿可能会刺激经理人最大化企业的规模而不是最大化企业的价值，随之而来的交叉补贴可能会扩大到那些竞争性市场可以提供充分服务的领域。如上所述，反竞争效应可能源于诸多不同的诱因——价值最大化、分散的目标，以及政治上的利己主义。因此，通过法人治理来减少反竞争行为的发生是合适的。当然，减少反竞争行为还有其他一些方法，如类似于美国那样的对公用事业的规制。不过，这种形式的规制经常是对政府所有权的替代，也是对私人垄断的补充。因此，这个目标应该说是很重要的。

虽然相对于两种形式的代理成本而言，第三个目标与前两个目标中的任何一个都不具有明显的对立性，但是，这个目标与前两个目标的关系却是不清晰的。控制反竞争行为是否会增加或减少管理的代理成本，依赖于管理层采取反竞争行动的动机。我们看到，这个动机是一个需要经验证明的问题。法人治理的代理成本与反竞争行为的成本之间的关系是近乎公开的。因此，当为了应对反竞争行为而修正法人治理机制时，需要解决的问题就是要考察管理层和政府股东的动机是否与这种行为有关。这有助于揭示治理机制的修正将产生什么样的摩擦，以及在多大程度上需要强化这种修正以提高法人治理的效率。

由于这些目标之间的关系不清晰，有时还有冲突，因此，可以用相对较少的治理手段同时满足这三个目标的要求。这些手段可能包括折中方案和对非效率的限制方案。前面说过，私有企业法人治理的做法在应用于政府公司中需要谨慎。这些做法通常只能最小化管理的代理成本。

我们可以把政府公司法人治理的两难困境与奥利弗·威廉姆森（Oliver Williamson, 1996）在《选择性干预的不可能性》(*Impossibility of Selective*) 中所描述的情况进行比较。威廉姆森认为，选择什么样的组织和管理生产活动的方式与不同性质的激励有关，这些激励是不能够简单仿效的。例如，市场活动具有很强的激励以使价值最大化，但也暴露出利益集团的机会主义，这些集团所进行的投资依赖于未来的合作，以此实现他们自己的价值。相比之下，一个企业内部的组织活动可能会弱化激励，但却可以抵制机会主义。一个企业的激励力度是不能被另一个企业所复制的——一个企业只能在诸多可选择的激励方式中进行选择。政府公司面临同样的情况。经营性公司在许多分散的市场中进行交易，同时也面对着来自这些市场的激励。政府公司没有这些激励，因此，对于政府公司来说，试图有选择性地仿效经营性公司的法人治理环境既是不可能的，也是没有效果的。

本书接下来的各章将探讨如何根据这三个目标对政府公司的法人治理进行评估。为了实现这个目的，我从"选民"角度入手，这些选民是公司治理的主要的、积极的参与者，因为他们的利益会受到政府公司法人治理、他们与最终委托人的关系，以及公众利益的影响。这些主要的参与者有经理人、被授权的政治代理人，以及一群积极的利益相关者，包括消费者和雇员。在1.2节中，我们将简略地描述政府公司治理结构和治理程序的一些重要特征，这可以使我们明白这些治理程序在多大程度上反映前文提到的目标，同时也对第2章中的比较和历史分析，第3章、第4章、第5章的评论性分析，以及第6章的规范性分析提供了一些参考。

1.2 政府公司法人治理实践的简要介绍

多年来，政府公司承担着政府的职能。在20世纪八九十年代，在新西兰、澳大利亚等地出现公司化之前，政府公司通常都是以实用目的来组织的，以适应它所管理的特殊企业的需要。这意味着，在这些组织中，治理因素具有很高的特殊性。对于美国的政府公司来说，这一结论仍是正确的，它的公司化进程相当滞后（Froomkin，1995）。20世纪80年代开始推进公司化改革，先是在新西兰，而后是在澳大利亚，公司化作为英联邦国家微观经济改革的开端，与政府公司本身的特性是非常不同的——它提出在法人治理方面要建立一个统一的框架。采用标准化框架的倾向，通常是出于这样的预期，即公司化是私有化前的中间过渡过程。因此，就需要发展一种正式的交易机制，以出售政府公司的股权。在这种标准的治理框架下，当私有化到来时，它只需做微小的调整便可以继续发挥指导作用。

为验证我们的分析，讨论一下澳大利亚和新西兰的既有公司化模式是很有必要的。在这里讨论它的基本特征是出于以下理由：第一，西方经济体已经在系统地推进公司化进程，把它们先进的模式应用于政府公司的组织和治理中是存在争议的，弄清这一点是有益的。第二，第2章的历史和比较分析使我们概括既有模式具有了更深远的意义。第三，了解既有模式有助于我们通过样本的经验证据来讨论政府公司的各种影响因素。相比较而言，我们在第2章中将讨论这个模式是如何在当时的政治环境中出现的，采用的变量在不同辖区是否有所不同。我们还要考察从中央计划体制进行转型的新兴经济体的公司化进程和政府公司的法人治理。第2章还将进行比较分析，在一些辖区，相对于采用既有模式来说，政府公司法人治理的思路和政策是否更加重要。

1.2.1 既有公司化模式

在20世纪80年代改革浪潮出现以前，政府公司拥有政府职能，这些职能会随着政府公司要求从执政者的日常实际控制中独立和脱离出来的程度而发生变化，这是人们所接受的明智的做法。这个原则成为许多政府新政（New Deal）改革的支撑（Sunstein，1987）。第2章我们将会看到，提供商品和服务的那些政府部门是接受监事会（supervisory board）的委托并作为法定公司来经营的，监事会的成员由执政当局任命并对其负责，但他们经授权拥有独立的管理决策自由。这样，既给予了管理层追求长期目标所必需的自主权，同时也使他们在履行其职责时接受监督。

在20世纪80年代，有许多同样的原则对政府职能的公司化产生了决定性影响。我们认为，推动公司化进程有三个目标：第一是要建立一个实体，该实体具有清晰的、可实现的目标，这是政府公司拥有管理自主权的一个必要条件。这是因为，如果要使政府公司的经理人对履行自主权负责，那么，清晰的、可实现的目标就是必需的。而要确立这样的目标，就需要对公司化的资产进行区分，以使新实体的经理人能够独立地运作政府和其他实体的资产。这样，这些实体就具有独立的法律地位。在法律上，政府并不是政府公司的责任人，也不必受政府公司行为的束缚。政府通过持股部长（shareholding Ministers）而成为公司的股东，持股部长经授权而对政府公司拥有治理权力。政府公司对经营事务没有管制责任，因为管制责任会加大道德风险，它会导致经理人寻求通过管制手段来实现绩效目标，而不是为了实现更好的管理。显然，在打算对政府公司进行适当私有化的地方，要使脱离管制后的经营性企业仍然拥有能力和自主权，这对于其实现目标是非常重要的。

在公司化中，与这个目标密切相关的还有另外两个核心目标：一是独立的、负责任的管理；二是竞争的中立性（competitive neutrality）。

独立的和负责任的管理要求执政当局对政府公司的管理仅保留有限的权力。公司管理层有权管理政府公司，但必须对其绩效负有最终的说明责任（相对于规定的目标），它构成执政当局相应责任的一部分。这种设计，不论是对管理者履行职责，还是对执政当局奖优罚劣，都是一种适当的激励。

竞争中立性的设计对于引导政府公司的经营也是一种适当的激励。尤其是，它能缩小竞争优势的程度，因为这些竞争优势可能被用于压制私有竞争者或新市场的开辟。这种设计既是为了应对可能存在的部分政府公司的市场权力，也是为了应对可能存在的政府公司管制优势，如能够带来租金的进入壁垒（barrier to entry）。

有了这些目标，我们就可以研究公司化进程是如何努力实现这些目标的。第一，可能也是最重要的参数，是预先详细确定绩效目标。这一点之所以重要，有若干理由。尽管所确定的这些目标可能缺乏约束力，但这些目标至少为事后定性地评估管理层的绩效提供了可能。一旦确定了这些目标，它们就提供了一些界区，政府公司可以以此来限制或抵制政府干预的企图，以避免这些干预削弱管理层实现其绩效目标的能力。后面我们会涉及——事先确定目标对于应对无效率激励是一个很好的方法，这种无效率激励产生于拥有治理权力的执政当局的两个或多个成员的目标不统一。

在既有模式中，绩效目标的确定是通过正式的计划程序并使用类似于合同的绩效协议来完成的。这些目标的确定通常需要政府公司董事会和持股部长进行一年一次的重新协商。然而，对于指定的绩效指标没有实现的情况，其原因却得不到正式的解释。我们将会看到，实际上，这种情况可能不了了之。

第1章 导论

既有公司化模式的第二个重要的参数是独立的管理，它取决于一个独立的董事会的权威。这个参数与第一个参数是紧密相连的。确立目标的过程以及管理者对其绩效负责，只有当确立目标的团体与对这些目标负责的团体之间具有紧密的关系时，才真正具有意义。如果这个关系不存在，就不会有人对结果负责任。我们将会看到，独立的、免受政府干预的管理的缺失已经成为国有企业的致命伤，政府部长经常随意干预政府公司的业务管理。创造条件使政府不能干预（与假设不能这样做形成对比）政府公司的经营是很困难的，因为政府部长会利用其他手段插手政府公司，从而凌驾于正式的治理程序之上。拒绝这类情况是非常困难的。

第三个参数是政府拥有确定的一些保留权力（reserved power）。这些保留权力有两个目的：（1）它们可以使政府强化其对管理的工作职责。也就是说，它们可以使政府设立目标去监督这些职责是否得到履行，并且促使政府要承担失职的后果。政府有可能一直保留的权力是对董事会成员的任命权，这就像经营性公司的股东一样。（2）保留权力可以使政府有区别地实现一些公共目标，比如公平、社会发展等。由于这些目标与实现价值最大化的管理层激励不一致，所以保留权力的设置就可以在一些特定的方面限制政府公司的权力。保留权力既可以是"事先"意义上的（这能够使政府把要实现的目标纳入计划程序），也可以是"事后"意义上的（这能够使政府对当前行动做出特别的说明）。

在既有模式中，这些参数是通过董事会和持股部长之间的特殊的权力配置来实现的。董事会被赋予管理权，以及对管理层和首席执行官（CEO）监督权。持股部长则拥有任命和免除董事职务的权力，同时还拥有一系列明确的保留权力。这些保留权力包括：一是事先的保留权力，这种保留权力提供一种命令权，即强制性接受计划程序中的目标。在计划程序中，对于不能实现这些目标所需承担的责任是有协议约定的。二是批准公共服务义务（CSOs）的权力，即在管理层的经营性目标中得不到支持的有关产品、投资或定价的决策，必须由政府做出。三是有关今后发展方向的更一般性的指导性权力。总之，在既有模式下，行使CSO或一般性指导权力，取决于行使这些权力所需政府投资的增量成本（incremental costs）。这使得管理层在追求其经营性目标时避免发生扭曲行为。

在第2章中，通过分析历史资料和当代其他辖区的资料，我们对上述思想做了一些扩展。这使我们能够认清，公司治理参数在不同时间和空间再度出现时其背后的动机和目标是什么，以及这些参数本身的状况如何。我们发现，对公司化、国有化和私有化的需求，是随着政治周期而变动的。然而，公司治理问题却始终是这种周期中的至关重要的因素。公司治理的变化，以及对公司治理的激进式改革所引起的社会成本，都与其完整性紧密相关。从澳大利亚和英国经验的比较中，可以非常明显地看到这一点。我们还考察了其他辖区的一些公司治理的实践，某些做法在早期取得了一定的成功，但后期却有一些失败的记录。

第 3 章到第 5 章探讨这些公司治理参数在多大程度上实现了确定的目标，以及在此背景下公司治理的完整程度如何。第 3 章分析了与政府公司管理相关的问题。首先评价了在政府所有但却拥有自主经营权的组织中，经理人的动机和期望实现的目标。第 3 章的重点是关于董事会和管理层的相互作用。这种关系在经营性公司中起着关键作用，对于那些致力于完善公司治理实践的主体来说，也是永远关注的焦点，这些主体包括机构投资者、法律改革家和其他主体。

第 4 章提出了有关执政当局行使法人治理权力的问题。这一章考察了制约执政当局干预政府公司经营的那些因素的有效性，以及政府如何能够凌驾于这些因素之上。另外，还分析了政府官员的动机，他们与董事会之间是如何相互作用的，尤其是分析了这些政府官员可能寻求更多的优先权的问题。

第 5 章分析了公司的"非投资"选民与公司治理之间的相互作用。这些选民在政府公司法人治理中是否拥有理论上的特殊要求权？在经营性公司，这种特殊要求权是遭到反对的。相对于经营性公司，政府公司中有关这个问题的观点是很不清晰的，特别是当政府公司在一定程度上涉及地区发展时，就更是如此。另外一个问题是，政治程序在多大程度上会使这些受影响的选民的利益得到关注，进而减少他们在政府公司法人治理程序中对特殊要求权的需求。与此相适应，第 5 章分析了利益集团对政府公司管理层和董事的游说、政治压力对商品和服务产生的影响、CSO 运作机制和政府政策在政府公司中的应用等问题。

最后一章，也就是第 6 章，在分析政府公司法人治理的完善的基础上对全书进行了总结。提出了限制政府对政府公司管理层进行无效干预的各种可能性，同时也提供了对管理层进行强有力的激励以减少成本和增加公司价值的各种可能性。一个焦点问题是，政府公司的财务融资在多大程度上可以被政府用做一种制度设计，在这样的制度设计中，政府可以做出可信的承诺，即限定自己和公司管理层的权力范围。一般说来，如果人们接受以下做法，即要求政府公司把最大化公司价值作为自己的首要目标，并且允许它们使用补充手段来实现其他合理的社会目标，那么，以上的制度设计可能就是有效的。这些制度设计的有效性依赖于替代机制的存在，所谓替代是对无效率目标的替代。通常要求使用独立的法人治理程序来保证这些制度设计的有效性。

1.3 关于数据的注释

本书研究中使用的经验证据来自于对澳大利亚昆士兰州政府公司法人治理安排的考察，该州于1993年颁布了《政府公司法案》(Government Owned Corporation Act)。在20世纪80年代末90年代初，澳大利亚各州都进行了广泛的微观经济改革，公司化是这种改革的一部分。1993年，各州政府与联邦政府协议通过了《国家竞争政策》(National Competition Policy)，与此相关，出台了大量关于微观经济改革的计划。这些改革计划的落实在很大程度上依赖于各州的财政状况。在这种情况下，预算状况最糟糕的州，如维多利亚州和南澳大利亚州，就非常有希望把州所有的资产私有化；反之，预算状况良好的州，如昆士兰，典型的做法是保留州所有的资产，但是会对其公司化。虽然如此，各州所采用的公司化立法却是相似的。昆士兰立法采用的模式是，把政府公司的管理权力授予CEO和董事会。法人治理权授予州政府的两位部长，一位是投资部长，负责向提供服务的政府公司进行投资；另一位是财政部长（作为整个政府财政责任的一部分）。

我们在昆士兰做这项研究的时候，列入改革计划的有22家政府公司，其中有4家属于运输部门（港口和铁路）和电力部门（发电和供电）。在这两个部门之外的公司绝大部分处于财政部的管理之下，为便于经验分析，我们把它们视为一个单一的混合部门。我们的大多数研究都是采取调查问卷的形式，问卷的发放对象是昆士兰州政府公司的所有前任和现任董事。这项调查作为"政府公司法人治理安排"研究项目的一部分，得到了澳大利亚研究局和昆士兰财政局的资助。财政局的参与使我们的研究具有一定的选择性偏差，但却增加了调查问卷的回收率（43%），避免了"冒昧"的调查①。

表1.1列示了董事总人数——我们能够寄送问卷的董事人数，以及董事没有联系上的原因。

---

① 在关于政府干预和干涉问题上，选择性偏差被认为是为了自我保护。董事会成员也被认为会轻描淡写地陈述这种行为的发生率。

表 1.1　　　　　　　　　　人数和样本

昆士兰政府公司的现任和前任董事总人数	307
因找不到地址而联系不上的董事	13
因"寄回问卷"地址错误而没有收回的问卷数	7
已故董事的人数	4
回复问卷的总人数	283
其中：问卷填写完整的董事人数	121

表 1.2 是对现任和前任董事样本的分类，以及有关他们来自于何部门的政府公司的信息。我们没有指出这些部门到底是哪些部门，因为我们承诺不公开那些机密性信息。

表 1.2　　　　　　　　　　样本分类

	前任董事	现任董事	总　计
A 部门	32	22	54
B 部门	28	24	52
C 部门	6	9	15
总　计	66	55	121

昆士兰州政府公司的改革具有一些适宜的政治背景。昆士兰州实行一院制议会制度。在议会中有 3 个主要的政党，分别是澳大利亚工党（Australian Labor Party，ALP）、民族党（National Party）和自由党（Liberal Party）。民族党和自由党是昆士兰州的保守政治团体，它们曾几次分分合合，他们的联盟分别是在 1983 年以前和 1989—2001 年期间。公司化立法由澳大利亚工党政府于 1993 年提出（该党自 1989 年开始执政），1995 年，选举中败给了民族党和自由党联盟，失去了政权。这个联盟是一个少数派政府，只得到一个议员的支持，到 1998 年，它又被另一个少数派的澳洲工党政府所替代。在补缺选举后的 1999 年，澳洲工党在议会中的席位刚刚过半。2001 年，它以巨大的议会多数票而重新执政。自《政府公司法案》颁布以来，政府公司体制几乎没有发生大的变化。

在第 3 章和第 4 章，我们将分析有关政府公司的其他经验证据。这些证据将按照适当的顺序进行介绍。

第2章

历史与比较[*]

在20世纪90年代，法人治理文献开始对世界不同地区的经营性公司的治理结构进行比较研究，以发现它们在不同时期的变化。这些文献对法人治理进程中的路径依赖（path dependent）进行了讨论，即法人治理结构的形成经常受到当地和现实状况的影响（Bebchuk and Roe, 1999）。与此密切相关的问题是，产品和证券市场的全球性激烈竞争是否会导致法人治理的趋同（convergence），就像所有的公司都试图将可归于代理成本的债务和权益资本成本降至最低那样（Hansmann and Kraakman, 2000）。这种趋同的可能性在一定程度上取决于当地制度结构所提供的不可移植和仿效的比较优势的大小（Gilson, 1996）。

在法人治理的研究中，关于国有企业（SOEs）法人治理的历史和比较分析也同样重要。第一，法人治理具有持久的重要性，随着时间的推移，通过各州的实践，这种重要性已经被大量的例证所普遍证实；第二，我们可以考察不同法人治理方式的相对成功率；第三，我们可以比较在解决这些法人治理问题时，公司化和私有化的相对优势以及它们之间的联系。

与经营性公司（BCs）的法人治理一样，国有企业的治理均衡也要考虑两方面的影响：一方面，对于严格的效率核算来说，有一些因素具有重要意义，如管理和治理中的代理成本，以及国家垄断的社会成本；另一方面，与国有企业法人治理密切相关的还有其他若干因素。其中一个因素可能源于政府涉足经济活动的偏好，这种偏好反映了政府的特殊性，也与历史惯性有关。就像我们将会看到的那样，澳大利亚企业的法人治理方式是不同于美国和英国的。此外，意识形态也是一个重要的因素，正像保守政府大肆鼓吹私

---

* 本章与乔纳森·莱基（Jonathan Leckie）合作完成。

有化一样。而财政因素的影响同样巨大,对于有着庞大预算赤字的政府来说,它们具有更大的动力来推动私有化。

在治理均衡中,路径依赖的作用可能尤为突出。这是因为,相对于那些一直保持私有制的企业的治理结构改革而言,那些从公有制转变为私有制的企业,其治理结构改革的阻力要大得多。一家经营性公司也许会经历重大转变——它可能会成为一家新的风险投资基金公司而重新起步;当其权益资本可以公开交易时,它便会进行首次公开发行(initial public offering,IPO);当它分离出一家新的上市公司时,可能会通过管理层的杠杆收购,以及与债权人的权利重构而实现私有化。在这个过程中,每一步都会产生大量的交易成本,而这样的转变又是经常性的,因为股东和债权人的产权会激励他们改变现有的权利安排,试图通过权利重组而增加企业的价值。

相对而言,国有企业法人治理是不可能被类似的激励所控制的。一个政府可能会选择将一家国有企业私有化,但对公有企业和私有企业相对价值的变化却很少做出反应。事实上,在20世纪80年代和90年代,新西兰和澳大利亚将公司化作为私有化的前奏的趋向就已经证实了这一点。公司化通过改变经营者的激励和任职机会,可以增加公有的国有企业价值,然而,公司化后国有企业的价值增加却微乎其微,如果有什么区别的话,那就是,国有企业转变成了私有企业。之所以国有企业难以通过公司化而增值,是因为政府在解决公有企业和私有企业的共同的法人治理问题时缺乏比较优势(Gibbon,1997;Kikeri et al.,1992;Lopez de Silanes,1997)。同样,私有企业的国有化也几乎不能获得政府经营企业的比较优势。国有化还是私有化,要看它是否有利于政府预算的流动性约束。流动性约束鼓励私有化(因为私有化能够减少预算赤字)而不鼓励国有化。即使在预算充足的情况下,政府也很少将那些可以国有化的产业(viable industries)进行国有化,因为政策目标可以通过其他方式达到,而不必采取社会主义经济政策。私有化与国有化的这种不对称,导致对资产的治理具有路径依赖的性质:错误的国有化不仅很少发生,而且可以轻而易举地得到矫正;错误的私有化则总是发生,而且得不到矫正。

本章先介绍英国、澳大利亚和新西兰三个国家国有企业的经验。众所周知,英国对澳大利亚和新西兰都进行过殖民化,由此,我们可以期望得到一些关于国有企业法人治理政策发展的共性。然而,事实却不是这样。在出现重大的、不可逆转的私有化之前,三个国家的政策制定都反映了当地的环境。在本章中,我们还要探讨政府公司的塔斯曼转型(trans-Tasman)的形式,这在第1章中已经有所提示,它代表着解决政府公司法人治理问题的最优雅的（state-of-the-art）形式，这与下文将要涉及的很多分析都是密切相关的。然后，我们比较和分析了美国联邦各州的经验。长期以来，美国一直对国有企业抱有反感态度，而青睐受到规制的私有企业。最后，我们比较和分析了中央计划控制经济体制最近暴露出来的问题。

2.1　联邦国家的经验

2.1.1　英国

第二次世界大战结束之后，英国政府开始对重要的产业部门实施大规模国有化。赫伯特·莫里森（Herbert Morrison，1921—1931年间任运输大臣，1945年任伦敦市议会主席）是这次国有化的积极鼓吹者。他认为对公有企业进行一定程度的管理，可以实现公众目标和国家利益（Ashworth, 1991, p.62）。这次国有化试图将对国有企业的日常管理从政府干预中分离出来，也认识到了与法人治理的代理成本相关的问题。然而，政府干预并没有改变，而且还降低了英国公共产业的效率。

根据梯维（Tivey, 1966）所述，战后的国有化是按照四个基本原则来进行的。首先，国有化产业是非营利性的，收支平衡是主要的财务目标；其次，由一些垄断实体统一管理，竞争不再被视为有用的手段；再其次，国有化产业要为公众利益服务；最后，国有化实体要归属政府领导。这些原则保证了国有化产业的运行与政府根据凯恩斯（Keyenes）政策主张而采取的旨在避免经济波动的管理行为之间的协同一致（Tivey, 1966, pp. 144 – 145；Barry, 1965, p. 295）。凯恩斯希望实现非正式控制的普遍合理化，政府部长们则依法履行职责，给予他们所投资的产业以有效的指导。

战后英国国有化行业的治理结构是通过专门的行业条例形式出现的，如1946年的《煤炭行业国有化法案》（Coal Industry Nationalization Act）。从表面上看，这种治理结构是政府发布的强制性指令（要经过与企业董事会的协商），其中较大的权力是关于董事任免的。尽管政府拥有巨大的权力，但是，他们却很少动用这种权力，这与英国政府的传统是相一致的。政府部长和企业董事们更依赖于非正式的相互影响，包括漫长的交谈，这种交谈经常涉及某个特定行业的大量具体细节问题。梯维（1966）将这种情况描绘为一种双向的信息共享过程，董事们对政府部长的观点会产生影响，同样，政府部长对企业管理也具有影响力。然而，在协商不可能达成一致意见的情况下，政府部长的最佳选择就会变得十分强硬，此时他可以轻而易举地通过法令下达指示。这种非正式相互影响意味着，政府部长了解业务工作的最小细节，如教育和培训、研究、投资、准备金和盈余资金的管理、价格水平，甚至工资谈判。财政部需要考虑的事宜主要是：储备的使用、董事会成员的报酬、股票问题，以及公司账户的格式。梯维认为，政府部长和董事会成员之间相互影响的非正式性和随意性，与重要的法律权力的产生初衷背道而驰，它使得董事会运作难以保持独立性。

结果是，一个政府部长经常与企业董事会相互影响。同样，他与他的下属部门也相互影响。20世纪70年代末，"国有化产业的运作应当独立于政府的原则，已经由对产业的全面和详细的规制所替代"（Veljanovsky, 1991, p. 60）。公司管理上的独立性已经让位于对商业决策的广泛的政治控制，这符合当时凯恩斯提出的政府作为经济周期的必要调控者的观点，它具有重要的宪法意义：

> 政府部长对公司拥有一定的权力，在行使这些权力时，他要对国会负责，就像他在行使其他权力时同样要承担责任一样。对于政府部长无权干预的领域，他不承担责任。这与公司管理的独立程度是一致的……实际上，这是期望国会可以讨论"董事会政策"，而不要干预"日常的管理"（Tivey, 1966, p. 121）。

事实上，政府部长的这种普遍而深入的影响，在其对国会负责的外表下，破坏了管理的独立性，最终也削弱了国会的责任。

同时，政府部长与政府公司之间不负责任的彼此影响，增加了法人治理的代理成本；脆弱的财务收支平衡标准则很有可能增加管理的代理成本。管理层几乎没有动力去减少浪费，或者减少用于非生产性研究或投资的长期债券发行（尤其是那些被证明对社会有益，或者可以得到政府许可的方面）。即使财政部对价格或者类似事宜进行持续的监督，但在对政府和企业之间相互影响的管理方面，财政部也通常处于信息劣势地位。

今天，这种莫里森式模型（Morrisonian model）的价值就在于它给人们上了一课，即需要把企业管理从政治中分离出来，而如果没有合适的正式制度结构，这种分离是无法实现的（这是从国有化中获取的经验）。撒切尔（Thatcher）私有化计划的出台，部分原因就在于公有企业缺乏管理的自主性。撒切尔的改革反映了这样一种精神，即公有企业在取得财务绩效的同时，也要实现社会目标。清晰目标的缺失会产生低效和无效的组织，而强化的政治和官僚干预加剧了这种清晰目标的缺失，进而导致责任不清（这主要是由于存在竞争性目标和持续的政治干预的冲突)。在这种情况下,法人治理的代理成本是相当高的。

一些企业处于自然垄断地位(过去曾被用来判断这些企业是否应属国有)也使它们避开了所有的竞争,从而造成巨大浪费和虚假的繁荣。这些企业的成本可以分为两部分,一是垄断的社会成本,二是管理的代理成本。

除了政府公司法人治理的无效以外,在撒切尔的私有化改革中,还有其他一些因素发生着作用。在意识形态方面,冷战时代的政治格局也影响着撒切尔的改革进程,所以,消除英国社会中的社会主义因素成为必然的结果。与此相联系,这些政府公司的私有化意在打击工会(进而间接地打击工党),其中的许多创新政策都伴随着相反的目标指向(Longstreth,1989)。政府公司和预算之间的关系同样问题重重。国有化的产业总是出现资金饥渴(capital-hungry),而与此同时,却又人为制造种种理由,不想创造盈余。这样,财务负担就落在了财政部身上。另外,预算也难以抚平20世纪70年代的"通货滞胀"(stagflation)所带来的累累伤痕,以至于对国有化产业的投资把公共债务推到了一个难以支撑的水平上。与国有化相比较,私有化的优点在于:它为一次性清偿债务提供了福音,能够使公共债务得到削减。

尽管撒切尔主义在英国已经失宠,但由于它对国有企业的清理,英国的国有企业只剩下了很小一部分(其中一些企业,政府仅仅拥有部分所有权),其中包括邮政局(Post Office)和英国广播公司(BBC)这样的企业。现在已经没有关于政府公司法人治理的全面的条例了。

世界银行发展指标(World Bank's World Development Indicators,2000)显示,1990—1997年间,英国国有企业的投资只占国内总投资(Gross Domestic Investment)的4.6%,与美国(4.0%)相近,但远远小于澳大利亚(12%)。

2.1.2 新西兰

在新西兰,20世纪80年代初期的经济情况几乎就是英国的翻版。公共债务正在逼近国家的极限水平,政府控制下的企业的无效率正在耗尽国库资源,并使得用于社会福利项目的资金不断减少。起初的公司化改革计划迅速演变成私有化计划。已经为私有化做好准备的政府,在向公众进行和风细雨般"吹风"的同时,对公有企业的出售工作也已经开始实施。在对公有企业进行出售之前,这种公司化模式是作为一种过渡手段,但它却向之后进行私有化的企业发出了这样的疑问：这些企业还有没有治理的价值？

此外，问题还在于当地国有企业不断地出现亏损。由于国有企业目标的冲突和责任制度的缺失，对于国有企业显而易见的亏损却没有人对此负责，这也是推动改革的原因（Duncan and Bollard，1992，p.15）。英国的改革是通过全面的私有化，并结合对垄断市场的结构性改革，以寻求企业的责任感和营利动机；而新西兰的模式则略有不同，至少在初期，新西兰曾试图寻找这样一种模式——在这种模式中，政府所有制可以保留下来，国有企业通过重组可以尽最大可能表现出私有企业的激励制度。然而，保留公有企业被认为限制了私有企业激励制度引入后的效率，因此许多评论家都鼓吹要实施全面的私有化改革计划。对于这个看起来能够减少大量公共债务的、注重实效的改革进程，产权经济学（Alchian，1965；Demsetz，1967；De Alessi，1969）给出了系统的理论研究（Mascarenhas，1998，pp.30 - 31，43 - 44）。这种理论对于英国也是适用的，新西兰的经验并不像我们在英国所看到的那样带有反社会主义的意识形态色彩。

私有化在新西兰并不像在英国那么普遍。新西兰于1986年出台的《国有企业法案》将政府公司法人治理的重要性以立法的形式予以确定下来。现在，新西兰的国有企业包括：新西兰航空公司（the Airways Corporation of New Zealand）、电力和林业公司（the Electricity and Forestry Corporation）、国土公司（Land Corporation）、新西兰邮政公司（New Zealand Post）、新西兰铁路公司（New Zealand Railways）、新西兰电台和电视台（Radio NZ and TVNZ），以及新西兰电力运输公司（Transpower New Zealand）。该法案对国有企业法人治理的规定，将在本书后面进一步考察。另外，其他一些重要的王室公司还保留着国有企业的身份，这些公司包括两个主要部分：一是研究机构；二是根据新西兰公司法规合并而成的有限责任公司，王室拥有这些公司的股份。

2.1.3 澳大利亚

历史 在过去20年中，在许多重要的政府经营性企业的公司化以及随后的私有化过程中，尽管澳大利亚与英国，尤其是新西兰，选择了相似的道路，但是，在国有企业的历史信誉（historical reliance）方面，澳大利亚与其他两个国家相比却具有重要而显著的差别①。从一开始，英国对澳大利亚

---

① 下面的分析很多得益于布朗（Brown）在2003年的分析。

的殖民统治就包括对其经济发展的干预。在这一过程中，一个重要的目标就是将私有经济势力不断壮大的风险降至最低，因为这有可能刺激分离主义者的独立倾向（就像英国在美国的殖民统治一样）。国家在经济发展中的作用就是提供一个解决方案，就像在铁路发展中那样。公有企业也声称自己"缺少私有企业的灵活性和获取私有资本的渠道"（Butlin et al.，1982，pp. 259，262）。但政府对市场的干预绝非"驱逐"私有资本，它并"没有被那些从中受益的人（重要的资本所有者）视为多余或威胁……因为从总体上说，它对重要资源的重新分配是有利于私有资本的"（Patience and Head，1979，pp. 283－284）。

> 从某种意义上说，原始的边沁主义（primitive Benthamism）在澳大利亚取得了胜利，这在边沁的故乡是难以置信的。……边沁主义对国家的界定是所有定义中最出色的，即国家是利益集团的行政管理代理人，它接受利益集团委托，不是中立机构。为了减轻委托者的影响，国家的介入，不管是调整还是操作，都要尽可能从传统的国家机器中分离出来，以一种"准司法"或"非政治"的方式来解决问题，或者与那些坚持自己独立权力的机构融洽相处（Encel，1968，pp. 44－45）。

汉考克（Hancock，1930，p. 65）曾提及"澳大利亚倾向"，即利用"集体力量来促进个人利益增长"。他认为，这个术语不要理解为是社会主义的，它是"相当自然的"，也许是更加实际的（也可以参见 Encel，1968）。布朗（Brown，2003，p. 17）在谈到国有企业的作用时，认为它不能"改变、减弱或取代市场的灵活性，但却能够使市场灵活性问题得以发生"（强调初创性）。

巴特林等人（Butlin et al.，1982）曾谈到大萧条（the Great Depression）开始时澳大利亚政府角色的重大变化问题。最初，澳大利亚政府从其承担部分义务的公有企业中大规模撤出，以减少预算支出。随后，由于第二次世界大战爆发，澳大利亚政府被要求放弃这种保守的做法，这与当时的英国政府一样。然而，战后，澳大利亚政府在关于公有企业的政策方面与英国产生了巨大分歧。与英国工党的具有广泛影响的国有化政策形成鲜明对比的是，澳大利亚工党的国有化计划被最高法院的裁决完全否决了，认为它们是违背宪法的（McMinn，1979，pp. 182－185）。但是，当工党在 1949 年被保守派政府取代后，澳大利亚又回归大萧条之前的政策，这种政策与历史上的政企合伙合同殊途同归（Brown，2003）。这导致对公有企业的大规模出售（即私有化）以及鼓励竞争（Wettenhall，1987，p.3）。这种情况与之后在美国和英国出现的引人注目的、进步的"大政府"观是相左的。

澳大利亚与新自由主义　尽管与英国和新西兰相比，澳大利亚的国有企业在历史作用、效率和范围方面都存在着明显的差距，但英联邦和澳大利亚政府却不能对国有企业改革和出售的警报声听而不闻。人们认识到，政府已经变得过于庞大和缺乏责任感（Cournow and Saunders，1983），管理经营性企业的法定公司也是暗流涌动（Wettenhall，1987），于是，改革的重任便落到了工党政府的肩上。尽管当工党的姊妹党在新西兰执政时，澳大利亚政府就已经崇奉私有化，但由于工党的社会民主意识，它还是无法避开改革的重负。与新西兰一样，澳大利亚的私有化和国有企业改革，是由预算赤字以及国有企业和政府之间的责任缺失（这是在工党任期内发生的最糟糕的事情）共同推动的。在昆士兰，像新南威尔士一样，私有化的推进比其他地区更加保守。这首先归因于昆士兰州具有比较好的预算状况（De Lacy，1993），以及在昆士兰州的保守政治中，居于优势地位的领导伙伴——国家党对私有化缺少同情。这是因为，国家党是以来自乡村的支持为根基的，而乡村的变化与国有企业的服务水平密切相关。然而，昆士兰州还是致力于国有企业的改革，提高政府工作的效率（Davis，1993；Ahern et al.，1989）。

从澳大利亚联邦范围看，随着1996年保守派霍华德（Howard）政府上台执政，国有企业的改革进程进入最后阶段。霍华德政府的政治雄心就是招回撒切尔政权体制的亡魂，如授权家庭拥有股权、打破公有部门的联合。这一切令人惊奇地延长了改革的周期，一步跨越了30年，其结果是，公司化进程总是受到人们猜疑的影响，改革被认为是暂时性的和不彻底的。一家政府公司被描绘成一个失败了的私有企业，它或者是商业性的，或者完全缺乏政治意识。在某种程度上，这一改革进程并没有为这些公司化企业提供一个治理框架，这主要是因为，它没有真正地把政府公司当作一种客观存在的公司形式（Brown，2003）。

通过比较可以看出，在大萧条之前，政府公司对于法人治理问题的重要作用得到了明显的认可，其解决问题的方法就像20世纪80年代与新自由主义相关的绝大多数改革那样具有创新性。由于前政府实现了平稳过渡，人们便把注意力更多地集中到前政府的治理经验上。毕竟，前政府的这些做法已经非常接近20世纪80年代的公司化哲学。后来，人们对此做了简要报告，用来与现在的澳大利亚公司化模式的主要原则进行比较。

在澳大利亚，法人治理的代理成本问题在很早就被认识到了。它以一种强制性政策的形式得到诠释，即政府公司的管理要从传统的政府和"政治"

控制中解放出来，赋予其实质性的独立性。首先实施这种政策的领域之一，便是公共铁路系统的法人治理。

巴特林等人（Butlin，1982，pp. 259 - 278）认为，从很早开始，在铁路系统独立技术经理人制度的实施中，就提出了一些关于独立性的措施。然而，却出现了糟糕的管理结果，这种糟糕的管理是与政治的压力和影响相伴随的。在这种情况下，由独立委员组成的董事会对铁路系统进行了重组。这种重组最早发生在维多利亚，而后是新南威尔士。在维多利亚州的治理框架中，经由公告，或者发布正式的"一般政策文件"，使政府的权力得到明确界定，使"对公共公司的民主控制与实现公司真正的自主性取得一致，"进而对政府的行动实施严格管制（Butlin，1982，p. 263）。新南威尔士州州长亨利·帕克斯（Henry Parkes）是澳大利亚联邦运动中的一个关键人物，他这样说道：

> 对于重要的国有财产，必须立刻摆脱所有的政治控制，按照经济与效率、兼顾国家经济利益、满足各阶层人民的一般需要的原则来运营（Parks，1892，pp. 453，469 - 473）。

显然，政府部长应当从对国有企业管理的控制中分离出来。与此密切相关的是，需要有一种制度设计，能够明确地识别并资助政府公司实现所有非营利性目标。这样一来，民主目标就可以实现，而不必掩饰政府公司的营利动机。最近一段时期，国有企业实现非营利性目标已经发展成为一种"公共服务义务"（community service obligation，CSO）。在澳大利亚，这种服务机制可以追溯到19世纪90年代的铁路委员会。这是一种"补偿"机制。如果铁路企业从追求商业利益最大化目标转为实现非营利性目标，由此产生的费用要由国家来承担（Wettenhall，1966）。

一般而言，CSO机制并不否认，对政府公司的管理应该是为了实现企业财务绩效的最大化。承认并执行这一目标，是节约管理中的代理成本的重要方面。布朗（Brown，2003）指出，至少在20世纪50年代，保守派政府对国有企业进行了一次大规模的出售。该政府清楚地认识到，那些保留下来的政府公司应当尽可能地复制私有企业的经营方式，政府的角色仅仅是"唯一股东"（Wettenhall，1987，p. 4）。这与英国的莫里森式（Morrisonian）政府公司有着很大区别，后者采取了收支平衡的商业性目标。

政府公司法人治理制度的最终目标是实现垄断的社会成本的最小化。在某种程度上说，补偿或公共服务义务（CSO）机制就是服务于这一目标的，自从允许政府提供社会司法公正，以减轻垄断带来的影响时起，这种机制就开始发挥作用了。另外，分离后的澳大利亚政府公司，不仅仅是商业性的，还有规制性作用，从而实现了向半自主、准司法或"非政治"公司形式的转化，这有利于实现"竞争中立"。"竞争中立"这一术语是20世纪八九十年代出现的，而实际上在此之前的很长时间内，"竞争中立"问题就已经存在了。政府公司的这种分离减少了规制和政策利用的风险，它有助于实现政府公司的利润最大化，同时又可以避免影响社会福利的负面因素的产生。

在简单考察了澳大利亚政府公司的重要历史和法人治理原则之后，我们现在可以通过比较现有制度的更多细节，来完善澳大利亚的政府公司法人治理的历程。这对于第3章至第5章的分析具有解释价值，因为它对我们所考察的政府公司所依存的政权体制进行了详尽的解释。

接下来是关于具有历史意义的海默报告（Hilmer et al.，1992），该报告是由一个负责调查竞争政策及相关微观经济问题的质询委员会发布的。英联邦和所有的州政府都认为，应当对反竞争法案和政府经营性企业的经营进行重审。这个报告就是所谓的"国家竞争方针"（National Competition Policy）。它要求，要对政府或权力部门的各种行为进行彻底的检查，在改革中要运用多种方法，包括通过控制供给使竞争柔性化、由政府按照商业化原则（这是一个新名词，是指强迫国有企业接受市场目标和规则）实施全部成本定价法。该报告还为广泛的公司化提供了一个案例，而更多的案例是关于国有企业私有化的（Forsyth，1992；Quiggin，2003）。

如上所述，公司化与私有化之间的平衡在澳大利亚联邦和州政府之间是变化的。影响这种变化的因素包括：预算的紧张程度、政府在私有化问题上的思想倾向，以及辖区"改革疲劳度"（总的说来，改革的疲劳度会与日俱增）。因此，在澳大利亚每一个辖区之间，政府公司的实力和重要性存在着显著的差异。其中，最强的当属昆士兰和新南威尔士，比较弱的是维多利亚和南澳大利亚，总体上处于英联邦的中游水平。

伴随公司化的进展，澳大利亚出现了指导国有企业重组的四种评价原则。这些原则最早在海默报告（Hilmer et al.，1992，p.300）中有清晰的说明，包括明确的目标、管理的责任、管理权及其自主性，以及竞争的中立性。雷诺兹和凡内森（Reynolds and Von Nessen，1999）指出，这些原则的形成源于改革中出现的问题，这包括责任和权力界限的混淆，以及国有企业与市场压力的隔绝。

新一代政府公司最为重要的治理特征，就来源于上述四个公司化原则。这些原则界定了政府公司董事会和政府股东的职责，以及两者之间互动的基本程序。建立董事会并赋予其独立性,则能够增强管理的自主性和权威性。通过强化政府机构和董事会互动的程序,有助于在法规中设立明确的目标,并且能够加强实现这些目标的责任。对这些问题,我们将在后面展开分析。

澳大利亚的公司化框架①总体上是一种双重体制,尽管部分辖区是单一体制②。这种体制与政府公司的商业倾向程度是相适应的。在双重体制中,一种是公司制政府企业(company GC),这些政府公司要根据2001年的《公司法》进行注册,这部《公司法》是澳大利亚组建公司的基本法律依据。政府部长代表国家持有公司的全部股份。这些政府公司是完全商业化的,它们被要求进入市场,参与市场竞争。另一种则是那些难以在竞争性市场上生存的、几乎没有商业化的政府企业,它们是作为法定政府公司(statutory GC)而被改组,直至获得足够的技能,建立起完整的程序和体制,最终完成向公司制政府企业的过渡。两种体制的关键区别在于,公司制政府企业自始至终都受到《公司法》的规制和约束,如对董事会成员职责的规定,与其他任何经营性公司都是一样的,而法定政府公司只受到其注册地公司化条例的规制。然而,在法人治理方面,两者的核心特征是一样的,我们将在后面讨论这个问题。

居于公司化治理体系顶端的是公司化立法,这些法规是根据政府部长和董事会协商的程序来制定的,他们之间要就政府公司的正式目标反复进行磋商。在正式的计划编制程序中也强化这样的原则,即政府部长必须确定明确的目标,而董事会和政府公司要负责实现这些目标。绝大多数辖区都采取了政府公司董事会与政府持股部长签订绩效合同的形式。在昆士兰州,这被称做"公司目标描述"(Statement of Corporate Intent,SCI)③。SCI利用了私有

---

① 在澳大利亚,提供公司化框架的法律有:1989年的《国有公司法》(新南威尔士(NSW))、1993年的《政府公司法》(昆士兰(Qld))、1995年的《政府经营性企业法》(塔斯马尼亚(Tas))、1997年的《联邦机构和公司法》(英联邦(Cth))、1992年的《国有企业法》(维多利亚(Vic))、1993年的《公有公司法》(南澳大利亚(SA))、1990年的《地方公司法》(澳大利亚联邦(ACT))、1986年的《国有企业法案》(新西兰(NZ))。以下提及的法律均是由国家颁布的。

② 塔斯马尼亚州和南澳大利亚州存在细微的差别,由于这些辖区只规定了法定政府公司的组成(见塔斯马尼亚:s.3;南澳大利亚:s.5),因此,这些州的公司化法律对于诸如政府公司董事的义务等事项,规定得十分详尽。另一方面,澳大利亚联邦和新西兰的法律,则仅对公司化政府公司的建立做出了规定,见澳大利亚联邦:ss.3,6(1);新西兰:s.2。

③ 有一些内容相似的文件,在其他州却有着不同的名称,如《公司计划》(Corporate Plan,CP)(英联邦)或《绩效陈述》(南澳大利亚)。这些辖区没有利用独立的SCI陈述,因此,CP根据计划的周期,规定了明确的目标,见南澳大利亚:ss.12,13;英联邦:s.42。

企业的做法，成为激励政府公司的一种主要机制①，它对于政府实现公有企业的目标，加强政府对企业的绩效监督具有重要的意义。SCI 是新西兰于 1986 年通过的法律，后来，这种机制被纳入整个澳大利亚法律。概括地说，SCI 包括财政年度内政府公司的财务和非财务绩效目标②、政府公司目标纲要、财政年度内公开信息的性质和范围、资本结构和股利政策，还有重要财产的收购和出售的政策和计划③。这些事项要经过董事会和对应的政府持股部长之间的协商，以形成一个正式的绩效合同，在政府公司框架内创造出有效的责任机制④。可以认为，在政府公司中长期目标的确立，以及董事会所关注的独立性和商业性方面，SCI 是对官僚和政治干预企业日常决策的一种替代。

在公司化法规中，对于那些远达不到 SCI 要求、处于特殊运营水平的政府公司，它们需要做一般目标陈述。法规要求，政府公司董事会的聘任，主要是根据他们对政府公司目标的认识能力⑤。主要的目标要用概括性语言表

---

① 对法人治理的要求在形式上存在细微的差别，但实际上都在履行着相同的职责。新西兰作为第一个颁布公司化框架的澳大利亚辖区，没有要求一个 CP，而是在 3 年期的 SCI 中建立了绩效评价标准，每年评估一次。与此相似的是，新南威尔士和澳大利亚联邦，紧随新西兰之后，也领先一些州的 CP，以 SCI 作为唯一的法人治理文件。维多利亚、昆士兰和塔斯马尼亚也利用了 SCI，但依然提供了一个 CP。在昆士兰，CP 是持股部长和董事会一致同意的。法律对 CP 的内容没有特别的规定，但是要求 SCI 应与 CP 一致，CP 的功能要作为董事会指引纳入 SCI。塔斯马尼亚的模式更加不透明。CP 提供了政府公司的财务绩效、基本资产和主营业务，还包含详细的 SCI。不寻常的是，SCI 的功能被作为 CP 的一个摘要（s.41）。维多利亚的 CP 同样要求包含 SCI，CP 中除了一家企业计划外，财政部要求把财务陈述也纳入其中（s.41）。SCI 依次规定了目标、主营业务、活动的性质和范围、会计准则、绩效目标，以及财政部长和相关部长要求的更多信息（s.42）。另一方面，英联邦只要求一个 CP，包括政府公司的目标、营业环境的设定、经营战略、投资和财务计划、股息政策、非财务绩效的衡量、CSOs 和绩效评价。南澳大利亚利用了公司章程（Corporate Charter），这类似于 CP 的操作，只是独立出了"绩效陈述"。总体说来，SCI 或与此等价的规则一般都有详细的绩效评价的功能，同时，CP 或章程还处理国有企业经营中更广泛的战略方面的问题。

② 昆士兰：s.114。在新西兰和维多利亚，SCI 除了针对随后的两年外，还要求针对当前的财政年度，见新西兰：s.14（2）；维多利亚：s.42。塔斯马尼亚的"公司计划"也是如此，在那里，SCI 只是一份摘要，见塔斯马尼亚：ss.39 - 41。

③ 昆士兰：s.115（1）(a) - (j)；南新威尔士：s.22（a）-（g）；新西兰：s.14（2）-（3）；塔斯马尼亚：ss.39 - 41；南澳大利亚：s.13（1）；维多利亚：s.42。

④ 昆士兰：ss.116 - 120；新南威尔士：s.21（1）-（3）；新西兰：s.14（4）；塔斯马尼亚：s.13（2），（3）。

⑤ 新西兰：s.5（1）；新南威尔士：s.10（1）；塔斯马尼亚：s.11（3）；维多利亚：s.25（1）。南澳大利亚和昆士兰的法律有相同的规定，要求董事达到的目标有一个更加具体的范围，所有这些又要与政府公司目标原则中的商业性运营相一致，见南澳大利亚：s.14；昆士兰：ss.92，96（2）。

达出来，譬如，"要像成功的企业那样经营"，① 或者，"要为了公众利益而尽职尽责"②。更加具体的表述则有："要像可比的私有企业那样创造收益，富有效率"③，同时又必须强制性承担一些公益性事务。如新西兰，政府特别规定，国有企业要成为一个好雇主，要向公众展示它们的社会责任感。④ 其他法案也有这样的具体规定，政府公司的一个目标就是"对国民经济和福利做出最大贡献"⑤，要保证自己的非商业性活动的"高效率和卓有成效"⑥。或者说，在考虑"国家的经济和社会目标"的同时，实现企业收益的最大化⑦。因此，简而言之，典型的法规都指出，政府企业一方面要获得市场成功；另一方面又要有效地推动公共目标的实现。这种模棱两可的目标为管理层的决策自主权及其潜在影响（其中，政府的压力是最明显的）留下了余地。然而，SCI 以及类似的机制，有可能消除这种模棱两可的状况，能够提供更加具体的目标。

一般说来，公司化法规并不对董事的资质或者他们在董事会的背景和经验提出具体的要求，而只是规定政府官员（指现任内阁政府）可能聘任某个人进入政府公司董事会的程序⑧。上文我们提到，公司化法规规定，董事会要对公司管理负责，董事会要实现 SCI 中的目标，要保证其他（非 SCI）政府公司以适当的、有效的方式履行其职责⑨。

在许多商业导向的公司制政府企业中，在公司法中，在法定政府公司中，在公司化法规中，存在着很多的法律义务（对个人董事而言）。用于法定政府公司的许多规定也被那些适用一般公司法规的政府公司所仿效。新南威尔士州于 1989 年出台的《国有公司法案》第 10 条对法定政府公司的治理董事（governing directors）规定了某些义务，对这些义务的规定大部分来

---

① 新西兰：s.4；塔斯马尼亚：s.7 (1)(a)；澳大利亚联邦：s.7；南新威尔士：ss.8 (1)(a)，20E (1)(a)。昆士兰法律 (s.20 (1)) 要求政府公司"在其 CSO 中的行动和效率原则的指导下，取得商业上的成功"。

② 维多利亚：s.18。

③ 新西兰：s.4 (a)；新南威尔士：s.8 (1)(a)(i)。维多利亚州法律 (s.18 (a)) 强加了这样的标准："要尽可能有效地与谨慎的商业实践相一致"。同样的规定请见塔斯马尼亚：s.1 (a)(i)，南澳大利亚：s.11 (1)。

④ 新西兰：s.4 (b)，(c)。

⑤ 维多利亚：s.18 (b)。

⑥ 南澳大利亚：s.11 (2)；昆士兰：s.20 (1)；塔斯马尼亚：s.1 (b)。

⑦ 塔斯马尼亚：s.1 (a)(i)–(ii)。

⑧ 昆士兰：s.96 (1)；南新威尔士：ss.20J, Pt 2, Sch 2 s.1 (6)；维多利亚：s.25 (1)；塔斯马尼亚：s.11 (2)。英联邦、南澳大利亚和新西兰的法律对这个问题都没有涉及。

⑨ 昆士兰：ss.95 (a)–(d)。

自于《公司法》(2000年修订前的版本)之前的法规。

然而，之后政府对公司法规进行了重大的修改，这种修改不仅仅涉及法定政府公司，也涉及公司制政府企业。一个例子就是，出于履行董事义务的需要，对公司制政府企业的特别规定进行了调整。其中对第3部分第8条的修改是：

> 在一家公司制政府企业中，对一个理性人来说，在衡量他对工作的关注和勤勉程度时，必须考虑如下因素：
> （a）此人是公司制政府企业的官员；
> （b）这个法案适用于政府企业；
> （c）有关事项是该法案所要求的，或是得到该法案许可的。
> 这些事项包括：任何相关的指示、通告，或者拥有投票权的股东或政府投资部长给予政府公司的许可，等等。①

公司化法规对于政府部长持有政府公司的股份作了详细的规定。政府持股部长的布局在各辖区以及在法定政府公司和公司制政府企业之间，存在一些细节上的差异。一般说来，政府规定有两个持股的部长：一个是投资部长（该部长负责执行政府公司的章程）；另一个是（代表性的）国库部长或财政部长。也许还有针对更多股东的规定，但一般情况下，只有这两个部长才具有正式的法人治理权利②。

投资部长一般对国会负责，因为投资部与政府公司的关系最为密切。这一部门在政府企业公司化之前，可能已经对政府企业下属的经营性企业进行过比较好的管理。典型的情况是，不管是在治理职能范围之内还是之外，投资部都与政府公司有着广泛的相互影响。它也许是一个预算竞争者，也许是一个客户，或许经常是一个规制者，或许担当顾问的角色③。这些复杂的关系，赋予了投资部长一些潜在的权力，这些权力可能处于公司化法规对于正式治理权力的规定之中，也可能超越了这些规定。这种模式的风险，在新西兰模式下明显减小了，因为新西兰有一个国有企业部部长，由他来负责投资管理，而不是投资部门的部长。然而，在实践中，两者的区别可能并不大。

---

① 也见昆士兰：s. 145（1）。
② 例如，昆士兰州法律规定，在公司化政府公司中，必须有5个持股部长，见昆士兰：s. 76。为什么是5个？这一数字反映了新修订的公司法以前的要求，只要一个公众公司不是独资的子公司，它就应当有5个股东。后来这一要求被废止，见2001年的《公司法》（英联邦，s. 114）。尽管如此，这一历史顽疾仍继续存在于政府公司的法律中。
③ 见下文，第4章，p. 114起（指原著页码——译者注）。

持股（或具有表决权）部长拥有政府企业法人治理的实权，这反映了国家作为实际"所有者"的地位，也考虑到了民主管理在公众利益中的体现。持股部长的主要权力包括对 SCI 条款的控制，以及对政府企业的监督保留权（reserve powers）。这些权力被认为是有利于公众利益的，董事必须遵从①。SCI 是董事会与持股部长之间协商的结果，对这种程序，公司化法规有明确的规定。但是，如果董事会不能达成一致意见，② 持股部长可以单方面批准 SCI。③

与 SCI 机制密切联系的是强制性公共服务义务（Community Service Obligations，CSOs）制度。由于要从政府企业的商业性活动中抽取利润，以补贴那些需要投入的社会活动，因此，政府企业存在着无成本收益和目标冲突的问题，CSOs 就是为了解决这些问题而设计的。澳大利亚八个辖区中的五个，都提供了 CSOs 或类似的机制。其中，昆士兰州的框架具有代表性。④ 一家政府公司的董事会必须使持股部长满意，对于某些活动，政府公司必须接受政府的指导，而不能仅仅为了公司的商业性利益。如果持股部长感到满意，这一义务就会被列入 SCI，并伴随着直接的成本核算和无偿资金的拨付。与此相似，在新西兰，当国王希望有一个国有企业去履行非商业性职责时，就会拟定一个决议。在协议中，国有企业履行这一职能，作为回报，"国王向其提供全部补偿，或者补偿其所付代价的一部分"。⑤

批准 CSOs 的权力，并不属于独立的立法问题，而是建立在持股部长的一般"保留权力"基础上的。这些权力作为最后的诉求手段，能够保证政府政策进入到政府公司的董事和管理层的意识中。在政府发布一项关于政府公司董事会的政策之前，该项政策必须已经具备了满足公共利益需要这一条件。更进一步地说，政府做出的书面指示必须满足一种特殊条件，那就是这项指示已被证明是对公众有利的⑥。在塔斯马尼亚州，财政部被单独授予就

---

① 见例子，新南威尔士：s. 33AA (1)。
② 新西兰：s. 14 (1)；澳大利亚联邦：s. 19；新南威尔士：s. 21 (1)；维多利亚：s. 41 (1)；英联邦：s. 42；塔斯马尼亚：s. 39；昆士兰：ss. 106, 116。
③ 昆士兰：ss. 105, 107, 110 (2), 117, 120 (2)；新南威尔士：s. 21 (7)；新西兰：s. 13 (1)；维多利亚：s. 41 (9)；塔斯马尼亚：ss. 39, 40；南澳大利亚：s. 13；参照英联邦：s. 42；澳大利亚联邦：ss. 19, 21, 该法律没有提供强制修改的权力。
④ 昆士兰：ss. 121 (1), 122；塔斯马尼亚：Pt 9, ss. 9 – 65；新南威尔士：ss. 11, 20N。
⑤ 新西兰：s. 7。
⑥ 昆士兰：ss. 123, 124；新南威尔士：ss. 20O, 20P（仅仅适用于法定国有企业）；英联邦：ss. 28, 43。

某一特殊领域的事宜发布命令的权力①。在绝大多数辖区,政府的指示必须在公报上刊登②,要在议会上讨论③,或者至少要清楚地写入年度综合报告中。只有南澳大利亚和新西兰没有授予持股部长发布指示的保留权力。在这两个辖区,持股部长的权力被限制在只能指示董事会修改 SCI④,或者单方面变更公司章程⑤。

最后,由于 1992 年海默报告对公司化与竞争之间关系的质询,使得政府企业在公司化时,微观经济领域(尤其是市场结构)的改革也同步展开。澳大利亚乃至改革程度较小的⑥新西兰的政策制定者都意识到,公司化有可能引起垄断,因此,引入竞争性市场结构以避免垄断是很有必要的。澳大利亚的所有辖区都力图解决 1992 年海默对竞争的质询,其中包括为国有企业运营建立一个竞争中立的环境。例如,昆士兰州法律规定,政府公司无权享受或承受由公有制或市场权力所带来的任何特别的有利或不利因素⑦。这种规定最终转化为这样一种要求,即所有国有企业要与其所有者一样,向澳大利亚联邦缴纳所得税⑧。然而,这一原则也允许行政管理法规系统有一些例外,如信息自由法规(Freedom of Information Legislation)和其他公共部门的责任法规⑨。如果一家政府公司的确被认为享受了过多的市场权力,那么就要进行结构改革;如果这种结构改革不具有可行性,那就要启动特别监控程序,以避免权力滥用。在电力生产及其输送市场上,可以敏锐地感受到这一原则的运用。这个领域的政府公司自 1993 年开始进行彻底的重组,并且直

---

① 塔斯马尼亚:ss.114,115。
② 昆士兰:ss.110(3),120(4);新南威尔士:ss.20O,20P;南澳大利亚:s.6(5)(a)(i);塔斯马尼亚:s.7(2)。
③ 新南威尔士:s.26(1)(j);南澳大利亚:s.6(5)(a)(ii);新西兰:ss.13(3),17(3)。
④ 新西兰:s.13(1)。
⑤ 南澳大利亚:s.12(6)。
⑥ 新西兰的竞争法非常不同于英联邦的《贸易惯例法》(Trade Practices Act,1973),它深受建立在效率基础上的芝加哥学派反托拉斯理论(Patterson,1996)的影响。像在英国一样,新西兰正经历着对拥有过度市场权力的私人部门进行规制的问题。
⑦ 昆士兰:s.19(d)。
⑧ 见 Pt 14(昆士兰);ss.15,20T(新南威尔士);s.29(南澳大利亚);ss.67-76(塔斯马尼亚);ss.30B,30C(澳大利亚联邦)。新西兰、英联邦和维多利亚没有要求税收等价。维多利亚规定,一个国有公司不能因为是政府所有就可以豁免税收或其他义务,见 s.70(b)。
⑨ 举几个例子,在新南威尔士,s.26(4)赋予了财政部从国会讨论之前的文件中,删除敏感性商业信息的权力;同时,s.7(1)(a)(i)《信息自由法》(1989)则把合并的公司排除在外。在英联邦层次上,1982 年颁布的《信息自由法》Sch. 2 列示了可以免于提供敏感商业信息的实体,而 s.43 则把与经营性事务相关的文件排除在外。在新西兰,ss.9(1)(b)(i)(ii)和 9(1)(c)保护那些有可能抑制王室履行商业性职能的敏感性商业信息。

接与其他辖区的政府公司和经营性公司进行直接竞争。电力领域的政府公司在利润和生产率方面均获得了初步的成功，日益增强的州际间政府公司竞争也对利润盈余产生了影响。①

就像布朗（Brown，2003）所说，这次改革的最有意义之处，也许在于认识到了市场结构和正式的绩效合同（即SCI）作为激励基础的重要性。在其他方面，这种权力体制改变了20世纪初政府公司的许多特征。

2.1.4　美国和加拿大

在美国的历史上，尽管私有制占据统治地位，但在具有自然垄断色彩的市场上，仍然存在着被严格管制的经营性实体，在经济体系的许多方面，政府发挥了重要的历史作用（Goodrich，1967）。例如，一直以来，邮政都由政府经营，政府发挥了重要作用，有时就像"企业家"那样；在其他方面，如在运河、海港、公路和铁路等基础设施的发展上，在治安、国防和征税等核心政府服务上，政府则是提供补贴。尽管如此，在美国个人主义的大环境下，由私人兴办的公用事业也在同时发展，其程度远胜于其他国家。

斯旺（Swann，1988）对美国和英国管制的历史进行了考察。他引证了1905年由全国公民联盟（National Civic Federation）所作的一项具有重要影响的研究，该项研究分析了公用事业由国家经营和私人经营的优点。虽然这项研究主要依赖于英国的经验，但还是对美国政府参与经济活动的制度产生了深远的影响。这项研究的结论是：

> 对天然气、水和运输等公用事业的管制是不能令人满意的，而私有的公用事业公司则在价格上对消费者进行剥削，而且提供的服务水平较低。管制或者得到国会许可的类似形式均未发挥作用。另一方面，市政建设与私有企业赚取利润联系在一起，由于市政建设缺少发展资金，因此便把公用企业视为获取收入的一个重要来源（Swann，1988，p.77）。

由于市政建设借款受到限制，因此，美国国有企业在地方治理中处于优势地位。市政当局可以创立公有企业，以把债务从公共资产负债表中转移出去，从而避免债务约束。

---

① 约翰斯通（Johnstone，2002）。反对派曾寻求把经济衰退归结为私有电力企业失败的可疑证据。

美国国有企业有自身的独特经验，这种经验存在于政企关系的历史中。在1870—1930年这段时期，是自由放任资本主义（laissez-faire capitalism）的顶峰。由于历史上著名的保守主义最高法院对宪法的解释，以及麦迪逊主义的联邦体制和国家权利对这种解释的强化，使得自由放任政策得到进一步加强。1871年，联邦政府雇用了51 020名公务员，其中将近37 000名是邮政雇员（McCraw, 1981, p.5）。这样，美国联邦政府就没有作为公共基础设施的提供者（如澳大利亚），或者作为一个规制者（如欧洲）而发挥作用。这对于未来美国的政企关系无疑是具有决定性的影响因素。

南北战争之后，工业生产日益复杂化。由于大量生产技术的采用，使得生产者能够生产更多的产品……战前，经济的不稳定引发厂商之间的激烈竞争；而战后，这种不稳定则对大型企业造成了冲击，因为大型企业对资本的需求不断上升。企业怨声载道，随之而来的便是竞争力的下降（Schnitzer, 1987, p.23）。

很快，对工业和铁路的垄断便产生了。由此，美国政府被赋予了具有历史意义的"守夜人"（watchman）的角色，而私有企业则成为经济增长的压倒性支配力量。南北战争之后，科技推动了大型企业的形成，大幅度减少了市场竞争。在这种情况下，1890年美国通过了谢尔曼法（Sherman Act），以此来禁止反竞争行为。

那些直接反对产业集中和财富聚集的法律并没有发挥什么作用。1920年，产业集中程度比1880年还要高（Schnitzer, 1987, p.21）。

在某些产业中，尤其是石油和钢铁产业（分别由洛克菲勒标准石油托拉斯和卡内基公司（后来的美国钢铁公司）所控制），政府只是满足于通过反托拉斯法，专注于某些具体的反竞争行为；而在其他产业，由于受侵害团体的强烈的政治游说（如铁路），规制结构得以建立，以监督市场行为。这为私有企业规制模式向美国经济中其他领域的扩展开了先河，包括电信和广播、航空和汽车运输，当然还有公用事业。

因此，政府对待经济中的市场失灵，在澳大利亚和美国有着重要的差别。在澳大利亚，人们希望政府在建设公共基础设施方面提供支持；而在美国，私有企业则承担起了发展铁路、粮仓和公用事业的责任。在这些市场上，当竞争导致垄断控制时，政府就要实施管制，以减少垄断所带来的社会成本。就那个时期美国联邦政府的规模来说，根据政府的历史作用，不可能认真地考虑公有制。

其结果，美国国有企业的部门结构也许是在缺少统一的规范和清晰的治理结构的情况下，形成自己的特色，这在很大程度上反映了美国宪法的精神。联邦政府公司（Federal Government Corporations，FGCs）跨越了公有和私有之间本不清晰的界限，"经营着通信卫星、博物馆、铁路和发电站，为住宅和农业提供专门的信贷和担保"（Froomkin，1995，p. 547）。美国联邦政府公司区别于澳大利亚政府公司之处就在于它缺少统一的所有权结构。有些是政府独资的，而其他则是由私人部分或全部所有的。通过向私人参与者供给公共基金，使得私人拥有的联邦政府公司处于明显的矛盾状态。弗鲁姆金（Froomkin，1995，p. 548）指出，这一做法"致使责任、效率和民主政府都面临严峻的、难以预料的挑战"。本部分接下来的内容将集中讨论政府拥有股份或委派董事的联邦政府公司。

近期出台的类似于公司化条例的法律是《政府公司控制法》（Government Corporation Control Act）①。然而，这个法案并不必然对现有的联邦政府公司起到管制作用，因为某些联邦政府公司可以例外，这种例外加剧了规制结构和框架的非统一性。此外，由于这一法案仅仅规制现有的联邦政府公司，却没有为新产生的联邦政府公司提供一个正式的、统一的结构。新公司在绝大多数情况下都是依法特许设立的，这些法律根据哥伦比亚特区公司法向新组成的公司提供一个联邦特许状（Froomkin，1995，p. 552）。《注册法》（Incorporating Act）一般也对主体的权力、结构、义务和目的进行界定。这样看来，注册条例担当了一些在澳大利亚由 SCI 所扮演的角色。

委派董事的权力主要归总统。对于任何特殊的联邦政府公司，总统都有权聘任所有的、或多数的、或少数的董事。同样，澳大利亚的联邦政府公司在薪金水平、任期，以及诸如信息立法的自由等其他行政管理功能方面，都免受公共服务那样的限制。许多联邦政府公司还发行股票，由此可以对联邦政府公司进行大致的分类，这包括"政府完全独资"、"混合所有"，或者"私有"。政府完全独资的联邦政府公司（如商品信用公司（Commodity Credit Corp.））在很大程度上都依赖于行政管理法；混合所有的联邦政府公司（包括全国铁路客运公司（Amtrak）和田纳西河流域管理局（Tennessee Valley Authority））一般被认为享有来自联邦政府的隐性担保，它们的贷款利率是扭曲的；最后，一个私有的联邦政府公司会限制政府对其董事会成员

---

① 引美国国会（USC），§9101。

聘任的控制。私有联邦政府公司不依赖于政府公司控制法。相反，还有一种非正式的分类，即包含在已提到的政府公司控制法中的松散的规制结构。与澳大利亚的法律相比，政府公司控制法仅仅为联邦政府公司建立了一个非常有限的规制框架。对董事会的要求包括向总统准备并提交年度预算和其他财务信息，向财政部准备并提交预期回报率，以及来自财政部的资本需求。联邦政府公司在向公众发行任何有价证券之前，必须得到财政部的批准。总审计长对政府独资或部分所有的联邦政府公司进行审计。然后，这些审计以及向总统提交的材料要提交国会批准。

因此，政府公司控制法实际上被设计成为向总统和国会提供有关联邦政府公司的信息流。除了隐含在预算中的目标外，该法案没有类似于 CSO 和 SCI 那样的机制。联邦政府公司经受着各种各样法律的规制，这些法律就像是一锅大杂烩，需要巩固和更新。

加拿大与美国在地理上很接近，尽管如此，加拿大政府公司的历史经验却与英联邦的属国更加相似。它的环境与澳大利亚很相像——广袤的国土、稀疏的定居区，但严峻的气候条件却对富饶的自然资源的开发形成了挑战。我们发现，公有企业广泛地被用于实现公共政策目标，它们不仅存在于基础设施和自然垄断领域（Chorney, 1998），还存在于很多有争议的市场上，如航空旅行、自然资源、原材料生产等（Tupper, 1998）。尽管保守派政府创立了一些政府公司，但政府的意识形态在政府公司的创建中似乎具有重要的影响（Chandler, 1983）。

加拿大是联邦体制，它关于政府企业（被称为王室公司（Crown Corporation））的经验依赖于有关辖区出现的问题。它不像澳大利亚，它没有经历一个使法人治理程序标准化的微观经济改革过程。同样，许多"王室公司"或者服从于一般的公司法规，或者服从于特别的授权法规。与其他国家类似，加拿大政府公司也有一个责任原则，它必须接受政府和议会的监督。

这些联邦政府的公司管理着超过 6 800 万加元的总资产（加拿大财政部董事会秘书处（Treasury Board of Canada Secretariat）2001），它们受到一个基于财务管理法（Financial Administration Act）而建立起来的责任框架的约束。这一框架授权董事会批准政府公司的战略计划、管理风险、监督管理层。董事会只对唯一的主管部长负责，而主管部长则向相应的政府负责。政府决策者要批准每一家政府公司的年度计划。董事会还要负责不断检查政府公司的公共政策目标和法定授权的执行情况，并评价这些目标应该如何与商业性目标取得平衡（财政部长和财政委员会主席（Minister of Finance and the President of the Treasury Board），1996）。尽管法人治理指引指出了董事会独立性的重要意义，但是，政府雇员依然可以并且确实在政府公司董事会中任职。与之形成对照的是，澳大利亚辖区对此一般是禁止的①。

然而，在政府公司中，存在着不同的治理安排，就像各省与联邦政府之间存在差别一样。史蒂文斯（Stevens, 1993）在对艾伯塔省（Alberta）、马尼托巴省（Manitoba）和萨斯喀彻温省（Saskatchewan）的政府公司进行深刻的比较分析中论证了这一点。它们之间最重要的区别在于管理自主权与各省政府在制度控制程度之间的平衡。艾伯塔省给予了政府企业很大的管理自主权；而其他两个省对政府企业的管理则采取了很强的制度控制和政治干预，当然，对于不同的政府企业，采取的手段很不相同。马尼托巴省通过一个王室投资部（Department of Crown），形成了一个强大的官僚监督模式，这个王室投资部能够提供政府相当数量的信息资源。相比之下，萨斯喀彻温省的政府公司则要受到政府管理的一家控股公司的控制，这种结构与政府部长在"子"政府公司（"subsidiary" GC）董事会上的战略位置是一致的。相对于艾伯塔省，萨斯喀彻温省和马尼托巴省拥有更多"左倾"政府的经验。

加拿大也经历了重大的私有化改革。在1984—1993年期间，布赖恩·马尔罗尼（Brian Mulroney）政府试图通过私有化来减少预算赤字和国家债务。他的一项主要举措是实施加拿大航空公司（Air Canada）(1998) 和石油公司（Petro-Canada）(1991) 的私有化。自由主义的克雷蒂安（Chrétien）政府进一步推动了这一进程，对加拿大国家铁路公司（Canadian National Railways）(1995) 和导航公司（Nav Canada）(1996) 进行了私有化。虽然如此，加拿大私有化改革的步伐还是比英国缓和许多（Levac and Wooldridge, 1997）。各省也出于财政原因而对本地的国有企业进行了私有化，如艾伯塔省（1990）和马尼托巴省（1996）电信企业的私有化。

◇　◇　◇

总览英语国家国有企业的改革可以看出，已提到的每一辖区都提出，要以不同的治理方式对与市场失灵或自然垄断相关的领域进行规制。最近，英国已经采纳了美国对私人垄断的规制路径，这是它在经历了极端的国有化实验和随之而来的私有化，从而引发了复杂的治理问题之后所采取的措施，而对这种治理问题，美国是从未认真思考过的（因为没有发生过）（参见实例，Jones et al., 1999）。这些问题包括：对于被私有的资产的定价（参见实例，Peotti and Guney, 1993）、对于更加集中还是更加分散的所有权的选择、管

---

① 昆士兰: s. 96A。

理的代理成本对这些选择的影响、在利益集团中间对私有化收益的分配，以及在涉及保持对于被私有实体的剩余权力上，如何考虑国家利益（例如通过黄金股方式）。正像上文所述，澳大利亚的经验可以说是独一无二的。这种经验就在于，它证明，人们存在着对于公有企业的明显偏好，相应的，就需要掌握合适的治理限度。可以预见，澳大利亚将会仿效新西兰的模式进行改革，改革的目的是从私有企业那里获得利益，同时避免对私人参与者进行规制的成本和困难。尽管如此，澳大利亚许多州的公用事业私有化，以及国家电信事业——澳大利亚电信公司的逐步私有化，都产生了相似的价格规制问题。有些澳大利亚经济学家，对于澳大利亚电信公司部分私有化后将会提高效率表示怀疑（例如，Quiggin, 2003）。与此同时，在诸如电力等领域，一些州，如昆士兰州，则保留着公有的能源公司，它们在竞争中立原则的指导下，通过与私有公司激烈的州际竞争，取得了较高的成效。英国从莫里森时代起，政府企业也具有一段辉煌的历史。它清晰地证明，意识形态与无效的法人治理的结合，能够在迅速国有化和私有化之间形成反应循环。

这一评论显示，第 1 章提出的三个法人治理问题是如何影响规制环境的。在前撒切尔时代的政府公司中，管理和治理的代理成本达到了极限水平，因为这些政府公司没有清晰的目标，又缺乏预算约束，政府过多地涉足微观管理。而 20 世纪初期意识形态中性的澳大利亚模式却得到了广泛的赞赏，因为它限制政府对企业管理的干预，设有独立的非商业性活动基金，有一些私有部门标杆（private sector benchmarks）。20 世纪 80 年代和 90 年代，这些原则开始复兴，与此同时，人们进一步认识到了市场的重要作用，而产权和激励则是保持旧模式持久不败的重要因素，澳大利亚政府并没有因为公有企业缺乏有效的治理实践而把它们抛弃，这是一种毫无偏见的明智之举。

现在我们再来审视一下新兴经济中国有企业的作用，以及它们对中央计划经济体制的惯性的反应。

2.2 东欧和中国的私有化

柏林墙的倒塌宣布了苏联及其东欧盟国集团（Eastern bloc）命令经济的崩溃。冷战之后，东欧和俄罗斯的政治家从西方经济的成功中看到了未来的发展方向，开始寻求在既往的社会主义制度的基础上建立西方式的经济政治制度。与这种制度的建立相伴随的是，人们希望国家不要再担当经济活动决策者的角色,要发展繁荣私有经济。事实上,除了价格自由化计划(这已经使社会普遍地陷入困境)外,改革中的主要问题不是私有化是否应该发生,而是这一计划应该如何更快地实施。由于许多东欧集团国家相继发生(而且还在继续发生)政治动乱,人们认为,冗长的改革计划将会停止,因为它激起了大众的怨恨,这将使私有化遭受挫败。因此,政府为了证明它对经济改革的承诺的可信性,便着手制定一个迅速私有化的计划,在某种意义上,这被称为"休克疗法"(shock therapy)(Weisskopf,1998,p.106)。虽然预料这种改革由于在很短的时间内集中了改革的伤痛,从而会引起巨大的社会动荡(这必然会招致大部分平民的怨愤),但改革者相信,一旦改革的收益开始集聚,就会得到公众的支持,为经济的自由化增添力量。这一观点也被诸如国际货币基金组织(International Monetary Fund)这样的机构所认可,而国际货币基金组织曾经拒绝为这类改革提供财政支持(Stigliz,2002)。10年过去了,社会动荡依然存在,而改革的收益则增长缓慢。在梅金森和内特尔(Megginson and Netter,2001)的文章中,他们注意到,东欧的私有化改革是最乏力的,而他们的改革步伐却是最大的。

与东欧的"休克方式"并列的一种相反的改革方式是中国的"摸着石头过河"(crossing the river by feeling for stones)(邓小平,引自 Chen et al.,2000,p.4)。中国政府的强大力量使其有可能逐步推进中国经济的自由化。公众的不满情绪已经平息下来,这一方面是由于共产党的政权体制;另一方面也是由于官方已经认可了经济的高速增长是由私有部门带来的。政府已经不再认为极权主义是获得政治稳定的一种手段。为了避免大规模的社会动荡,渐进式的改革计划便成为代替东欧"休克疗法"的一种选择。从政府的角度说,一种循序渐进的改革方式有利于建立具有凝聚力的政权体制。由于渐进式改革实现了最小化的社会动荡,从而无需再利用极权主义来推动改革。相比之下,东欧的新政府领导人几乎没有拿出时间去设计改革计划,而是依赖于有组织的利益集团的支持,尤其是依赖于私有化企业的经营者和工人的支持(Kapstein and Milanovic,1999)。

2.2.1 俄罗斯

在既往的制度下,私有部门在东欧集团国家一直受到压制,只能在黑市交易中艰难生存。不仅重工业,而且分配环节和零售渠道都掌握在政府手中。由于缺少私人参与市场的激励结构,命令经济很快陷入巨大的浪费和无效率状态,最典型的便是无计划的工业联合,盲目地进行垂直和水平一体化

(Kornai，1992）。投资和生产都被集中到军事化的大工业部门，消费品生产受到极大的限制。东欧集团的瓦解，部分原因就在于这种经济体制的无效率（Olson，2001），因此，俄罗斯改革者便面临着这样的任务，那就是如何实现数以万计的小商店和零售渠道，以及曾经构成俄罗斯经济推动力量的大中型企业的私有化。这些工业中的庞然大物，雇用着成千上万的工人，生产着各种各样的产品，这被认为是俄罗斯实现快速而全面的改革的最大绊脚石。

俄罗斯的私有化，就像东欧国家一样，主要是通过向居民发放私有化证券的方式进行的。从理论上说，这反映了人们作为国有企业最终"所有者"的心态，同时也刺激了大众对于改革计划的普遍参与。然后，有兴趣参与改革的个人可以从那些不愿意参与该计划的人手中购买更多的私有化证券；同时，一些人可以把自己的私有化证券放到共同基金中，以便将来购买私有企业的股份。而后17万家小店铺和零售商店中的绝大多数都被拍卖。这项工作在很多小企业中进行得很顺利，私有制的基础已经形成。

更多的问题出现在大中型企业的私有化上，尤其是大型的企业联合体，这种联合体被称为苏联政权"皇冠上的明珠"。首要的问题是私有化企业最终所有权的混合。有人鼓吹广泛而分散的股东主体；而其他人则关注于这样的问题，即如果个人手中没有足够的股份的话，那么对于由此而引起的管理权力将会缺少控制（例如，Frydman and Rapaczynski，1994）。这些问题归结到经理层和雇员的政治活动上便是：

> 工人和经理们都希望能将这些企业交给他们，或者以便宜的价格卖给他们，而不是其他人。工人们反对任何国内外重要投资者对企业进行投资，因为他们害怕这些外来者将会进行彻底的裁员；而经理们则担心外来的所有者将会解雇他们，或者剥夺他们的权力。两者还都关心，恶劣的外部人可能会控制他们的企业（Blasi et al.，1997，p.36）。

莫斯科的改革团队则关心，管理精英的地位将会巩固起来。这些精英坚持，对于有影响的雇员其所有权不应是集中的。因为他们担心，工人们将会由于其短期利益而把企业拖至崩溃的边缘。

最终的改革计划于1992年6月11日以法律的形式获得通过。在公司化改革的最初阶段，国有企业获得了独立于国家的法律人格，被赋予了一定的经济（基于资产的）价值，得到了股份（以1 000卢布为单位对企业资产进行分割），还建立了自己的高级管理层和董事会。然后，在雇员大会上，有三种优先售股选择权方案可供雇员选择。

这些选择权对于不同的雇员是不一样的。少数雇员选择了第一种方案，即雇员可以拥有40%的所有权，其余60%出售给大众；多数雇员选择了第二种方案，即雇员可以拥有51%的所有权，其余49%出售给大众，或者由管理层全部买下来。

经理和雇员在购买这些原始股时，无需与任何人竞争。他们只是决定，自己想要什么，以及以指定的低价值购买自己的公司的股票。没有外部人，没有黑手党，没有外国人，也没有任何苏联的官僚在这一阶段的改革中担任任何正式的角色（Blasi et al.，1997，p.42）。

这一私有化进程可以分为三个明显的阶段（Broadman，2001）。第一阶段在1993—1995年，主要关注小企业而不是大企业，采用了上述的私有化证券方式，通过这种方式，雇员们获得了大多数所有权。第二阶段在1995—1996年，更多的问题开始暴露出来。1995年，那些重要的金融工业集团根据"贷款换股份"计划，通过向最大的和最有吸引力的企业提供担保，以换取预算贷款。与此同时，其他公司的经理也获得了对于公司的控制权，有时是合法的，有时则是通过强制性的和不道德的手段，如剥夺雇员的有投票权的股份。经理们还通过取得董事会席位的方式排挤外来者。在这个时期，许多企业的法人治理状况是很糟糕的。第三阶段始于1997年，管理已经大有改观。大型国有企业通过诸如竞标等更加透明的方式出售控制权股份受到关注。同时聘请独立财务顾问来推进国有企业的治理，并指导股份的出售。

布罗德曼（Broadman，2001）注意到，国家仍然在大约2 500家公司和14 000家未进行公司化的国有企业中持有股份或拥有权益。在少数情况下，政府官员还拥有主要的经营管理权。他认为，这种管理方式仍然是缺乏效率和不负责任的，也容易滋生腐败。改革有一些标志性的特征，如公司持股结构的运用，努力通过管理合同进行专业化管理的日益明显的趋势。然而，在这些已经推向市场的公司中，仍然存在着很多来自内部的抵制。

可以得出这样的结论，即当法定的法人治理结构建立起来时，人们理解不了与法人治理相联系的规范和做法将会如何发挥作用。很明显，要建立起一种功能性的法人治理文化是需要一些时间的——这将会拉长已经出现的、由广泛的经济改革（特别是政府放开对价格的控制）而引起的社会动荡的时间。因此，我们发现，由于相对薄弱的法人治理，在这些私有化实体中，管理的代理成本居高不下。

2.2.2 波兰

即使我们承认俄罗斯的改革原则在整个东欧是相同的,但在不同地区,私有化的经验还是不一样的(Hlaváček and Mejstřick, 1997)。尽管有一些共性,在改革步伐和政治稳定性上的差异还是很快显现了出来。凯普斯坦和米兰诺威克(Kapstein and Milanovic, 1999)注意到,波兰和俄罗斯的政治利益集团存在着显著差异。在波兰政治体制中,联盟和农民的力量大于共产主义国家领导人的让与制度,这使他们能够与私有化企业中的权威人士争夺权力。相反,在俄罗斯,联盟和农民的力量是比较弱的(Hellman, 1998; Shleifer and Treisman, 1997)。

波兰饱受政局动荡之苦,较之其他欧洲转型国家,左翼和右翼政党发起的私有化改革遇到了更强烈的阻力(Winiecki, 1997)。最初的改革计划开始于1990年6月,组建公司的方式有两种:一是发行优惠私有化证券,向波兰公民免费发放;另一种是清算不赢利的公司,并将它们出售或租赁给第三方。波兰的国有企业被划分为500家大型企业和5 500家中小型企业。大型企业也可能会被清算,而转变为中小型企业。在俄罗斯,私有化之后最初的混合所有权由政府进行授权管理,具体内容参见表2.1。

表 2.1　　　　　　　波兰私有化初期的股份

股份比例（%）	接受者特征
30	分配给公众的具有特殊目的的投资基金
20	退休基金
10	雇员（被授权以50%的折扣价格购买股票）
10	银行部门
30	国家,为了随后向外部投资者出售（包括外国投资者）

资料来源：Blaszczyk and Dabrowski, 1993, p. 17.

政治动荡使得最初的改革尝试被迫中断。薄弱的经济、企业与工人日益激烈的纷争,以及不断更迭的政治联合（1993年在塞因（Sejn）地区就有29个政党）,使得变更改革计划变得非常必要（Klich, 1998）。1992年,政府提出大规模私有化计划（Mass Privatization Plan MPP）的动议,考虑使每个年满18岁的波兰公民在一类具有特殊目的的投资基金中拥有一份所有权证书,享有特定目标投资基金的一定份额。这项计划于1993年3月被否决,随后它便被分成两个阶段：首先，设想由 15 个国民投资基金（National Investment Funds）控制 200 家曾经进行过私有化准备的企业。这些企业的股份将归属养老金领取者和公务员；其次，400 家最大的国有企业将以巨大的折扣价格向所有波兰公民出售股票，以此来完成这些企业的私有化。与此同时，在私有化国有企业中，拿出 15% 的私有化证券免费发放给企业雇员，使他们持有公司股份。这些改革被写入 1993 年 4 月 30 日通过的法律，并且在"经过了一个漫长而频频白热化的争论之后"（Klich，1998，p.90），于 1995 年 11 月起开始施行。

一个影响波兰和其他前共产主义国家的问题是，鼓励人们支持并且参与改革（这要求有一个广泛而分散的股东基础）与克服法人治理中股东采取集体行动的障碍（这要求大股东的存在）之间存在着冲突。后一种要求是波兰、俄罗斯和其他地区建立共同基金和投资基金的推动力。

总之，政局的不稳定和缺乏统一的认识，已经阻碍了波兰正在进行的改革，也阻碍了外国投资者的进入；同时，总体经济的薄弱又削弱了人们支持和参与私有化改革的积极性。最初的改革计划引发了一些议论：为了很小的"疗效"，却产生了巨大的"休克"（Poznanski，1993，p.15）。之后，波兰政府采取了比较渐进的改革举措，但是，这却导致了正在准备私有化的企业的真正亏损，而且这种亏损呈不断增加的趋势（Klich，1998，p.94）。因此，可以借助于人们对俄罗斯休克疗法的信任，同时采取一些有助于政治稳定的措施，以推动改革的快速进行。尽管休克疗法可能会引起广大民众的反对，使得稳定的政局迅速瓦解，从而放慢改革的进程，国有企业亏损不断加剧。但是，当迅速的改革有望取得迅速的（和积极的）成果之时，或者 10 年之后，改革的收益就会慢慢地显现出来。

2.2.3 捷克共和国和斯洛伐克

捷克斯洛伐克分裂为捷克共和国和斯洛伐克共和国，否定了观察家关于可能出现一种从中央计划经济向市场经济转型的重要改革模式的观点。捷克斯洛伐克具有异乎寻常的稳定政局和内部凝聚力，这使它成为东欧唯一一个没有给予国有企业雇员任何优惠的后共产主义国家（Mládek，1997，p.50）。市场制度，如银行部门、股票交易所和稳定的产权制度都建立起来了，而且，总的来说，政府因其私有化计划而赢得了民众的较普遍的支持①。

---

① 关于波兰、捷克共和国和斯洛伐克的讨论得益于巴尔弗和克里斯（Balfour and Crise，1993）。

在捷克斯洛伐克联邦的初始改革中，政府对 10 000 多家小型商店和小型企业进行了公开拍卖。对于这些小型商店和小型企业，战前的财产所有人的后裔不参与竞价，他们可以根据《赔偿法》(Regain Law) 提出申请，要求重新获得所有权。这一举措是成功的。政府的推动力贯穿于整个改革过程，其在零售和批发贸易以及服务领域也取得了显著的成功，这成为捷克人民未来利益的象征（Mládek，1997）。并且，人们对计划经济体制的不满，也在这一赔偿过程中体现了出来。这种赔偿"实际上引发了大量国有控制资产的私有化，而不是小规模的私有化"（Hopkins，1998，p. 63）。

一个"大规模私有化"法案覆盖了大约 4 000 家公司。该法案发起于 1991 年，吸收了私有化证券体制。当这些企业要纳入私有化计划时，最终的决定要取决于联邦私有化部长。私有化证券体制旨在将"广泛分布的资产"分配给"全国 1 500 万符合条件的公民中的大约 850 万"（Balfour and Crise，1993，p. 94）。但是，所有权很快就集中起来，因为私有投资基金开始哄抬私有化证券的价格。这引起人们对反竞争行为的关注。一只基金在任何一家公司的股份被限制在不超过 20%。1992 年，接近 1 500 家公司已经私有化，资产总值达 100 亿美元（Balfour and Crise，1993，p. 95）。

然而，就在 1993 年 1 月 1 日，捷克斯洛伐克分裂为捷克共和国和斯洛伐克，这一分裂使得两个国家的改革进程都受到了很大挫折。斯洛伐克由于经济基础比较薄弱，加上政局动荡，可预见的负担大大增加。捷克的改革仍在继续，至 1995 年年初，布拉格股票交易所的股本总量估计达到了 250 亿美元（Hopkins，1998，p. 66）。截至 2001 年年底，捷克共和国在 20 多家大型工业公司中拥有超过 30% 的权益，这些工业包括钢铁、石油和能源（Muzikar and Drevinek，2002）。斯洛伐克则一直面临重重困扰。公众对改革的支持逐渐减弱，这使政府出台一份比较缓和的私有化议程成为必要。

哈珀（Harper，2001）发现，一般来说，私有化可以改善公司绩效（例如，Boubakri and Cosset，1998；Megginson et al.，1994；Megginson and Netter，2001），然而，在捷克共和国的私有化企业中，效率和收益率实际上是下降的（尽管企业采取措施裁减了雇员），这与上述一般的看法形成了明显的反差。这一现象也许与平托等人（Pinto et al.，1993）的发现一致，他们认为，在捷克公司中，效率的显著提高发生在激励加强并且引入竞争之后，但却是在私有化之前的一段时期内。然而，在捷克共和国，一项关于国有企业和私有企业的代表性研究表明，在创造收益方面，私有企业做得更好（尽管不是在节约成本方面）（Frydman et al.，1999）。

这两个国家都面临着这样一些困难，这些困难一是来源于国家以往对不动产（real property）的垄断，二是来源于在国有财产和私有财产认识上的分歧。合同法在这两个方面给出了新的认识，但对这一新法令的阐释和应用，在某些时候还是不确定的。同样的，破产法和竞争法不仅是新生事物，而且其中的某些内容还与统治社会半个世纪的社会主义思维背道而驰。对于这些法律的应用，曾一度遇到挫折，并带来社会断层。

东欧集团国家的经验与联邦国家的经济重构相比，更具有魅力。无疑，以前国有资产的绝大多数需要进行私有化，因为国家在管理这些资产方面几乎没有比较优势，尤其是商店和不具有自然垄断性质的其他企业。同样，这些国家的政治不稳定，使政府在管理一个国有企业部门和构筑一种法人治理文化方面，作了相当程度的妥协。与此同时，支撑所有制转型的市场制度还不成熟。现在我们回过头来审视一下中国国有企业改革的成功。中国政权要保持稳定，就要在休克疗法和渐进方式中做出选择。

2.2.4 中国

中国渐进改革的经验，与东欧集团国家普遍采用的"休克疗法"形成了显著的对比。当东欧的经济自由化伴随着民主化时，在中国则是：

> 一方面正经历着世界上最快的经济增长速度；另一方面是政治上的控制。名义上的社会主义者却坚定不移地坚持以市场为导向，中国正在实施一个虽然缓慢但却平稳的经济转型战略（Cao, 1995, p. 98）。

因此，中国政府有能力对经济改革维持严格的调控：在邓小平时代，"中国想实现现代化，而不是民主化"（Shen, 2000, p. 42）。接下来的一个小问题就是，政治不稳定将会使改革出轨和搁置。最终，改革将以一种比较缓和的、循序渐进的步调推进。比较起来，东欧集团政权的突然瓦解，使得由强有力的政府来指导经济缓慢走向市场自由化的可能性化为泡影。尤其是地方政府，一直在鼓励中国私有企业的发展，但俄罗斯的地方政府却一直在阻碍新兴公司的成长。布兰查德和谢雷佛（Blanchard and Schleifer, 2000）将此归结为中国共产党控制中央政府的力量，它鼓励地方政府扶植企业的成长。而这在俄罗斯是不存在的。总之，"不同于东欧国家的经济自由化，中国的开放进程是循序渐进，并且是经过周密规划的"（Shen, 2000, p. 45）。

从中国工业企业创造的国民总产值（National Gross Output Value）份额

的变化中，我们可以看到，中国正在缓慢地向私有市场转型。从1993年到1999年，国有企业在国民总产值中所占的份额从47%下降到了28%，集体企业则保持在大约35%的水平上，而个体企业所占的份额则增长了2倍多，从8%增长到了18%（尽管企业数下降了20%），其他企业（包括本国公司制企业和外资企业）所占的份额从11%增长到了26%。然而，国有企业的生产率仍然存在问题。尽管它们占国民总产值的份额不到1/3，但却拥有2/3的总资产，以及大约3/4的投资（Broadman，2001）。

　　从根本上说，中国在国有企业私有化和创建私有部门方面的改革保持着强劲的势头。概括地讲，"中国私有化的发展先后经历了三个明显的阶段：新的和非国有部门的创建；既有国有企业的改革；国有部门的私有化"（Cao，1995，p.102）。中国并不是把注意力集中在将国有资产转换为私人所有，而是专注于培育独立的非国有部门，并通过这些非国有部门创造市场制度，以实现国有企业向私有企业的最终转变。1997年，在118 000家国有工业企业中，只有不到5%转变为私有企业（世界银行，1997，p.1），但是，这一数字在1999年就增至61 000家（Broadman，2001）。沈（2000，p.145）得出这样的结论：在中国经济中，私有企业存在的一个主要目的是对国有部门功能的补充。

　　这种改革方式立足于这样一个前提，即在大规模的私有化产生之前，以市场为基础的经济运行体制必须牢固地建立起来。"目前政府的政策是不断强调建立市场经济体制，以及向法治社会转换，从而为私有企业的快速成长铺平道路"（国际财务公司（International Finance Corporation），2000，p.vii）。但是，私有企业仍然经常处于占主导地位的国有经济的阴影下，私有化并没有实现。"产品计划制度还没有消失，只是其控制的范围在逐渐缩小"（Rawski，1996，p.190）。曹（Cao，1995）甚至怀疑大规模的私有化改革是否应该实施。曹对于把中国的市场自由化视为走向经济繁荣的一种全新的方式提出了质疑，因为这种自由化不是立足于私有财产的保护，而是更多地考虑公共企业的利益。在这种意义上，相对于东欧集团国家，在中国，在国有企业中建立一个有效的法人治理框架被提到了前所未有的高度。

　　众所周知，对非国有经济的培育已经取得了很大的成功。1996年，非国有企业创造了工业产出的3/4（Shen，2000，p.148）。经济增长尤其是经济特区（主要在东南沿海地区）的经济增长非常迅速。曹（Cao，1995）认为，在满足不断变化的市场需求方面，非国有部门已经成为最重要的角色之一。当然，如果最初国有企业没有改革的需要，私有部门就不会有一个好的开端。尽管如此，中国经济仍然严重依赖于国有部门，正如上文布罗德曼

(2001)所引证的数字那样。

国有部门的治理特征是什么？在20世纪80年代后期，中国的改革者把他们的注意力转到本国的国有企业上。从新中国成立到1984年，国有企业甚至不被认为具有独立于国家的法律人格，在经济上更是没有独立性（Schipani and Liu，2002）。国家对国有企业进行投资，国有企业生产的产品也由国家统一分配，而且还要为员工提供经济保障。1988年，《国有企业法》出台，这是国有企业改革进程的转折点（Schipani and Liu，2002）。这部法律明确提出，要尊重企业经营者的管理权威地位，实现所有权和管理权的分离。企业要接受地方共产党组织的监督。非国有部门的产生被认为有助于国有部门的改革。迫于压力，国有企业会努力汲取私有企业的一些灵活的机制，以提高竞争效率。并且以绩效为基础的报酬和创新机制也促进了具体制度的改革。责任回归经理，以培育他们的责任感。奖励措施中包括利润分享计划（profit-sharing plans）和享有自由价格权（一定程度上的）。更进一步说，与澳大利亚的SCI机制相比较，自1983年以来，中国在国有企业管理方面已经能够利用合同责任制。为什么这样说呢——

> 一个国有企业要与其监管机构签订一份合同，这份合同是经过一对一协商而形成的，其中详细规定了每年应当上缴给国家的收入（税收加利润），这样，企业就有了使财务盈余最大化的动力（Sachs and Wing，1996，p. 281）。

后来，"新的合同形式逐渐代替了年度计划目标，即使是那些最大的公司也是如此"（Jefferson and Rawski，2001，p. 247）。就像曹所指出的，新的合同制度涉及了产权制度的建立，财产权利沿着等级链条开始下移，从原来的中央计划，到更多地强调企业经营自主权（Cao，1995，p. 148）。相应的，开始出现一种双轨制定价结构。产品配额要经过审批，生产出来的产品要以中央权力当局规定的价格进行出售。但是，超出配额的那部分产品，可以以市场价格进行销售，价格反映市场供求关系。结果是，国有企业开始慢慢地引入价格竞争机制。较之东欧由国家控制一步跨越到自由定价所引起的震荡，这种改革方式减少了社会紊乱。不过，就其对生产率的影响来说，研究结论却稍微有些差异：李（Lee，1997）的研究发现，改革后生产率提高了；而雪莉和徐（Shirley and Xu，1998）利用12个垄断国有企业的小样本所作的一项研究却表明，改革后生产率并没有提高。

概括地说，在20世纪80年代，生产率得到了很大的发展（Jefferson et al.，1996；Zhuang and Xu，1996）。然而，到了20世纪90年代，人们清楚地看到，企业的成功是有限度的，而且结构问题依然存在（Lardy，1998）。这种双轨制度的存在，一方面依赖于政府是否有能力合理界定企业上交给国家的利润；另一方面也依赖于因对国有资产的滥用而引致的高昂的代理成本。由于中央控制权已经下放到区域和地方政府手中，国有企业正在经历着控制权的缺失（布罗德曼称之为"法人治理真空"，2001，p.15），这造成了显而易见的、普遍的国有资产流失。从本质上说，在资产私有化的同时，负债则走向社会化，这在很大程度上是为了宏观经济的稳定（世界银行，1997，第1章）。进一步说，尽管生产率和效率提高了（包括私有部门的生产率和效率），但国有部门承担着政府的沉重的财务负担，这就增加了小企业私有化和大企业公司化改革的压力。在共产党的改革计划中，最极端的设想是：除了最大的300家左右的国有企业外，其他全部进行私有化（Lin，2000）。

自1993年以来，国有企业改革进程一直与法人治理的发展联系在一起。1993年，《公司法》出台，1998年，又出台了《证券法》，这大大促进了国有企业的公司化改革。虽然如此，改进后的法人治理并没有产生明显的效果。斯奇帕尼和刘（Schipani and Liu，2002）提到1999年由中国企业联合会（China Confederation of Enterprises）所做的一项调查，该调查显示，尽管超过半数的公司化国有企业报告其法人治理状况得到改善，但却只有1/7报告其经济绩效有了一定的提高。斯奇帕尼和刘还提到，这些公司的董事会和股东大会是很不健全的，执行层与董事之间的职责界限模糊不清，政府干预企业管理的现象普遍存在。中国所做的调查结论与我们自己的研究很相似，它们报告说：经理们"忙于应付政府机构无休无止的、重复的检查和考核，以至于使企业陷入困难境地"（Schipani and Liu，2002，p.29）。

中国所面临的两难困境在于，如何推进必需的改革（主要是允许外部投资者持有国有企业的股份），并使其与社会主义的意识形态相一致。中国采用的模式是"既反映了面对两种选择时的困惑，又反映了政治上的突破和折中"（Cao，1995，p.152）。这一模式表明，国家更偏好债务融资而不是股权融资，这与国家的第二个目标是一致的，即国家要保持对国有企业的过半数所有权。曹评论说：

> 中国的私有化模式创造了一个具有特色的中国现象——国有部门的私有化是由国内资本的过剩而非匮乏所引致的。这一事实使得东欧所采用的免费分配方案，对于中国来说，在经济上就是不必要的（Cao，1995，p.152）。

为了使改革与意识形态的一致性维持在一定水平上，最初的公债主要是向工人发行的。曹建议：

> 公债毫无疑问是一种融资工具，它为中国政府提供了一种与意识形态兼容的筹资工具。在股票融资还是完全空白的情况下，债务融资手段可使政府获得大量资金，而这又不涉及生产方式的社会主义所有权，也不会削弱政府对国有企业的控制权（Cao，1995，p.157）。

改革的成功促使中国开始进行股份制的实验。然而，由于需要维持意识形态与社会主义理论的一致性，这一实验受到了限制和扭曲。首要的限制来自政府坚决主张要拥有国有企业的过半数所有权。中国政府抵制所有权与控制权的分离，认为这种分离是西方私有制公司的典型特征。结果，中国的公司法是根据所有权状况而不是根据附着于不同等级股份上的权利对股票进行分类，使得政府部门依然拥有过半数的股份。尽管1984年以来（Otsuka et al.，1998，p.33），原则上说，管理层有职有权，包括决策权，但是，政府的不断干预表明，企业管理层的职权徒有虚名。过半数的国家所有权，不可避免地妨碍了中国股票市场正常职能的发挥，股票市场更多的是政府的融资工具，而不是一种有效的法人治理机制。如同上文所述，发生这种情况是由于国内可用资本过剩。因此，中国的国有企业依然处于软预算约束之下。为了加强预算约束，中国政府启动了破产法的立法，以对严重亏损企业进行强制性清算。

即使中国偏好于债务融资而非股权融资，但政府还是选择了部分国有企业实施证券化，一些企业也已经在股票交易所上市。这意味着，政府已经能够利用过剩的国内资本，而在此之前，政府却否定过剩资本的存在。国内资本的过剩已经减少了对国外直接信用或投资的需求，而中国权力当局显然非常希望获取国外的这种直接信用或投资。这种投资基金具有"蓄水池"般的特殊重要性，给予一个利率，就可能使国有企业赤字大增。用曹的话来说，"可以利用私有资本为公共债务提供资金"（1999，p.154）。这一点与东南亚的国有企业形成了一个有趣的对比，那里的公共资金通常用于私人债务，而这些私人债务是与政治联姻中的"亲信"或"委托资本家"（client capitalists）相联系的（Alatas，1997，pp.123-124；Milne and Mauzy，1999；Rodan et al.，1997）。

尽管使国有企业上市似乎是为国有企业的激励问题提供一个解决方案，但经验证据还不足以对此提供支持。王等人（Wang et al.，2001）发现，国有企业上市实际上对效率具有负面影响——在上市后的几年中，企业的绩效水平大大低于上市前和上市初期的几年，同时资本支出却明显上升。此外，他们还发现，国有企业上市后，其绩效与国家的持股比例或股权的集中没有本质的联系。这一结论与国有企业私有化的正常趋势相左（Megginson and Netter, 2001），尽管这个结论与前文提到的捷克共和国的结果是一致的（Harper, 2001），也与恩里奇等人（Ehrlich et al., 1994）提供的关于部分私有化收效甚微的论证相符。哈珀（Harper, 2001）也发现，所有权的集中与上市国有企业的绩效是不相关的。

从哲学角度讲，你可能会问：根据社会主义思想，"人民"通过政府机构对国有企业拥有完全的所有权，既然如此，上述国有企业高杠杆的融资方式又如何与社会主义思想取得一致？中国人民是否应该就其所有的国有企业产权直接付费呢？在东欧的快速私有化模式中，对这个问题的解释是：无论在实践上还是理论上（毫无疑问，还有在政治上的），私有化证券都是免费发放的，而他们不应该这样做。这就具有讽刺的意味——以最快的速度进行市场自由化改革的地区，他们的改革模式却是以社会主义产权理论为基础的；与此同时，最关注市场自由化改革要适合社会主义政府的国家，却更愿意通过国家而否认公共所有权。

曹（1995，p. 20）在谈到中国经验的重要性时说道："无论这是一个模式还是偶然发生的，不可否认的是，中国的经验向经济学的教条提出了挑战，而且也为其他转型提供了合法的可供选择的方案"。最后，中国与其他转型经济一样，面临着同样的两难困境——改革可能会动摇经济和社会秩序，避免这种情况发生的长期成本可能会相当大。但是，尽管改革进程使得：

> 实际上，从制度改革的观点来看，政企关系并未发生多少实质性的变化，企业事务和政府事务之间也没有实现有效的分离。因此，真正的改革需要在机制上建立合法的经济框架，并且实现产权的清晰分配（世界银行，1997，p. 28）。

2.3 综述

在本章中，我们评述了20世纪不同国家对与国有企业改革和法人治理相关的问题的反应。公司化和私有化是这些反应的两个重要特征。我们的分析认为，改革战略的抉择取决于很多因素。

一方面，改革战略的选择受到第1章提到的三个方面考虑的影响。在私有化和公司化之间，私有化有利于削减法人治理的代理成本。然而，在这种情况下，"法人治理"却把注意力转移到对私有自然垄断企业进行规制的适当手段上。而规制的选择要取决于其功效，规制作为降低垄断的社会成本的一种手段与直接干预相比较有什么样的优势。同时，管理的代理成本也可以在私有化中通过严格的市场规则（如接管、破产等）而降低。而在公司化中，对于无效率的法人治理，政府依然保留着一定的直接干预。因此，关于私有化相对于公司化必然会降低管理的代理成本的论断，被认为是经验主义的。此外，在公司化和私有化之间的选择绝不是一个简单的二元选择。要选择公司化，还需要选择一系列法人治理机制。可以肯定地说，目前的澳大利亚公司化模式绝不是完美的，在一些方面还可以做出有益的改进，这在本书的很多章节都可以看出这一点。同样，如果要选择私有化，也需要做出一系列类似的选择。其中之一就是私有化的程度，或者政府出售其股份的范围。

英国的经验表明，管理和治理的联合代理成本就如同图2.1所示的那样——它严格随着政府所有权比重（O）的增长而增长，在完全私有化时（$O=0$）达到最小值。总成本（C）的两个组成部分，即管理的代理成本（M）和治理的代理成本（G），严格随着O的增长而增长，因此，对于所有的O值，$\partial C/\partial O > 0$。

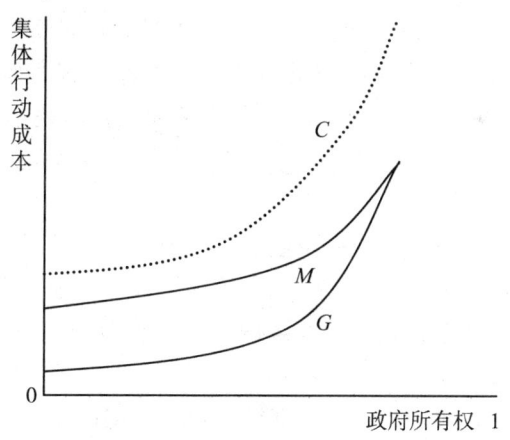

图2.1　政府公司的代理总成本对评价政府决策能力的作用

但是，正如图2.1所示，我们还完全不清楚为什么两个成本函数呈现出不同的变化。尤其是，对于一些$O>0$的O值，可能会出现$\partial C/\partial O = 0$，$\partial^2 C/\partial O^2 > 0$的情况。例如，创建一个小股东阶层（$O>0.5$），他们的股票可以公开交易，这可能是最理想的情况。还存在这样一个机会，即评价政府参与政府公司的治理对于企业价值，以及股东因企业价值缩水坚持对管理层提出弹劾所产生的影响。这些因素可能会使 G 出现大幅度的下降。同样，市场价值有助于与经理人签订更有效率的报酬合同，从而使 M 下降。然而，若 O 进一步减小，以至于 $O \rightarrow 0$，M 的增加比例可能会超过 G 的下降（如果能下降的话）比例，原因可能是，对企业管理层来说，政府是一个有效率的监督者，而其他股东集体行动的成本相对比较高。在这种情况下，部分私有化可能优于完全私有化（也可以参见 Schmitz, 2000; Ehrlich et al., 1994）。即使是在完全私有化更有效率的地区，基本的问题仍然是股东的最优集中问题。

另一方面，我们已经看到，其他一些外来事件也经常可能影响上述因素。如在英国撒切尔时代，以及相类似的东欧共产主义的消亡过程中，意识形态可能是一个影响因素。意识形态一般是不容易改变的，相对于更重要的政治因素，它还是次要的。英国保守派一直希望把其反共产主义观念转化为利益集团的支持，例如，通过削弱公共部门联盟和反对党（即英国工党）的力量，与他们结盟，来实现这种转化。除了特殊的党派问题外，我们从东欧的改革中看到，政治气候会影响到国有企业改革的时间选择和发展态势。在政治环境不确定的条件下，突然性"休克疗法"可能是唯一可行的选择，而渐进转型可能是行不通的。一个国家的财政状况对于改革战略的选择也具有至关重要的影响。在财政赤字巨大，或者政府债务达到了危险水平，特别是在国有企业已无力向国家返还利息，或者要求政府继续提供投资或借贷服务的情况下，对私有化的呼声将非常大，甚至是不可抵御的。现时代的私有化发生在 20 世纪 80 年代初期人们对经济显著衰退的惊醒之时，是毫不奇怪的。

当这些外部因素影响到国有企业法人治理的决策时，要肯定地说明它们是如何影响代理成本和垄断的社会成本的总体水平，是不可能的。私有化计划设计的不完善可能很容易产生很高的管理代理成本，而不可能是相反的。这些决策的机会成本非常不易觉察到。

在国有企业法人治理中，我们能够说出一些趋同之处吗？

首先，外部因素的影响使趋同几乎是不可能发生的。尽管世界经济环境不可避免地会引起公司一定程度的集中，但需要考虑的政治和财政因素都具有辖区的特殊性。外部因素可能会以一种特殊的方式对政府产生影响，由于对这些外部因素做出反应的成本是不可能被政治家完全内在化的，因此政府的社会福利最大化决策只可能是断断续续的。这也真实地反映了管理和治理的代理成本，以及垄断的社会成本。没有市场机制来刺激政府做出最优选择，即使能够证明这种选择的存在，也不可能实际地产生。绝大多数低效率治理选择的成本都通过高税收和高价格形式被这个国家的公民承担了。套利交易和其他市场纠错制度设计的范围都是最小化的。产品市场对自然垄断的影响力很小；在存在预算约束力的地方，破产是不可能发生的；当股票不进行交易时，接管和资本市场规则也是不可能发生作用的。

其次，通过有意识地效仿那些重要的经营性公司的做法，法人治理的一些经验得到传播，在这种情况下，一定程度的趋同化是可能的（Hansman and Kraakman, 2000）。一种自下而上的趋同可能来自于经营性公司董事的影响，他们想把他们的做法传播出去。如果一个领域尚没有明确的最优化治理模式，那么公认的创新者就可能模仿其他领域的经验，此时，趋同也可能发生。因此，英国的私有化经验，以及更小地域的新西兰的公司化模式，是比较具有影响力的。

2.4 结 论

在本章中，我们研究了一些与国有企业及其法人治理相关的改革方式。可以看到这样的迹象，节约管理和治理的代理成本以及垄断的社会成本对改革的影响，就像其他地域性和倾向性因素对改革的影响一样重要。然而，对于国有企业最优治理来说，市场激励机制的缺失，以及不同地区的盲目效仿倾向，在比较大的政治周期中，都普遍存在着，并留下这样一个未知解，即我们是否应该接受当今世界范围的治理机制的优点。因此，需要找机会具体审查一下这些治理方式如何付诸实际操作，尤其是在公司化的企业中。

第3章

政府公司的管理

自从伯利和米恩斯（Berle and Means，1932）证明了在美国公司中普遍存在着股东不能有效控制公司的现象以后，对公司规制的研究就集中到如何控制公司经理对权力和资源的滥用上了。此后，管理层被视为企业的核心选民（central constituency）。根据对如何进行负责任的管理的理解，可以对管理方式沿着正向管理和反向管理这条线进行划分（Bratton，1989）。从20世纪70年代末期开始，大量的研究都在关注这样的方式，即合同和市场能够激发经理人的行为与股东的利益保持一致，其中包括运用报酬激励（如股票期权）、接管效应和资本升值。

那么，管理层和股东之间的这种治理机制能够在多大程度上运用于政府公司呢？政府公司的法人治理艰难而又容易。说它艰难，是因为其治理是否成功几乎没有什么衡量的基准，对其过度行为也几乎不存在市场矫正的机制；说它容易，是因为政府官员能够对出现的治理问题及时采取行动，而不会像经营性公司股东所经历的那样，会受到集体行动的阻碍（Hirshhorn，1984）。对于政府公司来说，市场规则是弱的，而潜在的市场规则也无从谈起。

正如第1章我们所看到的，最小化管理的代理成本的过程必须与最小化治理的代理成本的过程衔接起来。也就是说，政府公司的任何治理制度，都必须能够使两种代理成本之和最小化。因此，本章与第4章的资料会有所交叉。本章将首先介绍有关经营性公司管理层与投资者之间治理关系的一些讨论，然后，再考察有关政府公司的研究成果在实际应用中的局限性。接下来，讨论昆士兰案例，并形成一些有关政府公司管理层法人治理的尝试性的结论。

3.1 管理层法人治理：政府公司和经营性公司的比较

3.1.1 治理问题与合同

在经济学中，企业理论的发展使我们可以对因经理任命而引起的责任问题做出概念上的理解。一种大家最熟悉的分析方法是由詹森和麦克林（Jensen and Meckling, 1976）提出的，他们建立了一个模型，以此来说明将管理权授予代理人会产生道德风险问题。委托人和代理人之间的合同达成以后，代理人最大化委托人利益的激励就改变了。詹森和麦克林对一种会减少委托人福利的代理行为，即特权消费（consumption of perquisites），进行了分析。在这个分析中，代理人存在过度的特权消费现象，原因在于他不承担特权的成本，而且他的消费是完全不可观察的。然而，根据詹森和麦克林的研究，委托人可以对代理人的动机做出预期，从而改变与代理人之间的交易条件，减少代理人的报酬，以使其与委托人预期的损失相一致。詹森和麦克林主张，代理人可以为自己提供信用抵押，从而限制自己的过度特权消费。要承认因监督不到位而造成的代理人失信，也要承认代理人较大的报酬回报。当然，在均衡时，并非所有的过度特权消费都可以消除。剩余损失仍会存在，因为抵押和监督的费用是很高的。因此，在信用抵押和监督上花费的1美元将等于从减少过度消费中节省下来的1美元。

这种分析也可以应用于其他的道德风险行为，而不会有什么重大的改变。这包括逃避责任、剥夺财产、利益冲突、股息支付中的过多现金流等。在每个案例中，双方都在寻求一种能使代理人激励与委托人所有权相一致的合同。

现在，很多经济学文献都认识到，对于法人治理的要求来自于具体交易的投资（Hart, 1995; Klein et al., 1978; Williamson, 1985）。也就是说，在一个具体的交易环境下，投资要求回报，而这种回报又伴随着投资的使用，相应的，法人治理问题就会产生。这种投资常常与其他物质资本和人力资本的使用联系在一起。一方脱离交易的能力会消耗与具体交易投资相关的回报（准租金），这促使另一方要求对交易的收益进行重新分配。因此，法人治理问题就涉及对如何保护具体交易的投资免受事后机会主义的损害做出决策，从而使交易双方有动力进行事前投资。威廉姆森（Williamson, 1985, 1996）曾主张，采用"分等级"的法人治理程序可能有助于解决这些问题，而在自主的即期交易市场上，弹性的订约方式是不可能的。哈特（Hart, 1995）主张，对于与具体交易投资相匹配的资产，要进行有区别的产权配置。这可以使经理人产生特别的动力，因为一家企业的竞争优势常常依赖于经理人的人力资本投资，这种投资是与企业资产相配合的，而不是一般的投资需求（Rajan and Zingales, 2000）。然而，终止代理（解雇经理人）的风险将会阻碍这种投资，而终止代理的性质和发生几率依赖于组织的类型。在上市交易的经营性公司中，股东很少或没有权力解雇经理人，解雇经理人的权力在董事会，而董事会往往被认为是与高层管理层紧密联系在一起的。但是，接管是一种替换整个管理团队的重要手段。公司法对产权的基本安排，以及由法人治理所界定的权力和责任，也是解决经营性公司问题的一种手段（Armour and Whincop, 2003）。

现在，我们可以审视一下把这些问题及其解决方法从经营性公司转移到政府公司的情形。据我们所知，在经营性公司，给予经理人的报酬是与企业价值连在一起的，这会激励经理人通过使他努力的边际成本等于他使企业价值内部化的比例的边际影响，来最大化自己的福利。增加经理人与企业价值挂钩的那部分报酬应该是比较有效的[①]。我们还了解到，在上市的大型经营性公司中，CEO（CEOs）只把企业价值变化中的很小比例的一部分内部化（Jensen and Murphy, 1990; Perry and Zenner, 2000），但是在风险资本家能有效参与法人治理的创业企业中，这一比例会高得多（Baker and Gompers, 1999）。

金（King, 2003）认为，在把合同制度进行调整用于政府公司时，会产生一些不可避免的问题。就已经出现的问题来说，主要有三个方面：

第一，根据社会公正和公平的目标，以及可能产生的最大化垄断租金，对于人们是否真正想使这样一个组织的 CEO 实现企业价值的最大化，是不完全清晰的。除非有其他规制设计能够完好地处理这些问题，否则一个不受约束的最大化目标是不可想象的。

第二，即使政府公司经理人的最终"委托人"即公民，期望经理人实现企业价值的最大化，但很难确定代表公民的执政当局的成员是否有这种激励。这方面的问题常常发生在那些由执政当局的多个成员分担责任的地方。例如昆士兰的政府公司就是这种情况，因为它们有两位政府股东享有对公司

[①] 这种机制也存在一些负面影响，尤其在经理人厌恶风险的情况下，就更是如此。增加经理人的那部分与企业价值挂钩的报酬比例，同时也会增加经理人收入的风险。与股东相比，经理人的风险承受能力并不强，因为其人力资本多元化的可能性非常有限。

第3章 政府公司的管理

的治理权力。两位治理代理人有不同目标,其中任何一方实现其目标的能力都很弱,这反映了双方之间的相互掣肘(Dixit,1996,2000)。

第三,即使假设把适当价值最大化作为目标,然后,如果可能的话,签订一份合同,创造一种实现政府公司价值最大化的激励机制,这都是很难的。与上市的经营性公司不同,大多数政府公司都缺少一个可被证实的市场价值。同样,也不会有什么合同能够对公司价值做出判断。政府公司最多也只是使用一些替代指标来衡量企业价值,如公司报告中的净资产。正如金(King,2003)所证明的,激励政府公司经理人去实现这种替代指标的最大化,可能会导致政府公司的职能紊乱。经理人有动机采取行动提高这些替代指标值,而不会提高企业的真正价值。这可能会产生挤出效应,排挤那些能增加企业真正价值的行动;或者说,这些行动可能会减少企业的长期价值。例如为了增加当前利润,而在研究支出上弄虚作假。

合同的这些问题,从不同方面影响着对紊乱的管理层的甄选。在经营性公司和政府公司之间,像侵吞公司财产、转移公司机会等行为,都没有多少改变。这些行为都是毫不含糊的,这与人们期望经理人应该达到的标准截然相反。按照合同或受托人责任来禁止这些行为并不困难,相比之下,激励董事尽职尽责并做出适当的投资却要困难得多。签订合同是最直接的解决方法。

经营性公司的其他一些突出问题也莫名其妙地转移至政府公司。一个重要的例子是股息留存问题。在经营性公司,一个关键的代理问题是经理人保持企业现金收益的动机,而不想作为股息支付出去。保留现金收益使得经理人热衷于热点项目的融资,而不考虑它们的收益率,也会使经理人为自己制造一个缓冲带,以规避市场环境的变化(Jensen,1986)。在经营性公司,在允许支付大量薪水的情况下,企业内部再投资的回报率要低于股东的市场回报率。然而,在政府公司,股息并不支付给公民,公民经常得到的是固定收益。对于如何比较企业内部已完成的最佳再投资项目的边际收益和政府内部股息使用的边际收益(降低税收是比较理想的,而增加费用是遭到反对的),是很不清晰的。如果政府用这些股息去实现社会公平,那么这种比较就不可能了。

最后,在政府公司,投资行为在多大程度上会受到阻挠?这个问题的性质有所变化。这似乎很像是在经营性公司,公民和受到适当激励的治理代理人希望政府公司的经理人投入与企业的生产资产相匹配的人力资本,以创造出在市场上不容易被复制的新价值来源。那么,一家政府公司的经理人这么做的动机是什么呢?

与经营性公司相比，政府公司处于优势地位。由政府的阻挠行为而导致的寻求准租金现象可能并不那么严重，因为拥有政府公司治理权力的执政当局的公务员，通常不会接受任何重新谈判的结果。例如，一个政府股东将没有动机与一个已经投入与企业资产相匹配的人力资本的政府公司经理人去重新谈判签约新的合同，因为它从阻挠经理人中得不到什么个人好处。

另一方面，政府公司的其他一些更加特殊的政府背景因素可能会有很大的负面作用。最突出的问题是关于政府公司经理人的任期。美国和英国政府官僚制度的一个明显区别在于：美国高级公务员的任期与执政党政府的任期密切地联系在一起（Davies, 1998）；相比之下，英国的公共服务则更加独立，澳大利亚的公共服务则正在从英国的独立模式向美国模式转变。我们在这一章的后面将会看到，在昆士兰，政府公司董事的更替频率是很高的。这种环境会相应地改变投资动机①。

英国模式提供了一种自由辩论的环境，使得政府的阻挠行为不大可能发生。当然，这种模式可能没有对经理人投资提供足够的激励，除非在报酬中允许经理人去获取部分准租金。

美国模式则非常不同，因为经理人期望的任期是相当短的，这使经理人更加不可能做出与政府公司资产相匹配的投资。经理人宁愿用通用人力资本技术来取代企业专用性人力资本技术，因此，我们希望不同政府公司的经理人有相对大的流动性。这种情况可以比照经营性公司人力资本投资的接管效应。随着政党在野和下野，来自任期损失的威胁将会阻碍低机会成本的投资。然而，接管常常可以使这些投资内生化。一个 CEO，要是能够进行有利可图的、可以提高企业价值的企业专用性投资的话，那么他遭到敌意接管（谋求取代他）的可能性就会降低。而且，一种成功的敌意接管通常依赖于成功的投标人通过企业专用性投资创造价值的能力。相比之下，由于经理人的去留很少受到政府公司绩效的影响，因此，一家政府公司的经理人在已经成功地进行了相应投资的情况下，也可能会失去职位；或者，尽管没有成功的投资，但却保留了职位。政治的周期性，以及赢得选举的政党无需支付什么代价就可以获得控制一个或所有政府公司权利的事实，强化了经理人与公司绩效之间的弱关联性。

这并不是说，在政党导向体制中，政府公司经理人就没有激励对政府公司进行相应的投资。但是，这些投资很可能是某个特殊政党的，而不是一家政府公司的生产性资产。换句话说，一个经理人将会努力培养自己应对某个

---

① 参见下文 pp. 98 – 104（指原著页码——译者注）。

特殊政党组织以及与其密切联系的利益集团的技能。这个政党可能会在经理人的人力资本上进行相应的投资,以使经理人能够顺利地得到升迁,从而满足政府的某些特殊工作。

3.1.2 治理问题与董事会

至此,我们已经分析了一般的法人治理程序(大部分是合同),这些程序能够提前设计出来。法人治理程序还包括等级式程序,这种程序现在能够运行,事后则要进行改进。在经营性公司,董事会是相当关键的,因为它有监督、雇佣和解雇高级经理人以及做出重要决策的权力。许多分析已经在关注,经营性公司的董事在履行其职责时,是否可能代表着任命者和股东的利益(对这一问题做出新颖解释的较早文献,请参见 Blair and Stout, 1999)。

近来,股东选民(shareholder constituency),尤其是机构投资者,采取了一些行动,以确保被任命进入董事会的人员是独立的非执行董事(因此,他们并不对 CEO 负责)①。与此紧密关联的是,要承认独立非执行董事在涉及强烈的利益冲突的方面拥有决策权。这里的关键是任命非执行董事担任董事会主席,而 CEO 不可以担任这个职务,而且关键职责要授予由独立非执行董事组成的委员会,其中包括审计委员会和经理薪酬委员会。前者在报告解聘管理层方面至关重要,而后者则对确保经理不中饱私囊至关重要。

在英语国家,一般都认为董事会应该是单一选民组织,即董事会应该代表股东的利益,而且只能代表股东的利益。董事会的这一身份逻辑得到了经济学家的大力支持。股东必须为企业生存而投资,至少也要签订合同,当贷方可能要求企业偿还拖欠的债务,或者员工要辞职的时候,他们能够控制事态并能撤出资本(参见实例,Williamson, 1984;Macey, 1991)。让董事会专注于股东利益的另一个理由是,选择股东利益作为董事的最大化目标,是遵循了经理和董事目标的清晰及无冲突原则(De Angelo, 1981)。而其他选民则会有其他目标,这些目标很可能与股东的最大化目标相冲突,会产生比较大的管理上的随意性。

在英语国家的经营性公司中,非股东选民如雇员和受公司影响的当地社

---

① 美国法律协会(American Law Institute)于 1982 年出台了第一个实验性的《法人治理原则》(*Principles of Corporate Governance*)草案,倡导要设立独立董事,从而使董事会的独立性上升到了最高政策的高度。但在以后的草案中,这个问题有所弱化。

区，他们参与治理的情况很少，或者只参与特殊公司的治理。这不像日本和德国，以股东为首的标准在历史上几乎没有明显地出现过。

政府公司也要建立董事会，其特点是由执政当局任命。随之带来的问题是，董事会的职责、章程和义务应该如何设计。显然，不能生搬硬套经营性公司既往的做法，董事会最不可能成为永久性选民。因为与政府股东相比，董事会在任命系统中只有一点点甚至没有任何权力。另外，董事会类似一扇旋转门，拥有进出的权力，就好像政党上台和下台那样。我们希望董事会有潜在的比较高的替换率，正像前文我们所看到的管理层的更替那样。

更复杂的问题是关于董事会成员的选择标准。政府公司的复杂性使得董事的选择标准存在两个截然相反的方面。一方面，一家政府公司是一种组织安排，它是用来提高特殊形式的政府服务的运作效率的。正如我们在第 2 章中所看到的，这一目的在英、澳两国公司立法中已经得到明确的认可。这样，人们可以期待，政府公司董事会的任命将会与经营性公司相似。因此，人们希望看到，大部分政府公司的董事会都有法人治理的经历。另一方面，政府公司的最终剩余索取权属于公民，因此，任命者可能试图，或者至少是部分地使董事会能够代表尽可能广泛的选民和利益集团的利益，如员工、消费者代表和其他指定的社区。在公司立法中，也应该体现公众的利益目标。以上两个方面的差别可以从凯利－埃斯克巴（Kelly-Escobar, 1982）关于国有企业经理人类型学（typology）中看到，他将管理人（engineers）从代表人（commissars）中区别出来。

> 一般认为，管理人与其在私人企业里的同僚一样，在同样的动机促使下做出战略决策，尽管他面临的政治环境是不同的，他可能必须应对他自己的或公司的产品。而对于代表人来说，他们的主要利益是在企业外部，他们在国有公司花费的时间只是其政治生涯中的一部分（1982, pp. 105–108）。

解决效率与公平之间的冲突是很困难的，部分原因在于，它们两者只是代表了公民希望实现的最大化目标的一部分，但是两者之间又是相互作用的，界限是不清晰的（Chang, 1997）。不同的公民，需要是不一样的。例如，一个向乡村地区供电的公用事业公司，该地区的公民可能希望低税负，从社会公正和公平角度看，这个目标是合理的。相比之下，该地区之外的其他国家公民可能会从效率角度，要求税负要等于边际成本。这种冲突说明，董事会成员要选择效率还是选择公平，是何等的困难。

事实上，可能的情况是，政府公司要同时满足两方面的需要，否则，它就难以存在下去（Stevens，1993）。一家政府公司的政治敏感度越高，想使董事会限制自己的排他性商业倾向的可能性就越小①。董事会作为代表人，它必须有能力应对复杂的环境，并能够提供使管理层有效地发挥作用的空间。

  与什么样的人应该进入董事会这个问题相比，一个更加复杂的问题是董事的任期制度。在董事会问题上，比较具有代表性的，或者偏重于公平的观点是倾向于缩短任期，认为较短的任期有助于缩小公民和代理人之间的"差距"。比较而言，效率观则认为，为了进行更好的管理，董事会需要拥有更大的自主空间。这个问题与董事会（和管理层）独立于政府的程度有关。例如，一个董事的聘期应该多长？一个董事的职务应该被随意终止，还是应该仅仅基于某种原因才被终止？在经营性公司，董事应该独立于股东的想法被视为异端，认为董事与股东的分割背离了其责任义务，并会增加代理成本。然而政府公司不同，因为治理的代理成本会随着执政当局的自利行为而上升。因此，在经营性公司的一些实践中，出现了这样一种诉求，即保护一些董事的任期，尽管这种保护可能被认为是额外增加雇员（featherbedding）的董事的任期。这个问题是与董事会成员的资格紧密相关的。对于专业董事（professional directors）是否应该比代表董事拥有更大的独立性，是存在争议的，因为专业董事很少受到政府解聘威胁的影响。在董事花费在董事会上的时间的机会成本相对比较低的场合，政府威胁的有效性最弱。例如，高度专业的董事就没有发现过这种威胁，因为他们可能很容易找到替代的董事职位，而且，他们可能会从抵抗股东的干扰中获得声誉，这有利于提高他们的价值。而那些来自于外部的传统领导阶层的价值不高的董事或个人，似乎更可能把上层领导者的暗示当作威胁，因为他们到私有企业担任董事的可能性非常小。尽管他们中的一部分人可能因为服务于选民而获得声誉，其价值得到提升，但在很多情况下，选民为了使偏爱的集团能够赢得董事会席位，他们更希望其利益能与执政党的利益取得一致。

3.1.3 治理问题与法律规则

  法律规则有助于法人治理是一种相对比较旧式的观点。早在19世纪，英国的法官似乎就已经很好地认识到了这一点（Whincop，2001）。法学和

---

  ① 可以证明，这一点不仅仅限于政府公司。任何政治上敏感的组织都需要政治头脑。视企业私有化是一种政治行为是非常一般化的认识。

经济学也把这种思想作为一种复杂的合同运用到了经营性公司的理论化中，并且断言，法律规则能够使政党节约许多常用的政策文件起草中产生的交易成本（Easterbrook and Fischel，1991）。法学和经济学还把这种思想进一步推向了深入，认为法律规则是可以收缩的，即政府可以通过合同排除或者修改原有的运作规则，使这些规则服从于政府的决策，这使得政党可以用他们认为更有价值的条款去替代原有的条款。在这种情况下，签订一份这样的合同的交易成本正好等于这种条款的益处。

在关于法人治理的法律规则中，最重要的是给高层经理人和董事施加受托人的责任。一些交易会产生利益或责任，而当这些责任与经理人实现公司最大化利益的职责相冲突时，这些交易就会被强行禁止。解决这类交易有两种方法：其一，遵循关于收缩性的经济原则，要认识到，如果对董事会有足够细致的信息披露，受托人责任就可以按合同进行修改，以使交易得以进行。在这种情况下，绝大多数公司的宪法性文件都允许交易付诸实施（Whincop，2002b）。其二，对于与受托人责任相冲突的某种具体的交易，要获得多数股东的同意（Whincop，1999）。在经营性公司，这两种方法都产生了很好的经济效应，因为当需要运用非同寻常的交易来应对一种更加苛刻的交易程序时，它们提供了一种更容易把握的履行谨慎义务的方法。

当受托人责任应用到政府公司时，应该如何操作呢？有些交易形式并不会改变其不合理之处，如盗用资产；而另外一些交易则变得更加复杂了，尤其是在董事会由代表董事组成的情况下，就更是如此，因为董事会决策时可能充斥着利益冲突。例如，雇员代表可能会被要求投票支持集体谈判，或者回应劳工行动（罢工等）；社区代表可能会被要求投票支持提高对特定区域的服务水平。

还有一个与受托人责任相似的基本问题，那就是如何诠释公司的最高利益，对于这种最高利益，受托人是必须尽义务的。这个问题尚没有明确的答案。在经营性公司，通常认为公司和股东在本质上是统一的。然而，在政府公司，这种统一性被打碎了。如果公司被认为是股东的，那么受托人责任就变成执政当局或是它的一个成员的职责了。在这种情况下，由于个人利益变得极为重要，拥有最终决策权的人容易引发利益冲突，从而使得法人治理的代理成本增加。如果公司被认为是全体公民的，那么，上述难以比较的和冲突的利益问题使得标准的应用极其困难。如果公司被认为是属于有影响的利益相关者的，利益冲突的观念就几乎变成多余的了，因为大部分利益都将内部化为公司的利益。最后，如果公司利益被界定为充分保证公司价值的最大化，就像经营性公司，那么随之而来的一个复杂问题便是，如何识别那些可以依赖的选民，因为他们能够促使这一目标的实现。

在政府公司，当人们看到利益冲突并不是严格意义上的金钱利益冲突，而实质上是政治利益冲突时，背离受托人责任造成的后果是特别令人不愉快的。对于背离受托人责任的补救方法通常是废除交易，恢复以往的状态。但是，如果由法院来解决的话，通常就需要它们积极地进入到政府公司的管理中。考虑两个例子：第一，法院如何决定一项价格政策，比如，要求废除不能决定未来价格的价格政策？第二，法院甚至面临更难的问题，比如，在发生沉没成本后，它必须废除像基本建设这样的工程吗？在传统认识中，股东应该被授权认可公司中的利益冲突，但这对于政府公司并不合适，因为权力集中在执政当局手里；否则的话，政府就成为如何解决政治交易的最后仲裁者，它会限制董事会在商业性决策中的独立性。

前面集中讨论了英联邦意识中的受托人责任的特征。在某种程度上，更加灵活的美国则强调对于利益交易完全公平的司法评价。尽管这避免了人们不愿看到的政治化（如授予一个政府部长以执行权），或者不可能给予公民以选择权，但却把这些极度困难的问题集中到了法院身上。在大多数情况下，只要利益没有直接地，或者根本就没有掌握在多数董事手中，美国法院就会求助于商业判断准则（business judgment rule）中的低位规则对公司进行详细审查，同时在更清晰的公法救济中寻求可以替代的补救方案（参见实例，Stearns，2003）。

3.2 法人治理和经营者：经验证据

在这一部分，要对用以说明政府公司治理的有关证据进行评论；在下一部分，我们将转向董事会层次的法人治理问题。大多数证据（尽管不是所有的）都来自第1章所描述的实例。

3.2.1 经营者报酬水平

正如前文提到的那样，通过什么方法给予政府公司经理人以补偿是一个复杂的问题。一方面，增加激励性报酬可以刺激经理人实现更高的效率，从而增加公司的价值；另一方面，较大的激励可能造成双重的功能紊乱。在缺乏严格的企业绩效衡量标准时，这种激励可能会鼓励经理人最大化一些不能增加福利的指标值（其他方面的支出可能增加），或最大化垄断租金。另外,在绩效上增加投资的赌注,会导致两级代理人(高层经理和执政当局)的合谋,损害最终委托人——公民的利益(Dixit,1996,2000;Skeel,2003)。例如,CEO有很强的激励去鼓动执政当局放松对政府公司寻求垄断租金的限制。正如斯基尔(Skeel,2003,p.107)指出的,激励性报酬"把更多的钱放在桌面上",这增加了像安然公司(Enron)丑闻这样的事件发生的可能性。来自股票期权的收益信号刺激安然公司使用欺诈手段,抬高能源价格,该价格已经超过加利福尼亚解除能源管制后的新环境下的竞争价值(Alonso-Zaldivar et al.,2002)。

关于政府公司管理层报酬的经验证据受到了公共部门可用性数据的限制。光辉国际公司(Korn/Ferry International,2001)在对澳大利亚公司的调查报告中指出,政府企业CEO的平均报酬是295 460美元,其中前75%的CEO的平均报酬是367 300美元。这一平均数略微高于私有公司(270 000美元),但大大低于非上市公众公司(586 660美元),更低于上市公众公司(656 490美元)。我们也可以对那些最接近于公司化企业的产业,从不同方面进行比较。在昆士兰的政府公司中,这些产业主要是能源和交通运输。公用事业公司和交通运输公司的平均薪水分别是722 330美元和270 000美元。与交通运输公司相比,公用事业公司的平均薪水要高出许多,但与其他地区的公用事业公司相比却低很多。然而,这些数据没有控制公司规模的影响,而公司规模对薪水多少有重大的影响。一般地比较都认为,政府公司的报酬是较低的。总而言之,这些证据都没有显示出:与高层经营者报酬相关的问题受到了多大程度的关注。

在这个调查中要考察的一个问题是:政府公司的董事在多大程度上认为CEO的报酬是不足的。我们要求董事们回答这样的问题:"依你之见,CEO是否得到了足够的报酬?"董事们可以回答"报酬过度"、"报酬不足",或者"两者都不是"。调查结果按部门列成表3.1。表3.1表明,大多数回答都认为,CEO得到了足够的报酬,但仍有近40%的人认为,报酬太低。

表3.1　　　　　CEO报酬过度与不足(按部门)

	A部门政府公司	B部门政府公司	C部门政府公司	总　计
报酬过度	4	5		9
两者都不是	33	28	5	66
报酬不足	17	18	9	44
总　计	54	51	14	119

如果给这些回答赋值，使"报酬过度"等于 1，"报酬不足"等于 -1，"两者都不是"等于 0，那么，变量分析（ANOVA）显示，在 $p < 0.1$ 的显著性水平下（$F = 2.753$），C 部门政府公司的董事比其他部门政府公司的董事更可能认为 CEO 的报酬不足。但奇怪的是，A 部门董事的回答与 B 部门董事的回答没有显著性差异，尽管主要的报酬是有差别的，就像上文提到的交通运输部门和公用事业部门。当这些样本按照上市公司董事的治理经历进行区分后①，平均差异就不具有统计上的显著性了。这说明，这些董事认为报酬不足是没有偏见的。

3.2.2 报酬不足的影响

我们对上述经理人报酬不足问题作了进一步考察。在调查中，我们寻问董事，他们认为报酬不足会引起 8 种可能的影响。表 3.2 按部门分类，列出了 CEO 报酬不足的影响。

表 3.2　　　　CEO 报酬不足的影响（按部门）

	A 部门政府公司	B 部门政府公司	C 部门政府公司
CEO 将逃避责任	6%	8%	7%
CEO 将更愿意辞职	61%	57%	60%
CEO 将更少地倾向于有风险的项目、投资和决策	26%	18%	0%
CEO 将更少地倾向于寻求企业的专业化和专门技术	20%	12%	0%
CEO 将更少地倾向于参与市场竞争	24%	10%	7%
CEO 将更多地倾向于做出有利于提高自己政治声誉的决策	20%	16%	27%
CEO 将更多地倾向于做出与自己的个人偏好相一致的决策	6%	4%	20%
CEO 将不会受报酬不足的影响	26%	27%	20%

调查显示，略多于 1/4 的样本认为，CEO 不会受到影响。这与金

---

① 这些相关经历主要来自于 CEO、高层管理人员和董事会成员，他们持有股份的公司被列示在一家交易所的行情表上。

（King）推测的"公共精神"（public spiritedness）可能是一致的，这种公共精神可能会影响经理的行为（King，2003）。这是最乐观的估计。另一个极端是，极少的董事认为，CEO 会逃避责任——这并不奇怪。逃避责任与价值不增加是不同的概念，如果 CEO 的职业道德是如此松散，以至于允许逃避责任，那才是令人奇怪的（Eisenberg，1989）。

同逃避责任相比，接近 60% 的董事认为，报酬不足会使 CEO 更愿意辞职。这表明，在政府公司，雇用一个 CEO 的机会成本相对较高。不过，这依赖于他们竞争私有企业工作的能力。在不同部门之间，对这一问题的回答没有显著差异。根据前文提到的市场报酬差别，这一点可能有些奇怪。有一点很重要，即那些拥有上市公众公司法人治理经历的董事与缺少这类经历的董事相比，更可能认为 CEO 将会辞职[①]。他们丰富的经历暗示着，提出辞职的可能性比统计报告上的数据要高得多。

即使报酬不足不会引起 CEO 逃避责任，也可能会阻碍他们承担风险。厌恶风险是法人治理文献中普遍引证的一个问题，这归因于经理比股东更缺少降低他们所承担的公司具体风险的能力（Kraakman，1984）。在一个公司工作一段时间的经理，本能地不喜欢变化。在政府公司，风险厌恶更是特别明显。在这里，值得承担的风险也可能被规避，因为存在很高的政治成本以及与显而易见的失败相关的负面影响。19% 的样本认为，CEO"将更少地倾向于有风险的项目、投资和决策"。这里也有明显的部门影响—— C 部门没有受访者认为存在这种情况，而 A 部门则有 26% 的受访者认为存在这种情况。卡方统计检验（$\chi^2 - stat$）显示出了这种差异具有统计上的显著性[②]。与风险厌恶紧密相连的是报酬不足对竞争激励的影响。报酬越低，他对绩效就越不敏感，董事就越缺乏激励去打破市场均衡和采取更积极的竞争行为（Baird et al.，1994，pp. 165 - 178）。19% 的受访者认为，这是报酬不足造成的影响，这种情况大多来自 A 部门和 B 部门。这种部门差别可能反映了不同产业竞争状况的不同。对这种结果的另一种解释是，"报酬不足"过去习惯于用来降低 CEO 运用垄断的市场力量侵害私有企业竞争者的可能性（King，2003；Skeel，2003）。

前面我们曾分析过一家政府公司经理对其人力资本投资（与公司其他资产相匹配）的激励问题。很多因素都会对 CEO 的专用性人力资本投资产

[①] 在回答这个问题的 31 位有经历的董事中，有 23 位认为 CEO 更愿意辞职。在另外 89 位董事中，有 48 位认为 CEO 更愿意辞职。（$\chi^2 = 3.907$，$df = 1$，$p < 0.05$）

[②] 皮尔逊卡方检验在 $p < 0.1$ 下显著；可能性概率 $p < 0.05$。

生影响。报酬是其中之一。报酬水平越低，CEO 就越没有理由在该企业进行沉没性投资。她要得到市场报酬，而不是一种反映政府公司从她的专用性投资中得到高回报的报酬；否则，她就没有激励在技术和专业知识上进行人力资本投资，因为这些技术和专业知识对其他企业的价值并不高。这里存在明显的部门影响。14% 的受访者认为存在这种影响，在 A 部门、B 部门和 C 部门中，认为存在这种影响的比例分别是 20%、12% 和 0%。类似比值显示，在 $p<0.05$ 的显著性水平上，不同部门之间的差别具有统计上的显著性。在对这些问题的回答中，现任董事与前任董事之间存在明显的差别。在 66 位前任董事中，15% 认为，CEO 将会对专用性资本投资不足；而在 54 位现任董事中，只有 2 位同意这种看法。卡方检验在 $p<0.05$ 水平下具有统计上的显著性。应该指出，其他因素也会影响着经理人的相关投资决策，这种联系反映了报酬不足与其他因素也可能存在着一致性。

我们向董事提出的最后两个问题是，报酬不足的 CEO 将在多大程度上更倾向于做出有利于提高他们的政治声誉的决策，或者倾向于做出与他们的个人偏好相一致的决策。23% 的受访者认为，CEO 很可能做出有利于提高他们的政治声誉的决策。在 66 位前任董事中，有 1/4 也是这样认为的；而在 54 位现任董事中，只有 1/10 多一点的董事认为如此。这一差别在 $p<0.05$ 的水平上具有统计上的显著性。这与前面的分析是一致的，即政府公司经理可能不愿意进行与企业资产相匹配的投资，而更愿意进行与某个政党相匹配的投资。只有 8 位董事认为，CEO 将会做出最大化他们个人偏好的决策。

总之，有一些证据显示，政府公司的经理人存在着报酬不足的现象，但其影响不是很明显。不过一些感性的证据表明，报酬不足会导致风险厌恶增加，对政治因素的敏感度增加，而竞争则会减弱，相应的投资也会减少。要消除这些影响，必须解决强激励问题，如企业的某些行为存在着增加报酬而不增加企业价值的风险问题，还有一些行为造成很高的社会成本，如最大化垄断租金。在下一部分，我们将考察与董事会相关的问题。

3.3 法人治理和董事会：经验证据

3.3.1 任命方面

关于董事会构成与公司绩效之间关系的经验分析，没有显示任命非执行董事会带来任何价值的增加（Romano, 1996）。即使我们接受这一证据，也并不意味着这对于政府公司而言就是一个不重要的问题。

第一,在证券交易所上市的经营性公司有持续的激励去建立强大和有效的董事会。这在它们公开上市的时候就开始了,此时,股票发行人努力地吸引那些有声望的、效率高的董事们,以实现发行价值的最大化。目前还缺少关于董事会的清晰的证据,这可能反映了这样一个事实,即所有的上市经营性公司都有类似的激励(Romano,1996)。相比之下,政府公司就不会受到相似的市场力量的约束,因为没有股票交易。

第二,政府有政治激励去任命董事会,它会考虑组建一个容易驾驭的董事会(不像CEO,政府甚至不考虑市场原则)。一个董事会越是容易驾驭,它就越容易受到最大化政治支持的影响。相比之下,最大化一家政府公司的价值可能会使董事会背离一些股东的意愿。

第三,政府公司与公共部门的关系,以及它们与政府部门的频繁接触,可能会形成一种组织文化,而这种组织文化在私有企业及其治理实践中是不具备的。一个构成适当的董事会能够通过引入好的组织规范来弥补这一不足。

接下来是关于董事的任命过程、他们的任职资格和经历、了解他们的责任感的方法等,这些都对政府公司董事会至关重要。在本部分和后续部分中,我们要对有关这些主题的证据进行分析,在此之前,需要说明的重要的一点是,根据昆士兰已生效的公司法,为了使政府公司实现公司目标描述中确定的业绩和运行目标,并确保政府公司以适当、有效和高效的方式履行职责,政府公司董事会应当对其商业政策和管理负责①。这部法律与这样一个命题是一致的,即董事会应该确立与一个规范的经营性公司的目标相类似的目标。

在调查中,我们就政府公司董事的经历和背景提出了许多问题。在118位受访者中,35%表示他们有职业资格(如律师资格)。存在争议的是,有人认为,在法人治理中,董事的经历比职业资格更重要。然而,法人治理经历可能是非常多样化的——从一个家族公司的非执行董事,到一个上市公司的董事会主席。因此,我们要在一个大范围的经历类型和公司类型中寻找可用的佐证。我们要求董事回答他们是否有以下的经历:(a)CEO;(b)高级经理;(c)董事会主席;(d)非执行董事;(e)持有20%以上有投票权的股份的重要股东。这些问题涉及七个不同类型的公司:(a)家族公司;(b)其他私人或私有公司;(c)新建风险投资或创业公司;(d)上市公

---

① 昆士兰:s.92。

司；(e) 昆士兰的其他政府公司；(f) 其他政府公司 (如其他州的政府公司)；(g) 慈善团体 (原著无此条，译者根据表3.3内容补充)。在可能的地方，我们从公开的记录中核实了上市公司和政府公司的CEO、董事会主席或非执行董事的身份。结果见表3.3。

表3.3 法人治理的经历

	CEO	高级经理	董事会主席	非执行董事	股东	都不是
家族公司	22%	6%	13%	7%	12%	40%
其他私有公司	17%	8%	13%	19%	6%	36%
创业公司	5%	2%	3%	7%	3%	81%
上市公司	6%	7%	4%	9%	—	74%
昆士兰政府公司	1%	1%	7%	17%	—	74%
其他政府公司	3%	1%	3%	11%	—	83%
慈善团体	4%	2%	12%	13%	—	70%

10位董事没有在任何公司工作的经历，其中A部门4个，B部门5个。值得注意的是，只有26%的董事有过上市公司法人治理的经历，对于政府公司法人治理的程序，他们的了解相对有限，而这些经历对于政府公司却是非常重要的。代理成本仍很重要，家族、私人和创业公司的代理成本应该低于上市公司，因为它们的股权相对比较集中。在统计分析中，我们把上市公司的法人治理经历当作一个解释变量。我们注意到，在29家政府公司中，有1/3公司中的现任和前任董事，没有就上市公司的经历做出回答。

为了解政府公司董事在希望增加有上市公司法人治理经历的董事人数上的意见，我们问董事："董事会的构成和功能应该如何完善？"我们要求他们在1~5的范围内来表明他们同意的不同程度，1表示强烈不同意，5表示强烈同意。两个陈述是："应该有更多的有上市公司经历的专业董事"，"政府公司董事会需要有更多经历和专业知识的主席"。对这两条回答的均值分别是3.54和3.47。C部门的回答稍微高一点，但是这种差别不具有统计上的显著性。然而，前任和现任董事的回答有着显著的不同。关于董事的问题，回答的均值分别是3.71（前任董事）和3.34（现任董事）；关于主席的问题，回答的均值分别是3.72和3.17。前一个结果在$p<0.1$的水平上是显著的，后一个结果在$p<0.05$的水平上是显著的。

考虑到有些董事会的法人治理水平较低，其他技能和经历也被认为是不足的，在这种情况下，执政当局想使董事会扮演什么样的角色就会清楚地显现出来。就每一系列技能和经历，我们要求董事们在 1～3 的范围内回答，1 表示高度不足，3 表示不足。我们问董事："你认为什么样的技术和经历能使你有资格成为政府公司的董事？"我们要求董事们的回答只限于任命之时的技能和经历。表 3.4 列示了这些技术和经历，以及各项的均值，并按部门分类。还运用单因素方差分析法（ANOVA）来说明各组均值是否具有统计上的显著性，以及在存在显著差异的地方，概率水平是多少。

结果显示，管理技能是高度不足的，职业或财务资格也很重要。最不重要的是社区服务、政党资格和政治经历。结果还显示，治理技能相对来说更具有一般性，因为在产业领域或政府公司中的经验结果相对较低。

表 3.4　　　　　　经历和资格（按部门）

	A 部门 政府公司	B 部门 政府公司	C 部门 政府公司	ANOVA
正规教育资格	2.20	1.88	2.57	$p < 0.01$
拥有与政府公司同行业的私有部门的经历	1.56	1.75	2.08	NS
拥有政府公司的经历	1.50	1.59	1.83	NS
拥有其他政府公司或公有企业的经历	2.02	1.83	1.95	NS
拥有该领域的政策制定经历	1.77	1.65	2.00	NS
职业或从业资格	2.23	2.00	2.36	NS
管理技术	2.44	2.40	2.54	NS
融资或投资经历	1.98	2.00	2.36	NS
产业相关经历	1.77	1.75	1.42	NS
代表特殊选民的能力	1.55	1.77	1.00	$p < 0.05$
社区或社会服务	1.90	1.89	1.25	$p < 0.05$
政党成员关系	1.22	1.16	1.00	NS
政治经历	1.17	1.26	1.17	NS

注："NS" 表示单因素方差分析法没有显示这些均值之间存在显著的差异。

部门之间的比较产生了新的问题。最显著的差异产生于混合公司（miscellaneous corporation）之间，许多这种公司经营着金融业务，也涉足其他两个部门。与其他两个部门相比，C 部门中的混合公司在正规教育资格、私有部门的经历、从业资格和融资经历方面，均高出一筹；而产业联系、社区服务和选民代表方面,则要低一些。这与混合公司的特征是一致的。这些特征包括,相对于其他两个部门,这些公司承担着重要的融资责任,有较高专业化程度的劳动力,受到政治利益集团的影响较小。

前文提到,我们询问董事应该如何完善董事会的构成和功能,除了想听取更多的关于专业董事会主席和董事方面的建议以外,还想了解关于董事会方面的其他一些建议。表3.5列出了这些建议和三个部门的均值。

表 3.5　　有关完善董事会构成和功能的建议(按部门)

	A 部门 政府公司	B 部门 政府公司	C 部门 政府公司	ANOVA
董事会中应该有更多的由社区和消费者任命的董事	2.83	2.9	1.93	$p<0.01$
董事会中应该有更多的劳工代表	2.34	2.22	1.80	NS
董事会应该有更多的任命经理人的权力(如更多的经理任命)	2.17	2.26	1.80	NS
董事会需要比现在更小的规模	2.28	2.69	2.20	$p<0.05$

这些建议在任何部门都没有得到支持(3表示不能确定)。比较现任和前任董事回答的均值发现,前任董事比现任董事更倾向于董事会应该有更多的由消费者和社区任命的董事,均值分别是3.11和2.29,在$p<0.001$的水平上具有统计上的显著性。与其他董事不同,有上市公司法人治理经历的董事略微倾向于董事会应该有较小的规模(均值分别是2.31和2.81,在$p<0.05$的水平上具有统计上的显著性)。这些建议的赋值之间存在一些可预见的相关性(结果没有报告)。在那些倾向于更多的社区任命的建议中,也会倾向于更多的劳工代表,而在那些倾向于专业董事的建议中,则对两者都不太支持。另外,在那些偏爱社团董事会(communitarian boards)(由许多利益相关者组成)的建议中,一致地支持董事会应该有权任命更多的经营者。这也许反映了专业董事对非执行董事的强力支持。另一个令人惊奇的结果是,那些支持专业的董事会主席的建议也都赞同董事会应该选择更小的规模①。

---

① 这个结果可能被认为来自于这样的事实,即那些赞同社团董事会的建议被认为是偏爱较大的和更具有代表性的董事会,但是,事实上,这并没有得到相关系数检验的支持。

3.3.2 供给对董事职位的影响

一个人是否接受董事任命的决定取决于很多因素。第一，接受董事任命的边际收益，这是由董事酬金来衡量的。也可能还有其他的间接收益，比如，基于对企业或产业的更多接触和更深入的了解，将会产生对未来企业发展的预期。第二，接受董事任命的机会成本，这可能包括以前在其他公司（经营性公司和政府公司）任职的报酬。第三，对董事来说可能存在的其他间接成本，包括公司出现危机时个人声誉受损的风险，个人法律责任的预期价值，在与政府公司其他董事和管理层以及与政府部长共事中获得的效用（或者产生的负效用），从政府的政治干预中获得的效用（或者产生的负效用），等等。我们在这一部分关注的问题不是那些对政府部长治理产生影响的问题，那些问题是第4章的焦点。

为了探究这些问题，我们调查了关于董事的预期和信念的本质。当董事得到任命时，他们对于上任后将会发生什么有所预期。这些可能是他们评估董事职位相关成本的基础，并且会影响到一个人是否成为董事。下述证据是有偏差的，因为没有对那些选择不担任政府公司董事的人（样本变量）有所控制，这是一个不容易确定范围的群体。

报酬 政府公司将会发现，它们很难吸引那些经历丰富的董事，这在一定程度上是因为，它们不能也不会支付给这些人与其他公司董事所能得到的同等的报酬。我们可以从两个方面考察这个问题：第一，我们要求董事们指出他们受到具体因素影响的程度。因素之一就是报酬。对这个问题的一般表述是："哪些因素鼓励或阻碍你成为政府公司的董事？请把你对影响因素的看法限于任命之时。"我们要求董事们在1~5范围内做出回答，5表示鼓励非常大，1表示特别灰心，3表示没有影响。对于报酬，具体的陈述是："报酬数量，与让我接受这项工作的时间有关"。第二，我们要求董事们对以下几个陈述做出回答："我认为支付给政府公司董事的报酬是：（a）很多；（b）恰当；（c）不足。"我们之所以询问以上两个问题，是因为这两个问题结合在一起可以显示出政府公司董事职位的供给弹性的某些特征。换句话说，感到报酬不足对董事们的影响程度是不同的。

关于受到鼓励的问题，1位董事表示很受鼓励，6位董事表示受到轻微的鼓励，79位董事表示既没有受到鼓励也没有觉得灰心，21位董事表示觉得有一点灰心，9位董事觉得很灰心。如果每一个回答都用规定范围内的数字赋值，那么均值是2.61，这与中位值3（表示没有影响）有显著差异，这个结果是通过单样本 t – 检验得出的（$t = 7.515$，$df = 115$，$p < 0.001$）。关于政府公司报酬的高低，显示的数据是很残酷的：4 位董事认为报酬很高，37 位认为恰当，75 位认为不足。很显然，我们可以强烈地感受到董事们的报酬水平太低了。把这些结果放在一起，可以看出，政府公司董事服务的供给是缺乏弹性的，这是因为，虽然大部分董事认为报酬不足，但是只有少部分对此感到灰心。这说明，在董事会还有其他的利益来源；或者，它反映出一种样本偏差，即那些对报酬水平最灰心的人没有接受任命。

这些结果还受到董事是否有过上市公司工作经历的影响。有上市公司工作经历的董事更可能认为报酬不足。表 3.6 列出了上市公司经历与报酬水平影响的交叉表格。t – 检验计算了 1～5 范围的均值（受到鼓励）和 1～3 范围的均值（适当），结果在 $p < 0.05$ 的水平上，拒绝均值相等的原假设。

表 3.6　　报酬感受与上市公司经历的交叉列表

	有上市公司经历	无上市公司经历	总　计
组 I：报酬效应			
很受鼓励	1	—	1
受到一点鼓励	2	4	6
没有影响	14	65	79
有一点灰心	7	14	21
很灰心	6	3	9
组 II：报酬适当性			
很多	—	4	4
恰当	5	32	37
不足	25	50	75
总　计	30	86	116

董事的责任　　造成董事缺乏激励的另一个原因是董事对公司或利益相关者承担法律责任的可能性。从 20 世纪 90 年代初期开始，关于这个问题的争议就持续不断。那时，不管是立法机构还是法院，都给董事施加了相当苛刻的责任标准（Whincop，1996）。由于责任不断增加而拒绝接受董事任命是很常见的事情。官方在 2000 年澳大利亚《公司法》①中关于法定商业判断准则的序言中证实了这一点。董事职责应该是什么？如何履行这些职责？关于这些问题的讨论将放在本章的 3.3.3 部分。本部分则考虑可感受的责任对接受任命的影响。我们处理这个问题的方法是，允许从相对较大的问题及其

---

①　英联邦：s. 180。

对接受董事职位的影响角度进行考察。需要董事回答的相对较大的问题可以使用如下陈述:"作为政府公司董事,我认为可能遇到的潜在法律责任是:(a) 重大;(b) 微不足道;(c) 没有考虑过。"为了评估它们对接受任命的影响,我们设计了这样的问题:"在担任政府公司董事的过程中,我对可能遇到的法律责任的预期是……",同样要求在 1~5 的范围内回答。

关于相对较大的法律责任的影响,99 位董事认为责任是重大的,9 位认为是微不足道的,11 位没有考虑过。5/6 的样本认为责任重大,是应该引起关注的,因为在受访者中,大部分人也感觉董事的报酬太低了。一个显而易见的问题是,一个董事会设法从董事会成员关系中获得其他利益,以此作为他报酬不足和责任重大的补偿。我们在考察报酬水平的影响时,就已经谈到了这个问题。我们发现,2 位董事受到一点鼓励,54 位没有影响,51 位有一点灰心,6 位很灰心。如果每一个回答按 1~5 赋值,5 表示很灰心,那么均值是 2.46,这个均值与中位值 3(表示没有影响)存在着显著差异,通过进行单样本 t - 检验,发现它们之间在 $p<0.001$ 的水平上具有统计上的显著性。因此,报酬低和责任大的交互作用将不可避免地会阻止处于边际上的董事接受政府公司任命,我们可以通过考察表 3.7 看到这一点。表 3.7 是关于报酬感受和法律责任看法的交叉列表①。

表 3.7　　报酬适当性感受与法律责任效应的交叉列表

	报　酬			
	很多	刚好	不足	总计
重大责任	3	31	63	97
微不足道的责任		1	7	8
没有考虑过	1	4	5	10
总　计	4	36	75	115

因此,表 3.7 显示超过一半的样本落入了被涂上阴影的单元格,他们对接受任命显然存在着双重障碍,这就是,他们认为报酬不足而责任却很大。人们希望所有的潜在董事(来自自我选择成为董事的受访者)都能分享这种双重障碍的信息,因为报酬或责任很可能就是不接受担任某一职位的原因。

可感觉的董事和管理层的质量　　人们可能关心,责任重和报酬低的交互

---

① 这个表格中的总计不同于下文报告的数据,因为存在缺省值。

作用将会阻碍董事接受任命和继续留任。如果是这样的话，其他被任命者由于预期最优秀的董事都不出任，他们也就可能不愿意接受任命了。这可能使人感到灰心。由于一个人不能与最优秀的董事共事，而是与缺少竞争力的同事一起工作，因此会造成工作的无效和高风险。下面我们将通过分析可感觉的任命的质量和影响来考察这个问题。

我们问董事们："从总体上说，我认为政府公司董事会的其他成员是：（a）能胜任的和专业的；（b）不能胜任的和非专业的；（c）不知道。"他们还被问及不同因素对其决策（是否接受任命）的影响程度，以分析"对其他董事在能力、职业水准或者道德规范方面的预期"，同样要求在1～5的范围内回答。一般情况下，董事们彼此之间有很高的感知。就第一个问题，97位受访者认为其他董事是有能力的和专业的，1位认为其他董事是无能力的和非专业的，22位表示不知道。就第二个问题，1位受访者认为很灰心，3位认为有一点灰心，36位认为受到一点鼓励，29位认为很受鼓励，43位认为没有受到影响。平均反应值是3.79，明显高于中间值3（$p<0.001$）。C部门受到鼓励的发生率最高，13/15（87%）受到一点或者很强的鼓励，另外的2/15没有受到影响。87%的比例比A部门（49%）和B部门（58%）高出许多。

一个相关的问题是对管理层质量的感知①，它可能被认为与董事的重大责任间接相关。在管理中缺少信任将使人们不愿意担任董事，因为这意味着低效率，同时也可能加大董事的责任。关于这个问题，"总的来说，我认为国有公司（GOC）管理层是：（a）能胜任的和专业的；（b）不能胜任的和非专业的；（c）不知道。"96位选择（a），6位选择（b），17位选择（c）。他们还被问及不同因素对其决策（是否接受任命）的影响程度，以分析"对国有公司在管理层能力、职业水准或者道德规范方面的预期"。结果与上述关于其他董事的影响的分析相似。1位受访者认为很灰心，1位认为有一点灰心，46位认为受到一点鼓励，43位认为很受鼓励，22位认为没有影响。平均反应值是3.79，在统计上显著高于中间值3（$p<0.001$）。部门之间没有显著差异。

这些结果似乎表明，其他董事和管理层的感知还是不错的，并对其他董事有一些吸引力，尽管这种自我选择存在偏差，遗漏了很多客观的因素。

声誉效应　董事们对政府公司董事会影响其声誉的感知程度，将决定着

---

①　这就是说，在受董事监督的管理层不能胜任或者实施欺诈的地方，董事很可能因过失而被提起诉讼。

他们在是否供职于董事会问题上的决策。为了衡量相对重大的声誉效应，董事们被问道：

我认为供职于政府公司董事会将：
(a) 提高我作为其他公司董事会的潜在董事的声誉；
(b) 损害我作为其他公司董事会的潜在董事的声誉；
(c) 我不希望对我的声誉有任何影响。

董事们在这里也被问及不同因素对其接受任命与否的影响程度，以分析"供职于政府公司对我作为其他董事会候选人的声誉的预期。"这也要求在 1~5 的范围内回答。两个问题都寻求将受访者的答案限定在与法人治理相关的声誉上，而排除其他声誉问题，如有关政治信念的问题。

结果显示，没有受访者预期自己的声誉会受到损害，56 位认为他们的声誉将会提高，64 位预期不会受到影响。声誉对他们接受任命的决策影响是相似的。3 位认为有一点灰心，47 位认为受到一点鼓励，12 位认为很受鼓励，52 位认为没有影响。我们还发现，有上市公司法人治理经历的人（不管是作为董事、CEO，还是高级经理），大都预期自己的声誉不大可能提高（见表 3.8）。

表 3.8　　　　声望效应与上市公司经历的关系

	没有上市公司经历	有上市公司经历	总　计
预期声誉提高	48	8	56
预期不受影响	41	23	64
总　计	89	31	120

卡方统计在 $p<0.01$ 的水平上显著。这个结果表明，对那些有上市公司经历的人来说，声誉的边际回报较低。这里也存在部门影响（没有报告），尽管在 $p<0.1$ 的水平上只有微弱的显著性。具体说，C 部门的声誉效应最强，B 部门最弱。这可能反映了不同部门在职业上的相对专业化水平。

3.3.3　受托人责任

不管是董事还是公司最高级经理人，都要受到受托人责任的约束。我们在前面已经注意到，这些责任在应用于政府公司治理环境中时，是充满着许多复杂因素的,因为缺少明确的标准,如价值最大化,这在"政治冲突"领域是特别明显的。为了考察这个问题,我们寻找了各种不同的证据。我们首先考察了政府公司董事是怎样理解他们的受托人责任的性质的。

我们让董事对下述的问题做出最优选择,对答案的总结见表3.9:

我期望作为董事的责任将是:
(a) 最大化公司价值;
(b) 按照政府部长的利益和愿望行事;
(c) 为我所代表的选民的利益服务;
(d) 为昆士兰人民的整体利益服务;
(e) 在国有公司应该如何管理上,协调冲突的需求和利益。

表3.9 对董事责任的理解

最大化公司价值	51.3%
按照政府部长的利益和愿望行事	2.5%
为我所代表的选民利益服务	8.4%
为昆士兰人民的整体利益服务	28.6%
协调冲突的需求	9.2%
总 计	100.0%

这一结果强化了关于政府公司的责任关系在某种程度上是不明晰的看法,因为它对建立这些关系的不同路径提供了支持。有趣的是,对于需要管理的政府公司受益人利益的界定,两种主要的表述都是很不清晰的。"价值最大化"标准是假定最大化价值存在于所有选民的最大利益中,而"昆士兰人民的整体利益"标准则假定存在一些有效的方法来解决不同选民之间的冲突。

如果我们根据董事的受托人责任,考察他们认为应该如何回应一系列假设的利益冲突,那就可以看出这种不清晰表述的原因了。这一问题指出了两种不同类型的冲突,即传统的权益合同和各种形式的带有更多政治暗示的利益冲突。

为了评估受托人标准应该如何应用于一些更具体的政府交易,我们的调查要求董事明确说明,在他们的政府公司中,对于样本中的这些交易,"实际"(would be)如何操作,"应该"(should be)如何操作。在每一个样本中,对于冲突,董事应该做什么,我们向他们提供了四个一般性的答案:

(a) 董事声明自己的权益,并退出审议和投票;
(b) 董事声明自己的权益,放弃投票,但是参与审议;
(c) 董事声明自己的权益,但是参加审议和投票;
(d) 董事参与讨论和投票,但不涉及任何利益。

有三种假设:

1. 政府公司正在决定是否对乡村地区提供新的服务。董事会中有一位被任命者住在那个地区,并且他经常倡导要保护乡村的利益。
2. 董事会正在考虑如何解决企业与劳工的下一次谈判。董事会中有一位董事被任命为该企业和相关产业的工人的代表。
3. 一位董事在某个公司有实实在在的金钱利益,而董事会正在考虑与这个公司签订一份合同。

结果概括在表3.10中。我们从结果中可以直观到,从总体上说,受访者都相信这些冲突都是按照应该采取的方式处理的——"实际"和"应该"采取的方式,差别很小。但是,即使受访者明显地都认为冲突是按照应该采取的方式处理的,在前两种情况下,对于交易应该如何处理,显然仍没有达成一致。

表3.10 "实际"和"应该"采取的处理冲突的方式

交易	声明、缺席	声明、审议、弃权	声明、审议、投票	不涉及任何利益
服务于乡村 (n=116)	28.4%/28.7%	35.3%/40.0%	23.3%/20.9%	12.9%/10.4%
企业谈判 (n=110)	30.0%/33.0%	32.7%/36.5%	30.0%/27.0%	7.3%/3.5%
权益合同 (n=117)	95.8%/97.4%	4.2%/2.6%	—/—	—/—

注:在每一个单元格中,"/"前的百分数是交易"实际"会这样处理的受访者的比例;"/"后的百分数是认为交易"应该"这样处理的受访者的比例。

对于三种交易的变化,虽然我还没有介绍,但是这个变化不能归因于公司变化着的实践,因为在个别政府公司的受访者中间,存在一些本质的变化。每个政府公司都有两个或更多的回答问题的董事,但没有一家政府公司,其所有受访者在处理前两个交易的方式上达成一致意见。只有第三个交易获得了一致的回答,这是一个冲突的范例。这表明,在解决政治冲突的认识上,还非常不清晰,这证实了我在前面所作的理论分析。

如果把"实际"和"应该"的结果制成交叉列表,结果就比表3.10更加复杂了。对前两个假设来说,每一种选择中"实际"和"应该"的百分比结果是接近的,这表明,多数受访者对这两个问题给出了同样的答案。但事实上并非如此。对于企业谈判假设来说,分歧更大(参见表3.11)。

表3.11　　对企业谈判交易中的冲突"实际"和"应该"采取的处理方式之交叉列表

应该的方式 实际的方式	声明、缺席	声明、审议、弃权	声明、审议、投票	不涉及任何利益	总计
声明、缺席	27	3	3		33
声明、审议、弃权	5	30			35
声明、审议、投票	1	7	25		33
不涉及任何利益	1	1	1	4	7
总计	34	41	29	4	108

注:单元格中的数据是董事人数的计算数,这些董事提供了特别的组合答案,这些答案配对列示在每个单元格中。还有13个缺省值。

阴影单元格代表那些认为交易将会"实际"按照其"应该"采取的方式来处理的受访者人数。阴影对角线西南方向的单元格(包括16个回答)代表这样一些受访者,他们认为交易"实际"的处理方式比"应该"采取的方式更容易;而阴影对角线东北方向的单元格(包括6个回答)则代表这样一些受访者,他们认为交易"实际"的处理方式比"应该"采取的方式更困难。对于乡村服务假设,相应的数字分别是9和3。当对交易的实际处理方式几乎不会是"应该"采取的处理方式时,需要特别注意,这反映了人们对于薄弱的法人治理或不确定的程序的看法。

当我们对企业谈判和乡村服务假设制成交叉列表,分别分析"实际"和"应该"的答案时,将会反映出这些交易处理中的含混不清。在表3.10报告的每一个类别中,相似的受访者百分比意味着实质上的趋同,但是表3.12却给出了不同的看法。

表 3.12　　　　如何解决企业谈判交易和乡村服务
　　　　　　　　　交易中的冲突之交叉列表

乡村服务 \ 企业谈判	声明、缺席	声明、审议、弃权	声明、审议、投票	不涉及任何利益	总计
声明、缺席	15	9	5	1	30
声明、审议、弃权	10	26	6	1	43
声明、审议、投票	5	4	17		26
不涉及任何利益	3	2	5	4	14
总计	33	41	33	6	113

注：单元格中的数据是董事人数的计算数，这些董事提供了特别的组合答案，这些答案配对列示在每个单元格中。还有 13 个缺省值。

在表 3.12 中，阴影单元格代表那些认为两种交易"应该"按同样方式处理的受访者人数；阴影对角线西南方向的单元格（包括 29 个回答）代表那些认为企业谈判交易冲突的处理将会比乡村服务交易的处理更加困难的受访者人数；阴影对角线东北方向的单元格（包括 22 个回答）代表那些认为企业谈判交易冲突的处理将会比乡村服务交易的处理更加容易的受访者人数。这里有很多明显的不同意见，反映了法律规则应用的不准确①。

对冲突的处理如何使受访者在对董事一般责任的看法上发生变化，正像表 3.9 报告的那样？奇怪的是，它的影响很小或完全没有。对于农村服务交易，毫不奇怪，那些认为自己是执行政府部长意愿或者是为选民利益服务的人，都选择缺席或者弃权，而选择缺席的受访者的比例最低，但他们却是那些视自己的责任为最大化企业价值的人。然而，两者之间的相关性并不显著，而且在企业谈判交易中就消失了。有上市公司法人治理经历的董事与其他董事的回答也没有什么显著的不同。

部门对董事责任的看法有微弱的影响。在乡村服务交易中，C 部门 87% 的受访者选择缺席或者弃权，而其他部门的这一比例则平均为 60%。这一回答与那些认为交易"应该"如何处理的人的回答十分相似。然而，选择缺席或弃权与部门之间的相关性并不显著。在企业谈判交易中，结果更明显，如表 3.13 所示。结果在 $p<0.05$ 的水平上具有统计上的显著性。

---

① 当比较这两种交易应该如何处理的时候，结果仍然如此。这个结果说明了一个与表 3.6 类似的道理，但是没有对此做出报告。

对于交易应该如何处理进行同样的检验，结果在 $p<0.01$ 的水平上具有统计上的显著性。

表 3.13　　如何处理企业谈判交易中的冲突（按部门）

	A 部门政府公司	B 部门政府公司	C 部门政府公司	总　计
声明、缺席	13	14	6	33
声明、审议、弃权	15	14	7	36
声明、审议、投票	21	11	1	33
不涉及任何利益	1	7	—	8
总　计	50	46	14	110

3.3.4　董事任期及终止

在政府公司和上市的经营性公司里，官方规定的董事任期（tenure）没有根本的不同——两者都是有限的任期，通常是 3 年，届时必须进行重新选举。原则上，两者也可以进行更直接的互换。英、澳两国的法律都授予股东在任何时候通过一项决议辞退一个董事的权力。这项权力在公众公司是不能让与的，但在其他公司则具有可收缩性[①]。相似的，政府公司的董事经常会随着执政当局的意志而被取代[②]。但是，公司控制和政治权力有截然不同的动力。政府具有周期性进入和退出的权力，而经营性公司的董事则经常被认为是具有自我不断更新的选民，因为董事会有权敦促代理人履行选举程序。因此，尽管政府公司和经营性公司的董事任期在法律上有很多相似性，但事实上，两者之间可能存在着根本性差别。为了考察这些方面，我们收集了有关董事任命终止（termination）的经验证据。我们先考察一些有关董事任期的定量证据，然后对这一问题的调查证据进行评价。

定量证据　在这一部分，我们用"任期"这一概念来衡量一个董事的任命（appointment）和连任（reappointment）。这样，一个连任的董事就不

---

① 2001 年《公司法》（英联邦），203D、203C 相关部分。
② 参见例证，昆士兰：Sch. 1, reg. 15。

止一个任期。表 3.14 描述了政府公司的数量、任命的董事人数和任期数（几个任期），纵列分为任命总计（total appointments）、连续任命（continuing appointments）、结束任命（completed appointments）和解体的政府公司的任命①。为了以后的分析，我们对在持续性政府公司（continuing GCs）中结束任期的数据进行了处理——连续任命之间是不相关的，因为董事在任期结束后才会提出替换的问题。另外，解体的政府公司也是任期终止的一个具体例子。我们把注意力放在两个主题上——董事是否连任和董事任期是否提前终止。我们只作简单的单变量任期考察，然后给出计量证据。

表 3.14　　　　　　　　董事任期统计摘要

	政府公司数	董事人数	任期数
任命总计	29	311	392
连续任命	22	133	133
结束任命	29	203	259
解体的政府公司的任命	7	44	44
在持续性政府公司中结束任命	22	159	215

注：结束任期的董事人数不是任命董事总计数与连续任命的董事之间的差，因为一些连续任命的董事也完成了任期。

关于董事是否会在任期结束时继续连任的证据可能揭示出了两种不同的现象：一方面可能反映了政府的偏好——政府可能希望看到更有能力的或更"讨人喜欢"的董事得到任命。另一方面也可能反映了董事的偏好——外部机会可能已经发生变化，从而作为一个董事所花费的时间机会成本大大提高了；获得的关于董事收益的信息也可能已经改变，或者政治环境已经改变（政府部长变了，或者执政党变了）。概括地说，这些差异可能是"政治性的"（或者反映政府的偏好，或者反映董事的偏好，而董事又产生于政治的变化），或者是"非政治性的"。在执政党发生变化的地方，政治变化应该是最大的。如果政治变化确实影响持续性，我们应该可以看到，在执政党发生变化的时期内，持续性水平比其他时期要低。表 3.15 就多少董事任期与政府（不是政党）或政党的变化联系在一起，给出了摘要性统计。

---

① 在昆士兰早期的公司改革过程中，能源部门中建立起了很多政府公司。后来，当电力行业深化微观领域的改革时，这些公司受到很大冲击，开始重新组建。见第 2 章，p.37（原著页码）以下部分。

表 3.15 在与政府或政党变化相关的持续性政府公司中结束董事任期的情况

	政府变化	政府没有变化	总　计
政党变化	152	n/a	152
政党没有变化	42	21	63
总　计	194	21	215

注：第2行第2列单元格中的数据是不可得的，因为正常情况下，执政党变化了，政府不可能不发生变化。

接下来，我们可以探讨一下政府或政党的变化将如何影响董事任命的持续性和其他相关的潜在变量。首先考察部门影响，表3.16列出了部门之间持续统计的差异（在 $p<0.005$ 的水平上显著）——C部门最经常出现连任（在此，连任是规则，没有例外），A部门则很少出现连任（在此，连任并非规则，但也有例外）。

表 3.16 董事任期结束时的连任情况（按部门）

	A 部门政府公司	B 部门政府公司	C 部门政府公司	总　计
连任	9	55	19	83
没有连任	33	87	12	132
总　计	42	142	31	215

有上市公司经历的董事的连任是一个需要研究的重要问题。一方面，这些董事有广泛的法人治理经历，是需要保留的最重要的人——当然，对这种看法存在着争议；另一方面，这些董事在政府公司服务的机会成本可能相当高，因为他们最有选择的余地。表3.17表明，有上市公司经历的董事更可能连任——近60%的董事连任，超过其他董事的1/3（$p<0.005$）。

表 3.17 上市公司经历和董事连任的关系

	有上市公司经历	没有上市公司经历	总　计
连任	21	62	83
没有连任	15	117	132
总　计	36	179	215

然而，应该指出的是，这个结果是由 C 部门中的政府公司推导出来的，正像表 3.18 所示的那样。对以上三个二维表中的每一项进行卡方统计检验，发现只有混合政府公司的卡方检验在统计上是具有显著性的（$p<0.005$）。

表 3.18　上市公司经历与董事连任的关系（按部门）

部　门		有上市公司经历	没有上市公司经历	总　计
A	连任	3	6	9
	没有连任	6	27	33
B	连任	5	50	55
	没有连任	7	80	87
C	连任	13	6	19
	没有连任	2	10	12
	总　计	36	179	215

我们现在再来看政治因素。表 3.19 列出了董事连任与政府变化之间的关系。表中显示，尽管在政府发生变化的地方，有大约 60% 的董事没有得到连任，政府变化本身与董事连任没有统计上的显著性。但是，当我们研究执政党变化的影响时，情况却大不相同。表 3.20 列出了这种关系，它清楚地表明，政党的变化和低比例的董事连任显著相关（$p<0.001$）。

表 3.19　政府变化和董事连任的关系

	政府变化	政府没有变化	总　计
连任	77	6	83
没有连任	117	15	132
总　计	194	21	215

表 3.20　执政党变化和董事连任的关系

	政党变化	政党没有变化	总　计
连任	47	36	83
没有连任	105	27	132
总　计	152	63	215

对部门影响的统计检验参见表3.21，从中可以发现一些有趣的现象。它显示，在合计数据中，B部门是最突出的部门（卡方统计结果是显著的），而其他部门就不够突出了。在A部门，董事连任的几率很低，政党虽有变化，但对董事连任的影响并不明显，在这里，难以置信的董事高替换率似乎被控制住了。在混合政府公司，替换率最低，政党变化对董事连任的影响也不显著。

表3.21　执政党变化与董事连任的关系（按部门）

部门		政党变化	政党没有变化	总计
A	连任	5	4	9
	没有连任	23	10	33
B	连任	32	23	55
	没有连任	74	13	87
C	连任	10	9	19
	没有连任	8	4	12
	总计	152	63	215

为了提供替换率的计量证据，我们用以上因素做自变量，利用 logit 回归方法建立董事连任模型，这可以对所有变量的影响进行同时检验。当因变量，即董事的"连任"取二元（0/1）形式时（0代表没有连任，否则为1），log it 回归方法是一种合适的计量分析方法。部门用两个哑变量表示："A部门"变量，赋值1代表A部门中的政府公司；"B部门"变量，赋值2代表B部门中的政府公司（因此，赋值0就代表C部门中的政府公司）。"政府变化"变量，赋值1代表从任命之时到解除任命期间，政府已经发生了变化；否则为0。"政党变化"变量，赋值1代表从任命之时到解除任命期间，执政党已经发生了变化；否则为0。我们进一步再增加一个变量："距离下次选举的天数"，是指董事任期终止到下次普选的天数，用以评估董事连任的决策是否受到临近选举的影响。

连任 $= a + b_1 \times$ A部门 $+ b_2 \times$ B部门 $+ b_3 \times$ 上市公司经验
$\qquad + b_4 \times$ 政府变化 $+ b_5 \times$ 政党变化 $+ b_6 \times$ 距离下次选举的天数

结果见表3.22，该模型得出了绝大多数单变量的计量结果。上市公司经历增加了董事连任的偶然性，执政党变化则降低了董事连任的偶然性。A 部门中的政府公司董事相对更不可能得到连任（尽管这种影响的显著性相对较弱）。

唯一没有预料到的结果是，政府变化的影响相当显著。但是"政府变化"的系数为正，这与政党变化的影响正好相反。这一结果突出了政党体制对政府公司的影响。模型得到了统计检验的很好的支持。政治变化对董事连任显然有着很大的影响。计量证据表明，政府变化会导致董事连任与钱德勒（Chandler, 1983）关于政府变得越来越保守的观点是一致的。钱德勒是从加拿大政府公司中得出这一观点的。

表3.22　　　　董事连任的计量模型（log it 回归）

变　量	系　数	Wald 统计	显著性水平（p）
常数	-0.592	0.709	0.400
A 部门	-1.139	3.585	0.058
B 部门	-0.224	0.213	0.645
上市公司经历	1.242	7.343	0.007
政府变化	2.440	12.885	0.000
政党变化	-2.183	23.855	0.000
距离下次选举的天数	-0.001	0.883	0.347

注：似然比值—2log$likehood$ = 236.796；卡方检验 χ^2 = 46.041（$p < 0.001$）；方差R^2 = 0.196。

董事职务可能在任期正式结束之前终止。这可能有几个原因：董事可能被正式解雇或者已经丧失资格了（如因为破产）；或者只是简单地辞职；或者由于政治和非政治的干扰；或者外部机会发生了变化，相对于最初的期望，对政府公司的董事职位感到失望；或者政治环境发生了变化。这些因素可以进行检验，可以采用与董事连任一样的检验方法。单变量检验和计量证据将在下面说明。在这之前，我们先考察董事职位提前终止和连任之间的关系。对于那些已经完成任期的董事，有多少会得到连任呢？有83位董事完成了任期并得以连任，有85位没有完成任期，有47位完成了任期但没有连任（参见表3.23）。

第3章 政府公司的管理

表 3.23　　董事职位的提前终止（按部门）

部 门		连 任	未连任	总 计
A	提前终止		26	26
	完成任期	9	7	16
B	提前终止		49	49
	完成任期	55	38	93
C	提前终止		10	10
	完成任期	19	2	21
总 计		83	132	215

我们首先考察部门因素的影响，表 3.24 列出了董事职位提前终止在部门之间的区别。我们可以看到，部门之间的差别是非常明显的，这类似于在董事连任上的差别。其中，C 部门董事职位提前终止的发生率最低，而 A 部门则最多。卡方检验在 $p < 0.005$ 水平上具有统计上的显著性。

表 3.24　　董事职位的提前终止（按部门）

	A 部门政府公司	B 部门政府公司	C 部门政府公司	总 计
提前终止	26	49	10	85
完成任期	16	93	21	130
总 计	42	142	31	215

尤其重要的是，我们发现那些有上市公司经历的董事也存在提前终止任期的现象。有上市公司经历的董事很可能具有最多的外部机会，他们在政府公司任职的机会成本应该是很高的，因此他们更愿意终止其职位。另外，他们的见解更加专业，也更愿意参与某种政治活动。

表 3.25 列出了有上市公司经历的那些董事之间提前终止任期的差别。我们清楚地看到，有上市公司经历的董事比其他董事更可能完成整个任期。卡方统计检验结果具有显著性（$p < 0.05$）。这个结果在 A 部门和 C 部门中很常见，但在 B 部门中不常见（B 部门中的差别在统计上不具有显著性，尽管它与 A 部门和 C 部门的变化趋势是一致的），参见表 3.26。对三个二维表分别进行卡方检验，结果显示，A 部门和 C 部门在 $p < 0.05$ 的水平上具有统计上的显著性。这表明，通过完成整个任期，以及经常得到连任，可以期

望董事形成一个更具有持久性的治理核心。

表 3.25　上市公司经历与提前终止董事任期的关系

	有上市公司经历	无上市公司经历	总　计
提前终止	8	77	85
完成任期	28	102	130
总　计	36	179	215

表 3.26　上市公司经历与提前终止董事任期的关系（按部门）

部　门		有上市公司经历	无上市公司经历	总　计
A	提前终止	3	23	26
	完成任期	6	10	16
B	提前终止	3	46	49
	完成任期	9	84	93
C	提前终止	2	8	10
	完成任期	13	8	21
	总　计	36	179	215

现在我们再转向政治因素的影响，表 3.27 列出了董事连任与政府变化之间的关系。表中显示的结果是与对董事连任的计量证据一致的。也就是说，政府变化与提前结束任期并无本质的联系；相反，却更多地与完成任期有关。结果具有很高的统计显著性（$p < 0.005$）。

表 3.27　政府变化与提前终止董事任期的关系

	政府变化	政府无变化	总　计
提前终止	70	15	85
完成任期	124	6	130
总　计	194	21	215

表 3.28 显示，这个结果存在于所有三个部门中。其中，C 部门中的政府公司最明显（在 $p < 0.01$ 的水平上具有显著性），其次是 A 部门（在 $p < 0.1$ 的水平上具有弱显著性），B 部门的结果则接近于弱显著性水平（$p < 0.1$）。这些结果都受到了每个部门董事任期终止的小样本量的一定程度的影响。

表 3.28　政府变化与提前终止董事任期的关系（按部门）

部门		政府变化	政府无变化	总　计
A	提前终止	21	5	26
	完成任期	16	—	16
B	提前终止	42	7	49
	完成任期	87	6	93
C	提前终止	7	3	10
	完成任期	21	—	21
	总　计	194	21	215

执政党的变化也影响着董事任期的提前终止，但正好与其对董事连任的影响相反。表 3.29 列出了这种关系。表中显示，政党变化与董事任期提前终止是相关的（$p<0.05$），只是政党对提前终止董事任期的影响不像其对董事连任的影响那么大。对不同部门的执政党影响作一下统计检验，检验结果参见表 3.30。表中显示，上述趋势在每一个部门都是比较明显的，但是都不显著（A 部门是唯一在 $p>0.1$ 的水平上呈现显著性的）。

表 3.29　执政党变化与提前终止董事任期的关系

	政党变化	政党无变化	总　计
提前终止	67	18	85
完成任期	85	45	130
总　计	152	63	215

表 3.30　执政党变化与提前终止董事任期的关系（按部门）

部门		政党变化	政党无变化	总　计
A	提前终止	20	6	26
	完成任期	8	8	16
B	提前终止	40	9	49
	完成任期	66	27	93
C	提前终止	7	3	10
	完成任期	11	10	21
	总　计	152	63	215

为了提供计量证据,我们采用与董事连任相似的模型,对董事提前终止任期建立 log it 回归模型,这样就可以同时考察所有变量的影响。因变量是"提前终止",赋值 0 表示完成任期;否则赋值 1。其他变量与前面的相同。一般回归形式是:

$$\text{提前终止} = a + b_1 \times \text{A 部门} + b_2 \times \text{B 部门} + b_3 \times \text{上市公司经验}$$
$$+ b_4 \times \text{政府变化} + b_5 \times \text{政党变化} + b_6 \times \text{距离下次选举的天数}$$

研究结果见表 3.31,该模型计算出了单变量的计量结果,这些结果与董事连任的 log it 模型在本质上是相似的。可以看到,除了一个(不显著的)例外,变量系数和常数都与董事连任模型是反方向的(正如我们所预期的那样)。

表 3.31 提前终止董事任期的计量模型(log it 回归)

变量	系数	Wald 检验	显著性(p)
常数	1.310	2.917	0.088
A 部门	0.933	2.202	0.138
B 部门	-0.830	2.268	0.132
上市公司经历	-1.452	7.333	0.007
政府变化	-4.185	21.405	0.000
政党变化	2.739	15.920	0.000
距离下次选举的天数	0.001	2.917	0.201

注:似然比值—2loglikehood = 226.496;卡方检验 χ^2 = 57.994($p < 0.001$);方差 R^2 = 0.240。

概括地说,上市公司经历和政府变化降低了提前终止董事任期的偶然性,而执政党变化则增加了提前终止董事任期的偶然性。A 部门中的公司更可能提前终止董事任期,而 B 部门中的公司则不大可能这么做,但它们的影响都不显著[①]。模型得到了较好的统计检验的支持。另外,政治变化对提前终止董事任期是一个很重要的因素。

计量证据表明,董事会的替换水平是很高的。光辉国际公司(2000)

---

① 在两个模型中,各变量的影响基本上是相同的,只有 B 部门的系数是一个例外。因为在这个回归中,B 部门与 A 部门的影响方向相反;而在董事连任的回归中,两者的影响方向则相同。

的调查显示，在经营性公司，从职位上退下来的董事只占较小的比例，1999年只有12%，其中1/4是出于自我选择。其他明显的理由是，董事或者已经达到了公司法或公司具体规章规定的最大年龄，或者已经达到了在公司供职的最长年限。给定这些比例，董事会的平均规模为6~8位，平均每年从董事会退下来的董事不到1位①。相比之下，政府公司的经验证据则表明，这类公司的董事替换不大可能由外部机会价值的变化而引起，那些有最好的外部机会的董事却很少辞职，而且更可能得到连任。另外，经验证据还表明，对董事替换的主要影响因素政党变化，这是一个推动因素。在任何情况下，失去重要的董事都会遭到强烈的质疑，因为这将使公司大伤元气。而且，当政治影响力很大时，政府公司董事会的构成很可能会受到"替换循环"倾向的逆向影响。

定性证据 在调查中，我们设法从与董事会终止任命有关的董事那里寻找证据，主要目的是考察可能引起董事职位终止或得不到连任的主要因素、认为不会连任的看法和结束董事任命的条件。

我们问董事："什么因素可能会导致一个董事职位终止或者没有重新任命？"我们要求董事在列出的12个因素中，按照他们认为这些因素对董事职位终止和连任的影响程度，在1~3范围内做出回答，3表示这种因素非常有可能导致董事职位终止或连任，1则表示不可能。表3.32列出了三个部门各种因素的均值，并用ANOVA对这些均值进行比较。

表3.32 可能导致董事职位终止或没有连任的因素
（按部门计算均值）

	A部门 政府公司	B部门 政府公司	C部门 政府公司	ANOVA
公司没有实现SCI或公司计划中的目标	2.04	1.86	2.00	NS
政府公司综合财务绩效较低	2.17	2.02	1.93	NS
公司不能控制经营者报酬	2.09	1.93	1.93	NS
整个政府公司充斥着政治分歧	2.49	2.51	2.29	NS
个人的错误行为	2.56	2.59	2.36	NS
履行职责时不尽职或懒散	2.21	2.07	2.21	NS

---

① 传统的假设认为，公有企业的经理比私有企业的经理享有更安全的任期（例如，Hendrivks, 1977）。

续表

	A 部门政府公司	B 部门政府公司	C 部门政府公司	ANOVA
个人意见与政府部长或财政部不统一	1.94	1.93	1.71	NS
董事对政府进行公开的批评	2.48	2.36	2.21	NS
没有按照政府部长或财政部的正式决策行事	2.67	2.56	2.50	NS
引起了有势力的利益集团的恼怒	1.64	1.69	1.21	$p<0.1$
同一政府中部长发生了变化	1.70	1.28	1.07	$p<0.001$
政府变化	2.65	2.58	2.00	$p<0.005$

结果显示：第一，可能引起没有连任的几个因素（个人的错误行为和不按政府决策行事）总体上都比较明显。第二，其他可能导致没有连任的因素（政治分歧、对政府的公开批评和政府变化）意味着政府公司非需要的政治化色彩比较浓重；第三，如果政府权力的行使是基于效率考虑，那么将有这样几个因素会导致董事没有连任：没有实现 SCI 中的目标、财务绩效较低和不称职。这些因素是董事会发生变化的最适当的动力，但是，它们的平均影响值低于政治分歧、对政府的公开批评和政府变化；第四，部门之间的差别与上述的定量证据是一致的。C 部门中政府公司的答案均值总体上低于其他部门，这与我们看到的该部门政府公司董事会的替换率较低是一致的。我们还可以看出，政府变化对 C 部门的影响相对于其他部门更不显著。总体上看，A 部门的政治化水平高于 C 部门，而 B 部门略低于 A 部门，但也高于 C 部门。这种情况也反映在利益集团的恼怒和政府部长变化两个因素的差别上。

对前任和现任董事的回答进行比较也很重要。尽管在这个案例中，因自我选择而没有连任的董事与那些因政府选择而没有连任的董事之间的比较可能有所偏差，但是，前任和现任董事之间的比较则不会有多大的偏差。现任董事的回答可能也有偏差。通常情况下，前任董事平均说来应该比现任董事更了解董事职位终止的有关情况。表 3.33 提供了部分结果。结果显示，前任董事认为，绩效低、个人行为错误和不称职的影响相对来说并不显著，而个人与政府部长意见不合和政治变化的影响更加显著。总之，这种差别实际上是强调绩效还是强调政治的差别。

表 3.33　可能导致董事职位终止或没有连任的因素
（现任和前任董事之间的比较）

	前任董事	现任董事	T－检验
公司没有实现 SCI 或公司计划中的目标	1.87	2.06	NS
政府公司综合财务绩效较低	2.00	2.16	NS
公司不能控制经营者报酬	1.90	2.10	NS
整个政府公司充斥着政治分歧	2.40	2.55	NS
个人的错误行为	2.36	2.74	$p<0.005$
履行职责时不尽职或懒散	2.08	2.24	NS
个人意见与政府部长或财政部不统一	2.06	1.75	$p<0.05$
董事对政府进行公开的批评	2.43	2.35	NS
没有按照政府部长或财政部的正式决策行事	2.57	2.63	NS
引起了有势力的利益集团的恼怒	1.62	1.59	NS
同一政府中部长发生了变化	1.57	1.31	$p<0.05$
政府变化	2.69	2.36	$p<0.005$

我们要求参加调查的前任董事说明他们不再供职于董事会的原因。在这些董事中，有 9 位担任过已经解体的政府公司的董事，有 12 位由于个人或专业原因而辞职或谢绝连任，有 19 位指出他们的任期已届满，但未能得到连任，有 25 位说他们的任期被终止了。这样看来，大多数前任董事未能连任是由于政府原因，而不是出于自己的选择。表 3.34 按照部门和是否有上市公司经历细分了不同类别。可以看到，在 17 位有上市公司经历的董事中有 9 位被终止任期或未能得到连任，而在 47 位缺少这种经历的董事中却有 35 位还在任职。

表 3.34　董事未能连任的原因（按部门）

		A 部门	B 部门	C 部门	总　计
有上市公司经历的董事	政府公司不再存在	3	—	—	3
	辞职或谢绝	2	2	1	5
	没有提供	—	4	1	5
	终止任期	3	1		4

续表

		A 部门	B 部门	C 部门	总　计
无上市公司经历的董事	政府公司不再存在	6	—		6
	辞职或谢绝	3	2	2	7
	没有提供	4	9	1	14
	终止任期	10	10	1	21
总　计		31	28	6	65

为了考察那些出于个人或专业原因而辞职或谢绝连任的董事的有关情况，我们要求董事们向我们提供他们对董事会、政府部长和政府公司的意见。第一个问题是："我对任职期间董事会的成绩表示满意"。我们要求董事们在 1~5 的范围内表达他们对这个问题的看法，5 表示非常同意，1 表示非常不同意。在那些辞职或谢绝连任的董事中，12 位中有 10 位表示非常同意，1 位表示不同意。第二个问题是："政府公司的绩效良好"，8 位表示非常同意，3 位表示同意，1 位表示非常不同意。这些问题表明，那些选择辞职或谢绝连任的董事之所以这样做，是因为他们已经形成了不同于董事会或政府公司的看法。例如，他们认为，他们声誉损失的责任风险太大了。

我们提问的下面三个问题强调了政治变化的影响。第一个问题是："我同意政府部长对政府公司的介入"。对这个问题的回答呈现多元化：2 位表示不同意（1 位表示非常不同意），8 位表示同意（2 位表示非常同意），2 位表示不好确定。后两个问题是："我离开政府公司是因为政府部长或政府发生了变化"，"我离开政府公司是因为我预期政府部长或政府会发生变化"。所有回答都不同意这种说法，但只有 1 位表示非常不同意。可见，在董事们看来，政治变化不是提前终止任期或者谢绝连任的主要原因。

我们又问那些被终止任期或没有得到连任的董事："如果你们未能得到连任，或者你们的任期被终止了，那么是什么原因呢？"他们提供了如下答案：

- 政府发生了变化，而新政府需要新的董事。
- 政府部长发生了变化，而新部长需要新的董事。
- 政府公司绩效不好，政府想提高政府公司的绩效。
- 在政府公司问题上发生了政治分歧。
- 董事会被认为没有控制好公司运作问题（如经营者报酬）。
- 董事会反对或批评政府部长的意见或指示。

- 我个人反对或批评政府部长的意见或指示。
- 我作为董事被认为没有贡献或有错误行为。

表 3.35　　　　　　董事未能连任的原因（按部门）

	A 部门	B 部门	C 部门	总　计
政府变化	15	22	2	39
政府部长变化	2	—	—	2
董事会反对或批评政府部长	—	1	—	1
总　　计	17	23	2	42

正如表 3.35 所示，政府（政党）变化在回答中占有支配地位，这与前面的定量证据是一致的。超过 90% 的董事选择了这个答案，这表明政府变化与政治分歧或对立是不相关的。

3.4　结　论

政府公司与经营性公司一样，拥有降低管理的代理成本的目标。然而，与目标相关的法人治理方法却存在本质的差别，就如同不同组织形式的差别那样。甚至在理论上，经理人的最佳补偿合同看起来也非常不同，这与政府公司和经营性公司不同的补偿做法是相一致的。

我们还发现，经营性公司和政府公司的董事会运作也有明显的不同。尽管前面的经验证据由于样本的偏差和单调而有一定的局限性，但是，这些证据仍然说明，董事会作为政府公司治理的一种制度方法，其运作会受到很多因素的影响，还可能受到负面的影响。第一，许多被任命者缺少法人治理的经历，这会降低最佳治理做法的实施效果，同时也会降低董事会动机的同质性；第二，政府公司董事对任期具有不安全感，执政党的变化对于董事会更替具有支配性影响，从而降低了董事会在对管理的治理中独立发挥作用的可能性；第三，针对董事行为的受托人职责标准过于冗长和复杂。总体上说，股东利益最大化这个概念还没有像它在经营性公司中那样具有一贯性和可操作性。

第4章

作为股东的政府

如何强化经理人的动机，使他们的行为符合股东的利益最大化目标，这个问题在关于法人治理的相关文献中都有所讨论，对此第1章已作评述。相比较而言，由于政府权力很可能无视公共利益而被滥用，因此，人们认识到，对大部分行政法规和宪法加大规范力度，对于约束政府权力具有重要的意义。接下来就要对那部分具有经营性质的政府企业进行重新布局，把它们改制为公司，但这又会引发一个十分重要的问题，即如何平衡经理人和政府股东之间的权利。随意假设政府公司可以类比于经营性公司，是不会得出令人满意的答案的。在宪法和行政法规中，如果其中用以约束政府权力的部分或全部保证条款，比如对政府行为的司法审查权，都因为把政府企业改制为政府公司而遭废除的话，这种随意的类比就更可能发生了。另外，由于市场力量有限，对经理人的控制也就弱化了，这可能会使执政当局比经营性公司中规范行权的股东具有更大的激励去参与治理。

应当承认，法人治理文献已经开始研究与代理人行使治理权力相关的代理问题了。这一研究的主要背景是关于金融机构投资经理人的"行动主义"（activism），这些金融机构在经营性公司拥有大量股份，是实质上的控股者。在美国，主要的机构行动主义者都是公职人员退休基金的经理人（例如，加州公职人员退休基金系统（the California Public Employees' Retirement System，CALPERS））。关于"行动主义"对企业价值的影响，存在着很大的争议（Gillan and Starks, 1998；Romano, 1999）。一种解释是，这些投资者治理的代理成本产生于他们对私人利益的追逐（Romano, 1993），或者说，产生于股东和雇员退休基金受益人在利益上的分歧（Schwab and Thomas, 1998）。这些研究也适用于政府股东涉足政府公司治理的情况。政府部长代理人的追求就如同人们的想象一样，是多种多样的；而且，无效的政治市场

第4章 作为股东的政府

也使得政府部长有机会追求政治收益的最大化①。这就强调了本书的一个主题,即政府公司趋同于经营性公司的做法可能是不恰当的,因为两者存在不同的治理问题。

股东与经营性公司管理层之间的关系不同于执政当局与政府公司管理层之间的关系,两种关系的本质区别在于,股东与经营性公司管理层之间,以及执政当局与政府公司管理层之间,如何使不确定的治理权力得到平衡。对于经营性公司来说,股东与公司只有相对有限的和单维的关系,股东的剩余索取权取决于营业收入。相比之下,执政当局与政府公司之间的关系更加复杂,而且是多层次的。在威斯敏斯特(Westminster)政府体系中,执政当局的官员,比如说一位政府部长,可能也会以另一种身份与政府公司发生关系,比如,消费者、规制者、充当政治过程中争取租金的经纪人。这些不同的动机相互交织在一起,影响着公司化制度的效率和社会目标的实现。

为了明白这一问题是如何得到正式解决的,我们首先考虑一下新自由主义时代更高级的公司化模型是如何设计的,这些模型在新西兰和澳大利亚都曾广泛运用过。我们在第2章里已经研究过这些模型的设计。在思想观念上,必须明确,清楚地界定政府公司董事会与管理层之间,以及董事会与政府股东之间的权力界限是可能的,也是值得的。典型的权力平衡在于,企业董事会和管理层拥有经营管理权,而执政当局则拥有治理权力和其他某些保留权力,政府拥有这些权力对于增进"公共利益"可能是必需的。这种权力配置可能是理想的,或者至少是最具操作性的。然而,问题是如何找到使这种配置"坚持下来"的方式。

此外,我们再考虑一下第3章曾讨论过的一些证据。这些证据的大部分都表明,政府公司功能存在着大规模的政治化倾向。有证据显示,董事会的构成与政党的政治倾向,以及政党的执政周期是紧密地联系在一起的。我们还发现,在对于选举政治来说可能是很重要的交易的处理上,几乎不存在标准化的趋同。这表明,政府的治理权力可能被用以影响企业管理,这种影响将会增加法人治理的代理成本。

在这一章中,我们将从理论上探讨政府作为股东的角色,以及政府股东权力的行使如何产生治理的代理成本。我们将考虑两类代理成本(即管理的代理成本和治理的代理成本)的关系,而这就需要讨论所确立的政府公司治理参数的适应性和渗透性。最后,我们将对治理的巨大代理成本的负担现象进行经验分析。

---

① 这种观点与产权理论也是一致的(Alchian, 1965; Demsetz, 1967; De Alessi, 1969, 1973)。

4.1 政府公司法人治理的代理成本

在传统上,经济学家认为,政府企业的效率比私有企业要低,因为政府企业的产权制度相当薄弱(Alchian, 1965; Demsetz, 1967)。在私有企业中,资产所有者几乎可以随意处置其资产,同时也拥有或承担其资产处置的后果。在公用企业中,最终的所有者,也就是公众,是不能出售其在政府公司的利益的,除非他们因在国家间迁移而失去公民权(Spann, 1977; Tiebout, 1956)。在这些情况下,就有必要有一些政治代理人,比如政府部长。相应的,对于政府公司中法人治理的代理成本也备受人们关注。为了考察这个问题,我们首先应该认识到,一个政府部长与其管理的部门未必是统一的,政府部长的激励可能不同于部门负责人的激励。因此,有必要对两者分别进行分析。

一个政府部长的福利与政府公司的净资产价值只有很弱的关系。假如政府公司不破产,这位政府部长与其他任何政客相比似乎就具有同样的激励,那就是最大化政治支持和获得连任的机会。要实现最大化政治支持,可能就需要出台一些财富再分配政策,这些政策要照顾那些弱小但组织良好的利益集团的利益(Buchanan and Tullock, 1965; Olson, 1971; Stigler, 1971; Peltzman, 1976)。比如,政府部长为了使自己的政党组成政府,可能会要求政府公司对自己的支持者或必需的边际支持者提供高水平的服务。政府部长也可能会迁就对社会目标的无效率追求。追求社会目标本质上并没有错,但与福利制度相比,这种社会目标的无效率却是由政府投资部长的追逐造成的。突出的例子就是运用价格管制把财富从富人手里重新分配到穷人手中。

部门的激励是不同的。对于高级的部门负责人来说,尽管他们的政治动机比不上他们的政府部长,但对于不尽社会福利义务的政府公司,他们也有激励对这些政府公司采取各种形式的策略行为。首先,部门和政府公司可能将对方视为预算上的竞争对手。这样,部门就可能会采取措施转移政府公司的成本或收益。其次,在责任分配上,部门的负责人可能想营造一座"帝国大厦"。至于这座帝国大厦具体采取什么样的形式,存在着两种对立的官僚行为理论。威廉姆·尼斯凯内(William Niskanen, 1971)认为,官僚都是预算最大化者,因此一个部门的负责人将会反对削弱部门功能,而将它们转移给现有的(或者新的)政府公司。相比之下,帕特里克·邓利维

（Patrick Dunleavy，1991）则提出了一个"官僚调整"（bureau-shaping）理论。该理论认为，部门负责人本质上并不想得到更多的预算或更大的部门规模，他们更希望建立一种行动更自由的、政策责任更清晰的官僚体制。与尼斯凯内的理论不同的是，邓利维认为，如果部门负责人可自由支配的收入很少或没有的话，他们就可能会考虑取消政府公司的成本中心地位。对于部门负责人来说，更重要的是能够建立这样一种官僚机构，它具有强大的政策影响力（包括对政府公司行为的影响力），在资金配置方面有更大的自由决策权。在任何情况下，部门策略行为的范围都要取决于它们在政府公司治理框架中的位置。史蒂夫（Steve，1993）说明了，一个部门的官僚机构是如何通过涉足预算支出审查程序而成为玛尼托巴（Manitoba）政权体制核心的。如果允许公务员到政府公司董事会任职，那么，官僚机构的作用就会得到强化。

如果部门负责人、政府部长和政府公司 CEO 具有不同的激励，那么，这些"参与者"之间就可能存在一种潜在的联盟或合作关系。人们最关注的可能是政府部长和部门合谋影响政府公司管理层，使政府公司以最大化政治支持的方式来向社会提供服务。这种合谋明显地有利于政府部长利益。同时，它对部门也有利，因为这会增强部门对政府公司的影响力。部门和政府部长的联盟可以采取某些策略形式，比如把资金与某个具体项目捆绑在一起，对政府公司隐瞒市场行情的相关信息，或者威胁要重组市场以使政府公司的股份缩水。

然而，这种联盟的均衡是很不稳定的。政府部长和部门这两者中的任何一方都有可能出现背叛行为。如果一位政府部长认为他可以通过向政府公司重新配置部门功能以实现最大化政治支持的话，那么他就会背叛与部门的联盟，转而寻求与政府公司进行合作。他之所以采取背叛行为，也许是为了避免这些部门功能遭到公法审查程序的审查，这是因为是部门而不是政府公司才是这个审查程序指向的对象。特里比尔科克和普里查德（Trebilcock and Prichard，1983）曾提到一家政府公司向一个"在可选范围内比较负责任"的政府部长申诉的情况，这就是，一家政府公司倾向于以诚信换取成功，但是，这却拉近了公司与灾难之间的距离，公司的自主权反而遭遇到了灾难。最终，政府公司和部门就可能合谋。从一定意义上说，这是一个不稳定的联合，因为两者要为争夺资金而竞争，而政府公司则可能经常自筹资金。政府公司和部门之间的联合可能是一种交易，在这种交易中，两者都不会注意对方的无效率。

如果公司化框架中还有第二个被授权的政府股东，这个政府股东享有不同于第一个政府股东的责任和优先权,那么就会部分降低共谋的可能性。需要指出,很多政党是想维持这种共谋行为的。由于政府公司的治理权力掌握在两个政府部长手中——通常是投资部部长和政府中负责国有企业的政府部长(如财政部长),结果便形成了澳大利亚的一般公司化体制结构①。然而,这种"双首长"模式会带来其他一些风险,我们将在第6章中详细讨论这个问题。

考虑到这些风险,公司化体制如何能使法人治理的代理成本变得更加经济呢?在澳大利亚政权体制中,采取公司化模式的先驱是新西兰,后来输出到其他地区,所有地区基本上都为政府部长和政府保留了同样的权力。这些公司化模式代表了一种有用的解释性样本,也为后面的经验分析奠定了基础。

第一,政府持股部长并不专门负责对董事会的任命,也不负责董事会的调整。董事由内阁任命(如议会主席)②。但是,通常情况下,政府部长在决定推荐某人进入董事会问题上处于支配地位。

第二,政府持股部长联合决定公司的主要发展方向、业绩目标、其他财务基准和某些操作规程。这些目标都包括在各种各样的重要文件中,如公司计划(Corporate Plan, CP)和公司目标描述(SCI)③。董事会必须根据SCI中具体目标对政府公司的绩效做出解释,政府部长们也要监督政府公司的财务绩效。然而,这些职责与政府公司商业政策的制定或者运作和管理并非同一范畴④,后者是董事会和CEO的职责范畴。

第三,政府可能强制推行公共服务义务(CSOs)⑤。也就是说,政府可以要求政府公司承担一项非商业性目标,实现这项目标的资金通常来自于合并收入(consolidated revenue),这种合并收入是建立在可取消成本(avoida-

---

① 要了解完整的立法资料,请参阅第2章第2个注释。新南威尔士:ss. 20H – 20I;昆士兰d:ss. 71, 76, 77。在塔斯马尼亚,第二个部长是负责执法的政府部长:塔斯马尼亚:s. 3。在其他辖区,并没有明确地规定双政府部长治理结构,法案只是笼统地规定由财政部长和主管部长负责。澳大利亚联邦法律允许有多个股东,这些股东都必须是政府部长:澳大利亚联邦:s. 13 (1)(a)。

② 昆士兰:s. 96;新南威尔士:s. 20J(仅仅适用于法定国有公司);维多利亚:s. 25;塔斯马尼亚:s. 11 和 Sch. 5;在澳大利亚联邦,董事会是由有投票权的(政府)股东聘任的:s. 12, Sch. 3, PtII, s. 3。

③ 昆士兰:ss. 106 – 108 (CP), 116 – 120 (SCI);新南威尔士:ss. 21, 22 (SCI);维多利亚:ss. 41 (CP) 41 和 42 (SCI);南澳大利亚:ss. 12 (CP), 13 (SCI);塔斯马尼亚:s. 39 – 40 (CP), ss. 41 (SCI);澳大利亚联邦:ss. 19, 20 (SCI);英联邦:s. 17 (CP)。

④ 昆士兰:ss. 95, 98。

⑤ 昆士兰:ss. 121, 122;新南威尔士:ss. 11, 20N (3);南澳大利亚:s. 12;塔斯马尼亚:Pt9;维多利亚:s. 45。

ble costs）基础上的，可取消成本与政府行为息息相关。

第四，执政当局保留向政府公司发布指令的权力。执政当局除了有义务在公报上刊载这些指令外，对于指令发布的频率或主题讨论并没有特别的限制性规定①。

人们期望有这样一种制度设计，这种制度要对政府和政府部长不能直接参与政府公司的运作和管理做出正式的规定，因为只有管理上的真正自由才会产生高效率。这种解释在理论上是说得通的。要证实这一观点，我们应该仔细考虑每一个方面。如果政府部长能够制定绩效标准，但不能对政府公司进行微观管理，那么，他将会制定什么样的绩效标准呢？如果政府部长只是能够参与一些次要交易（side-deals），对这些次要交易，他可以用低标准来评价其制定的价值目标的实现程度，那么，他就仅仅具有制定低标准的激励②。然而，如果允许政府部长强制推行CSOs，并可以发布其他指令，那么，他参与次要交易的激励就会大大降低。在政府部长制定最佳标准的激励比较弱的时候，假如他或她在政府公司的产权也被削弱，那么，其他一些因素，比如公共精神、建设强大的地方经济的欲望等，将会起到某种程度的补偿作用。但是，一旦这些标准制定出来，政府部长就必须放手让政府公司的董事会和管理层去寻求实现这些目标的最佳途径。这是一种最佳的方案，因为与政府部长相比，在制定和贯彻企业决策上，董事会和管理层拥有更多的和更丰富的信息。因此，政府部长最好还是不要扮演经营者的角色。

在选择董事问题上，上述理论同样适用。如果政府部长本人不能够管理企业，那么他就应该任命一个有能力的董事会，而不是一个无能的董事会；要任命那些有德的董事，而不是任命无德的董事。在某种程度上说，政府部长的确制定了适中的高标准，但在其他条件相同的情况下，他更希望政府公司能够实现它的绩效目标，而不是完全实现不了。与此类似，毫无疑问，政府部长更希望董事不要丑闻缠身，也希望他们没有不当行为。然而，董事会的任命还涉及其他复杂的因素，它是多维的，而不仅仅是能力和道德问题，比如意识形态倾向和对政治目标的忠诚。关于这一问题，我们将在下面进行探讨。

一些加拿大学者，包括特里比尔科克和普里查德（1983）、史蒂文斯（Stevens，1993），在某些相关问题上对上述结论持有不同意见。他们认为，

---

① 昆士兰：ss. 123－124。其他辖区规定，政府部长有权发布关乎公众利益的指令：新南威尔士：ss. 20O，20P；维多利亚：s. 16（c）；塔斯马尼亚：s. 65；澳大利亚联邦：s. 17；英联邦：ss. 28，43。

② 下面我们将回到次要交易问题上，并且详加论述。

考虑到在其他各种因素中，监控成本是不同的，因此，不存在具有普遍解释力的公司化体制。比如，在一个对目标进行具体化和度量比较困难的政府公司中，政府涉足公司的管理就是有必要的。确实，在政府公司法人治理的某些方面，也许经常要求要区别对待。然而，放宽管理自主权原则的某些个案，并没有很强的说服力。虽然一些政府公司比其他政府公司监控起来更加困难，但是，政府部长的治理权力并不仅仅限于监控。在边际上，政府部长可能会在事后进行替换性的惩罚，比如，按照正式的公司计划程序更换董事会，或者修改已获批准的目标。同样地，政府部长干预的范围越大，让政府公司管理层为政府制定的目标负责就越困难。

在政府对复杂的 CSOs 的影响上，上述理论同样适用。如果政府部长们就公司既可以实现高效率又可以提高社会福利方面能够给予董事会以非正式指导性建议的话，那么，毫无疑问，董事会是欢迎这样的建议的。然而，政府部长们对提供 CSOs 的观点与企业的商业性目标是不一致的，因此，合适的解决方法应该是避免政府对 CSOs 供给的介入。一方面，没有什么简单的方法可以限制政府部长们（不是少数有政治影响的人）对加强社区福利的介入；另一方面，在 CSOs 和政府公司目标问题上的反复的谈判过程，就像任何不断重复的博弈，会阻止董事会的短期投机主义。这种情况进一步说明，如果确实存在一种政策上的两难选择，对这种两难选择，有充分理由可以实施强有力的公众监督，那么，在这种情况下，才更有可能要求管理上的自主权。这个问题也是选择性干预（selective intervention）不可能实现的一个例子。也就是说，一方面要求管理自主权；另一方面又以一臂之长（arm's length）与政府接触，这与低成本政府干预机制是不一致的，就如同事后的调整与市场收缩是不一致的一样。

如果我们认为对政府公司的治理权和管理权进行分离是值得的话，那么，更复杂的问题就是，如何使这种权力配置得到强制性执行。难道政府部长们可以超越其业已确定的治理界限（governance parameters）吗？这个问题可能在以下三种情况下发生。

第一，如前所述，在董事会任命上，将会涉及很多的因素，而不仅仅是能力和道德。一个董事可能是有能力的，也是讲道德的（这是在避免个人不当行为的意义上说的），但他也具有高度的党派性。政府公司董事会可能由那些分担政府部长的目标但不能下达指令的人组成，这就允许政府部长在微观管理中扮演一个间接的角色。我把这种董事会称之为"讨人喜欢的董事会"（simpatico board）。这取决于董事和 CEO 是如何任命的，也取决于任命的资格和前提条件。比如，如果政府部长负责招聘董事，但却没有或者很少有符合条件的人选，那么，就很可能产生一个"讨人喜欢的董事会"。

第二，政府部长能够以一种可信的威胁对管理层进行干预（一般参见Dixit and Nalebuff，1991，pp. 120 – 126）。也就是说，如果CEO或董事会的管理与政府部长的意愿相左，那么政府部长就可以威胁说，他将使用其大量保留权力或其他来源的衍生权力（就是说，不是来自于作为政府股东的职位）。可以制造出什么样的可信的威胁呢？我们在前面讨论过的立法体制为政府部长保留了这些权力，这包括：发布指令的权力、影响董事会任命的权力、强制推行CSOs的权力等。政府部长也可能是政府公司的消费者、资金提供者，或者是规制者。至少在一些个案中，政府部长的这些能力可能是与其相当大的权力制造出可信的威胁相吻合的，这些权力明显是在其治理权利之外的。

然而，这并不是说，政府部长可以经常可信地威胁要动用这些权力。对有条件地履行一项权力，对其意图做出声明，既不会构成威胁，也不是可信的。要成为一种威胁，就必须能够真正使董事或CEO的处境变得糟糕。这里必须区分两种情况：一种情况是，威胁行为可能使政府公司的处境变坏，但是，如果董事或CEO不能内在化这种威胁行为的福利效应，那么这种威胁行为就不能构成一种威胁。要使威胁行为能够真正构成对董事或CEO的威胁，取决于他们的报酬和绩效激励。在某种意义上说，政府公司产权的弱化实际上限制了政府部长可能威胁董事和经理人的范围。另一种情况是，这种威胁行为可能直接对董事产生影响。这方面的一个例子就是威胁要解雇董事。在董事花费在董事会中的时间机会成本相对比较低的情况下，这种威胁是可信的。不过，不同的董事之间可能有所不同。"职业"董事，比如那些有上市公司经验的董事，将不会感觉这是一种威胁，因为他们很容易找到可以替代的董事职位，为了保护企业，他们可能更看重企业的声誉。而代表董事（如社区代表或劳方代表）则更有可能会受到这种声明的威胁，因为私有企业能给这些人提供的合适的董事职位要少得多。

哪种威胁是可信的呢？政府部长强制实行威胁行为必须是有理性的，政府部长不能因为实施这种威胁行为而使自己的处境变坏。一些威胁，比如改变董事会的任命，或者限制公司融资的可能性，通常都是可信的。而其他一些威胁就不一定了。比如，在政府部长试图通过向一个组织良好的利益集团重新分配财富，从而寻求影响政府公司管理层的情况下，如果威胁说要通过发布一条指令来强加给政府公司这一义务，可能就是不可信的。因为这可能会引发其他利益集团的强烈反对，如果政府公司对政府部长的这种威胁无动于衷，这种威胁就不会发生（Becker，1983）。基于同样的原因，一种会改变市场结构的威胁，比如，扩大竞争范围，也是不可信的（Zeckhauser and Hon，1989，p.40）。最后，将政府公司的偿付能力置于危险境地的威胁也是不可信的，因为这将会付出政治代价。

第三，政府部长可能与政府公司管理层"达成某种交易"（cut a deal）。方法是，政府部长提供某种"甜头"，使公司管理层选择某种经营方式；否则，公司管理层将不会做出这种选择。这方面的例子包括：以更加宽松的方式确定 SCI 中的目标、满意的报酬制度安排、提供更公平的长期债券发行机会。这样的次要交易应该引起关注。它们表明，实现政府部长目标的途径有两条：或者是裁减组织的大量冗员，或者是向董事或 CEO 提供个人利益。后者与受托人利益是不一致的，而前者则是想捞回损失，结果却损失更大，甚至连老本都可能赔上。

上述分析实际意味着，当政府部长追逐的目标不是公众利益时，其激励更大程度上依赖于次要交易（正如可信的威胁）。因为他拥有大量的保留权力来实现其他类型的目标，如 CSO 和命令机制。如果政府部长追逐的这种目标可以经受住公众的监督，那么政府部长就会热衷于使用这些保留权力。

既然公司化体制的前提是政府部长们不应该在政府公司的经营和管理中扮演角色，那么各种形式的干预是不是就不值得使用呢？答案并非全如此，有时候政府部长还可能采取行动以降低管理中过多的代理成本。这一点应该是不言自明的。治理和管理之间并不存在不可逾越的鸿沟。法玛和詹森（Fama and Jensen，1983）认为，决策管理包含提出议案和执行已经获准的提案两个方面，而决策控制功能则包括认可提案和监督提案的执行情况两个方面。然而，决策管理和决策控制还是有交叉的地方，包含在决策控制中的治理功能也带有管理的成分。比如，政府公司就要考虑必须实施某种 CSO。正如奎金（Quiggin，2003）所说，CSO 仅仅是在谈判中做出的，而这种谈判是不充分的、偶然的。也就是说，它对于未来的某种状态缺乏细致的规定。在那些情况下，如果要适当地供给社区服务，那么政府部长的介入可能是重要的，尽管正如前文提到的，政府部长的介入可能会危及公司的商业目标。同样，政府部长由于规制原因而介入部门管理可能会对政府公司的管理水平产生重大的影响。因此，在实践中，治理和管理之间的区分就被冲破了。在理论上，政府部长可能会扮演更加积极的角色以降低某些形式的代理成本，比如，对董事和高级经理提出更高的要求，或者敦促他们做出更高水平的努力，要求他们能够强烈地感受到消费者的需求。所以，考虑到政府部长对管理的自由决策程度，代理成本的总体水平很可能呈现 U 形，从图 4.1

可以看出这一点。

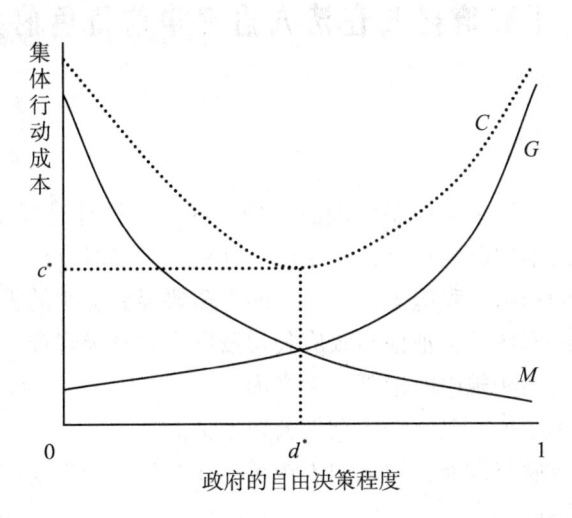

图 4.1　政府公司的总代理成本与政府自由决策程度之间的函数关系

在图 4.1 中，x 轴代表政府的自由决策程度，D 的取值范围在 0～1 之间。其中，0 表示政府在介入公司管理中根本不具有自由决策权，1 则表示政府在此过程中有完全的自由决策权。管理的代理成本用图中的曲线 M 来表示，该曲线随着政府自由决策程度的提高而下降，这是因为政府部长在处理不当的行为动机时，可以在比较大的范围内做出反应。治理的代理成本用图中的曲线 G 来表示，该曲线随着政府自由决策程度的提高而上升，这反映了政府部长拥有的信息和政治行动的激励比较薄弱。这意味着，总代理成本（在图中用曲线 C 来表示）应该有一个最小值 c^*，在 $D = d^*$ 时，$dC/dD = 0$，$d^2C/dD^2 > 0$，其中 $0 < d^* < 1$。

一个基本上属于经验性的问题是，公司化体制是否强制要求把治理因素考虑到政府部长的自由决策中，以使 D 接近于 d^*。在 $D < d^*$ 的情况下，超越既定限制可能会增加社会福利。在其他条件下，情况可能相反[①]。本书 4.2 部分将尝试对这些问题提供证据。为了完整地回答这个问题，我们先考察政府部长的角色，然后转向分析政府公司和政府部长所在部门之间的交互作用。

---

① 此外，即使政府干预是不受公司欢迎的，公司也不必去寻租。一个例子就是，政府部长通过让一个强硬的组织对其俯首帖耳，以树立自己在政治上的"强硬"形象。第二个例子可能与政府部长对某些具体问题或目标的强烈偏好有关，比如对社会公平的关注。

4.2 关于政府部长在法人治理中的角色的证据

4.2.1 假设

第3章对经营性公司控制代理成本的一些制度设计进行了比较，但是，对治理的代理成本问题则没有进行很好的分析。为了对分析治理的代理成本提供一些基本的指引，我提出三个广义的、需要经验证明的零假设：

假设一：政府部长会把他与政府公司董事会和高级管理层之间的相互作用限制在政府公司法规中的治理功能之内。

假设二：不规范的政府介入会使公司增值。

假设三：政府与政府公司之间不规范的相互作用的程度在政府投资部门之间没有什么不同。

假设一是要证明对于已获批准的政府职责的正式规范是否已经产生了效用。假设二是验证政府介入法人治理的动机和效果，以洞察治理的代理成本是否存在和存在的程度。更一般地说，就是要揭示 d 和 d^* 之间关系的本质。假设三则是检验部门间的差异，即要清楚地说明，在不同部门中，政府部长与政府公司之间的"博弈"是否不同？如果这个假设成立，那么对于在公司化体制中考虑法人治理因素是如何受到政治的需要和个性的影响，该假设会提供一些证据。

另外，重要的是，要注意可能存在的抽样偏差对结果的影响。还有，在最大化价值问题上，假设检验只能用于与假设二相关的推论。

4.2.2 任命程序

董事的任命影响着政府通过可信的威胁实施干预的能力，也决定着讨人喜欢的董事会是否愿意以政府部长偏好的方式行事。这意味着，董事的任命程序和被任命者的性质是一个意义重大的问题。因此，我们向董事们问了相关的问题："在下列描述中，哪一条最能够说明你在被考虑作为一个董事候选人进入政府公司董事会时的状态？"对其中的一个选项，"我积极地恳请政府公司提议任命我"，没有人做出回答。表4.1对这些回答做出了归纳。

表 4.1　　　　　　考虑做出一种任命的主要依据

	人数	%
我积极地恳请相关政府部长任命我	1	1
产业或社区团体提议任命我	8	8
某个政府部长或部门提议我考虑某项任命	84	81
我对某个公开招聘广告做出了响应	1	1
我把自己的名字放在了有意任职并且合格的人员名单中	6	6
我的任命是由于我早先曾任职于政府公司	4	4
总　　计	104	100

　　通过必要的任命，政府就能起到一定意义的掌权股东（controlling shareholder）的作用。表 4.1 中的答案显示，产业对董事的任命几乎没有直接的影响，这是需要注意的一个现象，因为这表明，利益集团对于董事的任命程序只具有间接的影响。然而，在第 5 章中，我们将看到，利益集团确实热衷于成为董事会成员。最后，人们不积极地恳请任命也是需要注意的一种现象，因为这表明，被任命者不大可能追求进一步的政治或社会目标。

　　为了能够清楚地说明政府的哪一部分是有影响力的，我们请受访者回答这样的问题："在你的任命上，你和谁接触最多？你的回答应当立足于你获得任命之前发生的事情，*而不是获得任命之后*"（问答中用斜体表示强调）。这里有两个选项没人回答：一是董事会一般成员而非董事会主席；二是政党的代表。表 4.2 对这些回答做了归纳。表 4.2 显示，政府部长们（有时是他所在的部门，而这种情况很少发生）在董事的任命上拥有较多的提名权，更进一步说，是政府的投资部长（portfolio minister）支配着董事的任命。由于涉及投资利益，使得投资部长成为热衷于董事任命的主要主体，它非常希望与财政部长一起获得组合利益。对于财政部长来说，他负责整个经济体系的运行，财政部被界定为综合部门。数据显示，政府公司与上市公司不一样，后者缺少一个掌权的股东，其董事会（通过提名委员会）对董事的任命发挥着主要的作用（Bacon，1993）。①

---

　　①　光辉国际公司（Korn/Ferry International，2000）报告称，15% 的顶级公司（按销售额计算）中的 33% 有提名委员会。

表 4.2　　　　　　　　有关董事任命主要与谁接触

	人数	%
政府公司 CEO	4	4
政府公司董事会主席	3	3
财政部长（或者私人接触，或者在他或她的办公室）	14	13
昆士兰财政部	8	7
总理（或者私人接触，或者在他的办公室）	4	4
总理或内阁部门	1	1
投资部长（或者私人接触，或者在他或她的办公室）	57	53
投资部	7	7
地方议员	7	7
代表某个产业或社区集团的其他人	2	2
总　　计	107	100

4.2.3　对干预的预期

关于政府对政府公司治理和管理的干预程度，董事们有什么样的预期呢？这些预期又是如何影响着接受一家政府公司董事职位的决定呢？前一个问题显然是很重要的，因为接受董事职位的那些人可以根据多方面的信息来源，对政府干预做出一个合理的正确预期。后一个问题也是非常重要的，这是因为，考虑到政府干预对决定接受一项任命的影响，同时联系到预期产生的环境，这种预期就会提供关于董事的意向及其"讨人喜欢的"特征方面的相关信息。我把第一个问题称为"预期问题"，把第二个问题称为"效应问题"。为了说明预期问题，我们要求董事们从下列问题 5 个选项中选择一个答案："我认为投资部长、财政部长和其他政客将会介入政府公司的管理。"

各个选项以及对每一个选项的回答列在表 4.3 中。表 4.3 显示，大约 34% 的受访者认为政府将很少干预，这个结果令人惊讶，这与我们的预期完全相反，除非有好的法人治理的做法可以完全自动实施（self-enforcing）。这是因为，政府公司缺少那些通常被认为能够鼓励经理人实现价值最大化的市场压力，如并购和资本市场，人们自然会预期一个掌权股东将会更积极地介入政府公司的法人治理，而不是"很少"介入其中。在某种意义上，如果政府正在寻求效率的最大化，那么我们要问"首要的治理问题"是什么，结果大约36%的受访者的回答与预期的相同，这是毫不奇怪的。更进一步说，20%的受访者预期存在各种类型的干预，这些干预超过了公司化体制确定的限制范围，这与假设一不相符合。

表4.3　　　　　　　政府介入公司管理的情况

	人数	%
如果曾有的话，也是很少（也就是说，政府允许董事会拥有有效管理的最大自由）	41	34
只有在发生重大治理事件时（比如，糟糕的财务绩效）	43	36
只有当发生政治事件时	12	10
无论何时，只要他们认为合适	13	11
我没有任何预期	11	9
总　计	120	100

这里并不存在显著的均衡效果（portfolio effect）。然而，当把这些回答与上市公司董事的任职经历联系起来时，它们就令人惊讶地转了一个大弯。表4.4表明，有上市公司任职经历的人与那些没有上市公司任职经历的人相比，会倾向于形成不同的看法。

表4.4　对政府公司政治干预的预期与上市公司经历之间的关系

	没有上市公司经历	有上市公司经历	总　计
很少介入	30	11	41
当发生重大治理事件时	27	16	43
当发生政治事件时	11	1	12
认为适合时	10	3	13
没有任何预期	11	—	11
总　计	89	31	120

卡方统计检验只有很弱的显著性（$p<0.1$）。这表明，有上市公司治理经历的董事都有一些预期，他们倾向于相信政府部长们将会在重大治理问题上介入，或者根本就不介入。这可能反映了他们与机构投资者共事的经历，

或者，也可能反映了对于政府部长们的政治约束的意义，他们持有不同（不一定就是现实的）的见解。那些没有上市公司经历的人更有可能持有相同的见解，他们会认为，与那些有经验的官员相比，政府部长们更可能在发生政治事件时介入公司管理。对这个结果的一种解释是，那些有上市公司经历的董事比其他董事更缺少政治立场，关于这一点我们在第3章已经看到了，这会影响到他们对政府介入的事前预期。

董事们还被问及影响他们决定接受某项任命的各种因素，以及这些因素是否会激励他们，或者会阻碍他们，还是对他们根本就没有任何影响。这个问题出现在影响董事职位的供给方面的调查中，该项调查在第3章曾经分析过①。这项调查的具体问题是："请预期（在任命之时）政府部长们或其他政客将在多大程度上介入公司的法人治理"，要求董事在1~5的范围内进行打分，5表示有强有力的激励，3表示没有影响，1表示强有力的阻碍。调查结果显示，受访者的回答很不一致。比起那些表示受到激励的受访者（16位表示受到轻微激励，1位表示受到强有力的激励），更多的受访者表示受到阻碍（总计32位，其中有7位表示受到强有力的阻碍），而大多数人（64位）则表示没有受到影响。单样本t–检验显示，这项调查结果的均值是2.81，这与中位值3（表示不受影响）相比，在$p<0.05$（$t=2.515$，$df=112$）的水平上存在显著的差异。可见，只有极少数董事认为，政府公司中的政治因素会阻碍董事会履行职责。在这项研究中，关于政府公司董事的样本不可避免地存在着偏差，实际上，我们会发现，政治因素阻碍了董事们组成董事会，在符合条件的董事中，他们更愿意通过自我选择方式组成董事会。

以上在董事任命激励方面的调查结果还与其他因素有关。与上市公司经历相比，部门不同似乎是一个更具有解释力的因素。有上市公司经历的董事并没有显示出更受到阻碍。我们以前的研究证据为这一现象提供了一个理由，即他们预期政府的干涉是不太可能的，因此，他们的受阻碍程度应该随着报酬提高而边际下降。在其他条件相同的情况下，可以推测，报酬更容易对董事产生激励，因为他们有很多的市场机会。另外，他们的任期被终止或得不到连任的可能性是很低的，这也使他们认为不大可能发生政府的干涉。

单因素方差分析表明，不同部门的均值是有差别的，F–检验在$p<0.05$的水平上具有统计上的显著性。对均值的部门间比较显示，A部门的董事比其他政府公司的董事更可能受到政府干预的阻碍（各部门均值分别

---

① 参见第3章，pp.82–88（指原著页码——译者注）。

是：A 部门是 2.6；B 部门是 2.98；C 部门是 3.0）。也许基于实际的经历，需要对这些结果的最初预期进行回顾和更新，因为我们稍后将会证明，政治干预在 A 部门中发生得最多。这种观点也反映出，在 A 部门中，政治性接管发生的频率是很高的。

与这些问题紧密相关的是，对于政府是否会抑制政府公司的有效管理，董事有什么样的预期。我们向董事们提出了如下问题：

> 我认为，政府公司的运营和治理将会受到政府无效率干预的相当大的抑制：（a）是的；（b）不是；（c）我从未考虑过这个问题。

选择这三个答案的人数如下：38 位认为是的，54 位认为不是；令人吃惊的是，竟然有 28 位从来没有考虑过这个问题。这个结果与前述董事们对政府股东干预这一问题的回答结果是相似的。在这方面，上市公司董事几乎没有什么意见上的分歧，他们在 28 位未考虑过这个问题的受访者中只占到 3 位，对其他两个答案的回答也没有多大的差异。A 部门和 B 部门的回答也不存在显著的差异，然而，在 C 部门中，认为政府不会抑制政府公司运营和治理的董事人数所占比例（73%）远远高于其他两个部门（平均为 41%）。

关于相关的政府变化的效应问题，我们请董事们在以下陈述中给出一个最好的答案：

> 我认为，如果州政府发生了变化，它将会：
> （a）引起政府公司运营和治理的重大变化；
> （b）引起政府公司运营和治理的较小变化；
> （c）对政府公司的运营和治理没有影响。

有 39 位认为会引起重大变化，有 60 位认为会引起较小变化，有 21 位认为没有影响。这表明，在一定程度上说，董事们更希望维持现状，而不喜欢变化。如果董事们对政府变化存在较高的预期，那么供职于政府公司很可能会强加一种无效的因素。另外，有上市公司经历的董事和没有这种经历的董事之间存在着差别。表 4.5 显示了这种差异。卡方检验在 $p < 0.05$ 的水平上具有统计上的显著性。这表明，有上市公司经历的董事对于政府变化会采取一种无动于衷的态度。这可能有两个原因：其一，他们坚信，改变政府公司的管理程序将会有很大的阻力；其二，如果政府公司的管理程序确实改变了，他们对此也可能漠不关心。因为，如果他们有较多的市场机会，并且这

些市场机会受影响的概率较低，那么终止其董事职务的成本就一定较低。

表 4.5 对政府变化效应的预期与上市公司经历之间的关系

	没有上市公司经历	有上市公司经历	总 计
重大变化	32	7	39
较小变化	46	14	60
没有影响	11	10	21
总 计	89	31	120

政府变化的效应，就如同部门之间的变化一样，与关于政府是否会以根本无效的方式抑制政府公司的管理这一问题的回答相似。A 部门和 B 部门是非常相似的，但 C 部门中的董事则更加相信，即使发生了变化，这种变化也不会太大。对交叉列表（这里没有提供）进行卡方检验，结果在 $p<0.05$ 的水平上具有统计上的显著性。

然后我们问董事们，政府变化的效应是如何影响他们决定接受董事任命的。在这一部分中，我们要求董事们就影响董事任命的各种因素的效应做出回答。该问题是："预期政府变化对政府公司或我自己的职位所产生的效应"，要求在 1~5 的范围内对这个问题做出回答，各数字的含义与前述相同。我们发现，有 3 位表示受到强烈的阻碍，有 15 位表示受到轻微的阻碍，有 2 位表示受到轻微的激励，有 2 位表示受到强烈的激励，大部分受访者（共计 91 位）表示未受影响。所有回答的均值是 2.87，与中位值 3（表示没有影响）的差别在 $p<0.05$ 的水平上具有统计上的显著性。这些数据的重要之处在于：尽管政府有或大或小的变化，但很多董事仍声称自己不会受到政府变化的影响。这表明，董事们都乐于与两大政党共事，他们不会内在化任何由政府变化所带来的巨大成本。只有少数董事声称受到了政府变化的激励，而他们中没有一个人曾有过上市公司的任职经历。另外，部门效应也不具有显著性。

总之，尽管由于选择样本的偏差，政治干预对董事接受一项任命可能出现与实际相悖的情况，但政治成本的存在的确对董事们接受政府公司的董事任命造成了障碍。最重要的因素在于政府对政府公司的治理和管理的干预的意愿。然而，大部分受访者声称，他们在接受任命时并未受到影响。稍后我们将分析这种干预的性质。像政府变化这样的因素似乎没有什么影响力，这一点与我们在第 3 章对董事更替的研究结果形成了有趣的对比。

4.2.4 公司目标描述

政府部长具有为政府公司制定目标的治理权力。这些目标每年都会在公司目标描述（SCI）中重新协商。这些目标包括但绝不限于财务目标，还包括消费者服务和其他社区关心的目标。SCI 是作为一种绩效协议来执行的，如果绩效没有达到目标要求，那么这就为政府积极地干预政府公司提供了明显的依据。

重要的是，需要研究政府部长在 SCI 和公司计划（CP）制订中实际承担的角色，以及因不能实现这些目标所造成的后果。关于这个问题，存在两种主要的情况：其一，政府部长通过协商建立了适当的目标，并在没有实现这些目标的地方采取适当的措施，比如，要求做出解释或承诺，对未来 SCI 的内容进行修改，或者更换管理团队。其二，政府部长在整个过程中都表现得相当中立，他利用所拥有的非正式权力资源，通过可能未获授权的方式，来影响政府公司的行为。然而，以上两种情况都会发生一定范围的变化。

为了判断政府部长在制订 SCI 中的角色，我们向董事提出了如下问题："哪一项最能描述 SCI 和公司计划内容的决策过程？"我们给出 8 个备选答案。结果没有一个人选择第 8 个答案，也就是说，没有人清楚这个过程。其他回答以及出现的频率参见表 4.6。

表 4.6　　　　SCI 和制订公司计划的种类

	数量
董事会和政府部长们之间进行积极的协商	47
由董事会做出决定，政府部长不加审查便获通过	42
CEO 和部门进行协商，其他人不加审查便获通过	10
大部分都是 CEO 的指令，其他人不加审查便获通过	2
大部分都是投资部长和财政部长的指令	2
协商只是走走过场，与实际绩效目标几乎没有关系	1
通常是复制上一年的文件，仅仅做一些小的或修饰性的改动	4
没有人清楚这个过程	
总　计	108

尽管受访者的回答有许多差异，但结果主要分为两类：一是董事会和政府部长之间的积极协商；二是由董事会做出决定，政府不加审查便获通

过。前者与政府部长应当在法人治理中扮演积极的角色这一理想构想是一致的。然而，这种做法与只是追求适当目标的 SCI 决策过程却未必是一致的。后者则与政府部长的形象不一致，因为政府部长这样做无疑忽略了授权程序。回答之所以有差异，可能是因为董事们有着不同的经历。但是，对具体政府公司回答的交叉列表（这里没有提供）却显示，在一些公司中，积极的协商明显地占有主导地位，而在其他一些公司，董事会内部的决策则占据主导地位。重要的是，卡方检验拒绝了不同部门之间的回答存在差异这一命题，这意味着，政府部长们对部门内所有公司所采取的措施并不一致。政府部长的谈判能力可能随着董事会或 CEO 的不同，或者随着公司之间政治敏感度的变化而发生变化，这反过来又显著地影响着政府干预的效果或程度。

第二个问题是，实现 SCI 目标在多大程度上受到董事会的监控？对这个问题的回答有助于对一些问题做出清楚的解释，也在一定程度上说明了 SCI 中目标的相对重要性——如果董事会不厌其烦地去监控这些目标，人们将很难认真地对待 SCI。它还可以在一定程度上说明董事会自身的运作。为了探讨这个问题，我们向受访的董事提出了以下问题，回答的结果见表 4.7 中显示：

董事会如何监控是否实现了 SCI 中的目标？
（a）把 SCI 和 CP 目标的进展列入每次董事会议程。
（b）委托给审计委员会进行监控。
（c）不考虑官方意志，由个体董事自己进行监控。
（d）不存在监控。

表 4.7 　　　　对实现 SCI 目标的监控（按部门）

	A 部门 政府公司	B 部门 政府公司	C 部门 政府公司	总　计
每次董事会都讨论进展情况	35	38	9	82
委托给审计委员会进行监控	9	3	1	13
非官方的个体董事监控	2	2	—	4
不存在监控	—	2	—	2
总　计	46	45	10	101

检验分析表明，部门影响不具有统计上的显著性。董事会似乎正在做它应该做的工作。尽管如此，董事会是否监控 SCI 目标与政府部长是否参与 SCI

协商之间存在很高的统计上的显著性,如表 4.8 所示。这显示出,董事会越可能少监控,政府部长就越可能在 SCI 协商中扮演积极的角色,这也许表明,政府部长适当地行使其治理权力对于董事会承诺要履行有关 SCI 的治理职责会产生显著的影响。卡方检验在 $p<0.01$ 的水平上具有统计上的显著性。

表 4.8   政府部长积极参与 SCI 协商与董事会
监控 SCI 目标之间的关系

	董事会监控 SCI	董事会不监控 SCI	总 计
政府部长积极参与 SCI 的协商	38	3	41
政府部长不积极参与 SCI 的协商	40	16	56
总 计	78	19	97

注:这个交叉报表只加总了决策验证的回答数据,而没有加入政府部长积极参与协商的回答数据;同样,表中只加总了监控 SCI 目标的回答数据,而没有加入董事会监控的回答数据。

最后,政府公司没有实现 SCI 目标会造成一些后果,而这些后果有助于我们认识政府对法人治理干预的性质。我们问董事们:"没有实现 SCI 目标的后果是什么?"他们的回答及其选择的频率列在表 4.9 中。

表 4.9   未能实现 SCI 目标的后果

	A 部门政府公司	B 部门政府公司	C 部门政府公司	总 计
政府(政府部长或部门)寻求对失败的解释	30	25	6	61
政府寻求董事会的承诺以保证这样的情况不再出现	5	5	—	10
政府会考虑更换管理团队或董事	1	3	—	4
我没有觉察到有任何后果存在	13	11	5	29
总 计	49	44	11	104

不妥协的后果,即明确的承诺或更换管理团队,几乎不可能得到强制执行。这表明,SCI 很少被视为一种正式的合同,而仅仅是未来行动的一个基准。在调查中,对于不能实现 SCI 目标,大多数受访者的回答是寻求解释,

但是，仍有 1/4 的受访者感觉不到有什么样的后果，这与对政府部长们的期望是不一致的，即政府部长们应该作为积极的投资者发挥作用，以实现公司价值最大化。未能实现 SCI 的后果与政府部长是否积极参与协商 SCI 有关系吗？① 表 4.10 表明，政府积极地参与 SCI 协商与更加严厉的 SCI 后果是有关系的。卡方检验在 $p<0.001$ 的水平上具有统计上的显著性。唯一令人困惑的结果是：为什么一个不积极参与 SCI 目标协商的政府部长，却很可能寻求管理层的承诺。

表 4.10 政府部长积极参与 SCI 协商与未能实现 SCI 目标的后果之间的关系

	寻求解释	寻求承诺	考虑更换管理层	没有后果	总计
政府部长积极参与 SCI 的协商	32	3	3	4	42
政府部长不积极参与 SCI 的协商	23	7	1	23	54
总　计	55	10	4	27	96

总之，尽管董事们在接受任命之时就预期到会存在强硬的政府部长干预，但证据表明，即使政府部长拥有明确的治理权力，他们也不会充分行使这些权力。

4.2.5　投资部长和财政部长的治理角色

我们已经分析了政府公司董事在任命前对政府部长们干预管理的预期，现在我们开始考察政府公司董事的实际经历以及任命后的感想。我们要了解的证据涉及以下一些问题：政府部长们与董事彼此之间如何沟通、沟通的主题是什么、非正式干预的发生频率、非正式干预成为可信的威胁的方式、对政府公司进行干预的成本，以及投资部长们之间矛盾的解决方式。

在那些作为样本的政府公司中，可应用于法人治理的"有投票权的"股份，会分配在两个政府部长手中：一个是财政部长，他在经济和财政问题上代表"整个政府"（whole-of-government）；另一个是为政府公司经营分配资金的投资部长（大体上说，这个政府部长因其投资使政府公司得以创立）。不过，正如在第 2 章所描述的，投资部长并不是唯一可能的机构

---

① 未能实现 SCI 目标的后果与董事会在监控这些目标实现中的作用之间具有类似的关系。这里没有提供这方面的报告。

设置模式。由于两个政府部长的存在，引起了有关他们的不同激励的有趣的比较问题。

我们请受访的董事们描述一下，政府部长们以特定方式与政府公司董事会进行沟通的频率。法规所授予政府部长的治理职责，绝大部分是针对某些具体情况，通过政府部长与董事会主席和 CEO 之间的正式沟通来履行的（比如，关于具体合同或 CSO 的运作问题）。一些沟通的形式是不合适的。一是与个别董事在召开董事会之前就一些可能讨论的问题进行疏通；二是部门充当从政府部长那里获取信息的主要通道，这也是不合适的，因为这似乎会增加部门与政府部长，或部门与政府公司之间合谋的风险；三是在与政府公司董事的面谈中，一位接受面谈的董事告诉我们，某位政府部长有时会通过新闻稿，利用媒体的压力来影响董事会或 CEO。因此，我们要求受访者指出，在多种沟通方式中，哪一种是政府部长们"经常"使用的（4），哪一种是"偶尔"使用的（3），哪一种是"很少"使用的（2），哪一种是"从不"使用的（1）。这些问题分别向投资部长和财政部长提出。表 4.11 归纳了这些沟通方式，并给出了配对样本 t - 检验对这些方式之间是否存在显著性差异的检验结果①。

我们可以从这些结果中进行几种推论。第一，与财政部长相比，投资部长是更频繁的沟通者；第二，对于财政部长来说，相对于他与董事会主席或管理层之间的非正式沟通，他与财政部的沟通更加重要，与董事会主席或管理层之间的非正式沟通是投资部长经常采用的做法；第三，最不受欢迎的沟通方式是：与董事会成员直接疏通、通过媒体来沟通、使用强硬的和以公报发布指令的形式。对这些沟通形式讨论得很少，但投资部长却经常采用。

这些结果是否是由于部门不同，或者是由于政府部长和董事会之间的特殊关系造成的呢？通过对三个部门均值比较的单因素方差分析，答案大部分是否定的。但是，这里存在两个重要的特例：一是采用间接的沟通方

---

① 在针对三个部门投资部长的调查中，前任董事和现任董事的回答存在着统计上的显著差异。第一，就投资部长与个别董事的沟通而言，现任董事回答的均值是 1.96，而前任董事回答的均值是 1.51（$p < 0.01$）。这种沟通方式的问题在于，它包含着疏通的因素，这可不是人们希望看到的；第二，就间接沟通而言，现任董事回答的均值是 1.55，前任董事回答的均值是 1.93（$p < 0.05$）（这与第一个结果刚好相反，相应地，它具有更多的正面含义）；第三，就公报指令形式而言，现任董事回答的均值是 1.6，前任董事回答的均值是 1.88（$p < 0.1$）。在针对财政部长的调查中，前任董事和现任董事的回答同样存在着统计上的显著差异。关于财政部长和投资部长之间的沟通通过董事会主席向董事会正式传达的问题，现任董事回答的均值是 3.46，前任董事回答的均值是 3.05（$p < 0.05$）。这是一种适当的改进。关于公报指令形式，前任董事和现任董事的回答之间的差异具有弱显著性，这个结果与投资部长的情况类似。

式，如通过媒体。投资部长采用这种沟通方式的均值，A 部门中的公司是 2.10，B 部门中的公司是 1.60，C 部门中的公司是 1.00。这种差异在 $p<0.001$ 的水平上具有统计上的显著性。二是采用以公报发布指令的形式，三个部门的均值分别是 2.02、1.63 和 1.21。这种差异在 $p<0.001$ 的水平上具有统计上的显著性。后者而不是前者，在财政部长那里经常出现，并且也具有统计上的显著性。

表 4.11　　各种沟通方式采用的频率

	投资部长	财政部长	显著性水平
通过董事会主席传达信息，政府部长与董事会进行正式的沟通	3.44（0.75）	3.27（0.96）	$p<0.05$
政府部长与董事会主席进行非正式的沟通，然后董事会主席再把信息传达给董事会	2.89（0.86）	2.34（1.04）	$p<0.001$
政府部长与管理层（比如 CEO）进行沟通，然后管理层再把信息传达给董事会主席和董事会	2.76（0.90）	2.40（1.06）	$p<0.001$
来自政府部长的信息通过部门，直接传达给董事会主席和董事会	2.70（0.95）	2.78（0.94）	NS
来自政府部长的信息通过部门传达给政府公司管理层，然后再传达给董事会	2.75（1.01）	2.76（1.07）	NS
政府部长与董事个人进行沟通	1.72（0.76）	1.39（0.57）	$p<0.001$
政府部长与政府公司进行间接的沟通，例如，通过媒体的评论	1.79（0.85）	1.28（0.45）	$p<0.001$
政府部长向政府公司以正式公报形式发布指令	1.78（0.84）	1.62（0.81）	$p<0.05$

注：表中第 1 列数据是均值，括号中的数据是标准差。配对样本 t-检验用于验证显著性水平。

继而我们向董事们调查了由政府部长与董事之间的沟通所引起的问题。这有助于我们了解对政府部长来说最重要的问题是什么，这些问题意味着政府部长最有可能干预的领域。我们设计这个问题的格式与表 4.11 相同，表中提出了一些具体的问题，要求对这些问题在 1～4 的范围内做出回答。表 4.12 对投资部长和财政部长提出的具体问题的发生频度进行了归纳。我们还通过配对样本 t-检验来说明它们的均值之间的差异是否具有统计上的显著性①。

表 4.12　政府部长提出的具体问题发生的频率

	投资部长	财政部长	显著性水平
财务绩效问题	2.80（1.02）	3.30（0.89）	$p<0.001$
公共服务义务（CSO）	2.22（1.07）	2.34（1.16）	NS
政府公司服务的定价	2.16（0.98）	2.22（1.12）	NS
产业关联问题	2.62（1.06）	1.66（0.85）	$p<0.001$
管理问题（例如，报酬）	2.72（1.04）	2.12（0.95）	$p<0.001$
运营问题（例如，交通费用）	2.44（1.14）	1.84（0.96）	$p<0.001$
其他法人治理问题（包括道德）	1.97（0.83）	1.89（0.89）	NS
重大投资问题	3.11（0.97）	3.10（1.03）	NS
利益集团或选民关心的问题	2.41（1.04）	1.48（0.73）	$p<0.001$
媒体提到的有关政府公司的问题	2.52（1.03）	1.65（0.78）	$p<0.001$
政府公司与部门之间的冲突	2.03（0.98）	1.92（1.03）	NS

注：表中第 1 列数据是均值，括号中的数据是标准差。配对样本 t-检验用于验证显著性水平。

结果说明，第一，财务绩效（可预见的）是财政部长最关心的问题，但也是两个政府部长最感兴趣的问题。第二，定价问题的沟通不是很多，这表明，董事会拥有适度的自由做出管理决策。第三，两位政府部长提出的法人治理问题比"很少"还要少。这个结果有点令人惊讶，因为法人治理应当是沟通中的主要问题之一。事实上，由政府部长提出的法人治理问题发生的频率比管理问题还要低，这与公司化的精神是不一致的。第四，政府部长更可能干预政府公司必须移转的事务，比如产业关联、管理和运营问题。第五，相对于财政部长，投资部长的干预似乎更可能是为了照顾利益集团的利

---

① 在针对三个部门投资部长的调查中，前任董事和现任董事的回答存在着统计上的显著差异。第一，就财务绩效问题而言，现任董事回答的均值是 2.6，前任董事回答的均值是 2.96（$p<0.1$）。第二，就 CSO 问题而言，现任董事回答的均值是 1.91，前任董事回答的均值是 2.32（$p<0.05$）。第三，就管理问题而言，现任董事回答的均值是 3.14，前任董事回答的均值是 2.34（$p<0.001$）。第四，就运营问题而言，现任董事回答的均值是 2.8，前任董事回答的均值是 2.02（$p<0.001$）。第五，就政府公司与政府部门之间的冲突而言，现任董事回答的均值是 1.18，前任董事回答的均值是 2.17（$p<0.1$）。对于财政部长也存在差异。在管理和运营问题上，现任董事和前任董事的回答是相似的，但存在轻微的差异；在政府公司与政府部门之间的冲突问题上，现任董事和前任董事的回答非常一致。其他明显的结果是，在法人治理问题上，现任董事回答的均值是 2.04，而前任董事回答的均值是 1.74，这个结果只具有弱显著性（$p<0.1$）。

益，观察产业关联和利益集团的反应，可以验证出这个结果。根据经常发生在媒体上的信息看，政府部长明显地感觉到，他的政治利益更直接地受到政府公司的影响。

这些差异是否是由于部门不同而造成的呢？这些部门之间存在一些重要的差异。这与我们在前面分析的沟通方式的不同有所不同。方差检验表明，与其他政府公司的投资部长相比，A 部门的投资部长更可能提出产业关联问题、运营问题、投资问题、利益集团问题、与媒体相关的问题，以及部门与政府公司的冲突问题。我们也对财政部长提出的问题进行了同样的检验，发现与其他部门的政府公司相比，A 部门的政府公司的董事认为，财政部长更可能提出有关 CSO 的问题①，而很少提出管理上②或运营上③的问题。各部门投资部长提出的问题列示在表 4.13 中，财政部长提出的问题列示在表 4.14 中。

表 4.13　　投资部长提出的具体问题发生的频率
（部门均值及方差）

	A 部门政府公司	B 部门政府公司	C 部门政府公司	方差分析
财务绩效问题	2.62	2.88	3.23	NS
公共服务义务（CSO）	2.17	2.37	1.31	$p < 0.005$
政府公司服务的定价	2.08	2.29	1.69	NS
产业关联问题	2.92	2.47	1.54	$p < 0.0001$
管理问题	2.85	2.57	2.64	NS
运营问题	2.75	2.13	1.85	$p < 0.005$
其他法人治理问题	1.79	2.07	2.00	NS
重大投资问题	3.06	3.17	2.31	$p < 0.05$
利益集团或选民关心的问题	2.64	2.29	1.62	$p < 0.005$
媒体提到的有关政府公司的问题	2.91	2.23	1.79	$p < 0.0001$
政府公司与部门之间的冲突	2.31	1.91	1.23	$p < 0.001$

---

① 各部门的均值分别是：A 是 2.62、B 是 2.34、C 是 1.90。各部门差异在 $p < 0.05$ 的水平上具有统计上的显著性。

② 各部门的均值分别是：A 是 1.89、B 是 1.84、C 是 2.10。各部门差异在 $p < 0.05$ 的水平上具有统计上的显著性。

③ 各部门的均值分别是：A 是 1.53、B 是 2.08、C 是 1.89。各部门差异在 $p < 0.05$ 的水平上具有统计上的显著性。

第4章 作为股东的政府

表4.14　财政部长提出的具体问题发生的频率
　　　　　（部门均值及方差）

	A部门 政府公司	B部门 政府公司	C部门 政府公司	方差分析
财务绩效问题	3.24	3.29	2.92	NS
公共服务义务（CSO）	2.62	2.34	1.50	$p<0.05$
政府公司服务的定价	2.23	2.22	1.90	NS
产业关联问题	1.62	1.64	1.80	NS
管理问题	1.89	2.26	2.58	$p<0.05$
运营问题	1.53	2.08	1.89	$p<0.05$
其他法人治理问题	1.84	1.84	2.10	NS
重大投资问题	3.20	3.02	2.33	$p<0.1$
利益集团或选民关心的问题	1.39	1.58	1.60	NS
媒体提到的有关政府公司的问题	1.55	1.69	1.91	NS
政府公司与部门之间的冲突	1.95	1.93	1.40	NS

接下来，我们问董事们是否会就5个具体问题主动与投资部长、财政部长进行沟通——这5个问题及其发生的频率列示在表4.15中。我们还对投资部长和财政部长两组数据进行了配对样本t-检验，其结果也列示在表4.15中。百分比加总不等于100%，这是因为董事们可以在他们认为任何合适的多个选项上画钩。

表4.15　董事就具体问题主动与政府部长沟通的情况

	投资部长	财政部长	显著性水平
当董事会认为某项决策可能导致政治争端时	0.70（0.46）	0.53（0.50）	$p<0.001$
当政府公司寻求立法或改变政府政策时	0.70（0.46）	0.67（0.47）	NS
当需要做出重大的管理决策时	0.58（0.50）	0.54（0.50）	NS
当修正政府公司服务水平或定价时	0.27（0.45）	0.23（0.42）	NS
当修正人力资源安排（例如，薪金水平）时	0.48（0.50）	0.26（0.44）	$p<0.001$

注：表中第1列数据是同意某个具体答案的回答者的比例，括号中的数据是标准差。配对样本t-检验用于验证显著性水平。

三个部门之间没有显著的差异。针对三个部门的投资部长，前任董事和现任董事的回答有一些显著的差异。第一，就重大管理决策而言，现任董事回答的均值是 0.68，前任董事回答的均值是 0.49，($p<0.05$)。第二，就人力资源管理而言，现任董事回答的均值是 0.64，前任董事回答的均值是 0.32（$p<0.001$）。针对财政部长，存在类似的情况，但在人力资源安排上有非常微弱的差别：现任董事回答的均值是 0.33，前任董事回答的均值是 0.19（$p<0.1$）。这些结果都表明，政府在这些问题上的预期已经提高。

这些结果说明，一家政府公司必须谨慎处理政治问题。在一定程度上说，当存在潜在的政治问题时，政府公司必须要主动沟通①。我们发现投资部长更加频繁地接触，政府公司与前面谈到的投资部长对政治和利益集团的较多关注是一致的。在诸如重大管理决策和修改人力资源安排等选项上的高比例，与政府公司应当拥有管理和运营上的自主权是不一致的。②

为了进一步地了解政府在什么情况下会介入政府公司，以及这些介入的效果如何，以对假设 2 做出检验，我们提出了一个涉及政府介入的问题，这个问题并没有假设政府的介入已经超越了政府公司体制既定的限制范围。③这个问题要求受访者描述政府介入政府公司经营所造成的影响，我们提供了 7 个具体的可选答案。受访者的回答列示在表 4.16 中。

表 4.16　　　　　政府介入政府公司经营的影响

政府部长的介入	投资部长	财政部长	显著性水平
提高了政府公司的效率	0.16（0.37）	0.26（0.44）	$p<0.05$
促进了政府公司采用更加健全的经营方式	0.19（0.40）	0.30（0.46）	$p<0.005$
阻止了政府公司在市场和消费者问题上出现重大错误	0.04（0.20）	0.06（0.24）	NS

① 在针对三个部门投资部长的调查中，前任董事和现任董事的回答存在着统计上的显著差异。第一，就重大的管理决策而言，现任董事回答均值为 0.68，前任董事回答均值是 0.49（$p<0.05$）。第二，就人力资源安排而言，现任董事回答的均值为 0.64，前任董事回答均值是 0.32（$p<0.001$）。对于财政部长，也存在类似的结果，但在人力资源安排上，存在非常微弱的差别：现任董事回答的均值是 0.33，前任董事回答的均值是 0.19（$p<0.1$）。

② 政府公司立法对人力资源政策造成了限制。一家政府公司董事会必须要有一个"雇用与产业关联计划"，这个计划必须包括报酬支付安排（包括高级经营者）。昆士兰：ss. 171（1）和 3（a）(i)。这个计划包括在 SCI 中，而 SCI 需要报请政府批准才可以改动。因此，需要讨论的是，当出现与这个计划不一致的情况时，是否必须要求政府部长出面。

③ 在调查过程中，我们用了三个不同的单词：介入（involvement）、干预（intervention）和干涉（interference）。干预包含在介入中，而干涉又包含在干预中。

续表

政府部长的介入	投资部长	财政部长	显著性水平
阻止了政府公司脱离非商业性的经营要素或业务	0.22 (0.42)	0.11 (0.32)	$p<0.01$
导致了不必要的、更加昂贵的运作程序	0.43 (0.50)	0.24 (0.43)	$p<0.001$
导致政府公司丧失了良好的投资机会	0.33 (0.47)	0.27 (0.45)	$p<0.1$
导致政府公司失去了优秀的管理人员	0.19 (0.40)	0.05 (0.22)	$p<0.0001$

注：表中第1列数据是同意某个具体答案的回答者的比例，括号中的数据是标准差。配对样本 t-检验用于验证显著性水平。

部门效应也是很明显的（在某些地方，还带有戏剧性），表4.17列示了部门之间比较的结果①。单因素方差检验表明，在提高政府公司效率和促进政府公司采用健全的经营方式方面，针对 A 部门的投资部长的平均比例明显地低于其他部门；而在导致不必要的运作程序和丧失良好的投资机会方面，尤其是在失去优秀的经理人方面，针对 A 部门的投资部长的平均比例则明显地高于其他部门。对于财政部长来说，情况基本类似。

表4.17　不同部门投资部长对政府公司经营介入的影响（部门均值及方差）

政府部长的介入	A 部门政府公司	B 部门政府公司	C 部门政府公司	方差分析
提高了政府公司的效率	0.07	0.24	0.21	$p<0.05$
促进了政府公司采用更加健全的经营方式	0.09	0.29	0.21	$p<0.05$
阻止了政府公司在市场和消费者问题上出现重大错误	0.06	0.02	0.00	NS
阻止了政府公司脱离非商业性的经营要素或业务	0.25	0.24	0.07	NS

---

① 现任董事和前任董事的回答存在一些显著的差异，但是这种差异仅仅针对财政部长，而不是针对投资部长。第一，就政府部长干预会提高政府公司效率而言，现任董事回答均值是0.33，前任董事回答的均值是0.18（$p<0.1$）。第二，就阻止政府公司脱离非商业性经营而言，现任董事回答均值是0.2，前任董事回答的均值是0.38（$p<0.05$）。第三，就导致不必要的运作程序而言，现任董事回答的均值是0.13，前任董事回答的均值是0.33（$p<0.05$）。

续表

政府部长的介入	A 部门政府公司	B 部门政府公司	C 部门政府公司	方差分析
导致了不必要的、更加昂贵的运作程序	0.49	0.41	0.07	$p<0.05$
导致政府公司丧失了良好的投资机会	0.40	0.29	0.14	$p<0.05$
导致政府公司失去了优秀的管理人员	0.38	0.02	0.00	$p<0.0001$

现在，我们把"介入"（involvement）一词改为"干预"（intervention）。我们分别就财政部长和投资部长的干预情况向受访者进行了询问。

在你的任职经历中，政府部长是否曾对政府公司的管理和治理进行过非正式的干预（也就是说，采用除立法、颁布政策、正式指令或终止董事任期等以外的方式）？

有50%多一点的受访者（117位中有59位）认为，投资部长曾经这样干预过；有23%的受访者（124位中有26位）认为，财政部长曾经这样干预过，这种差异在 $p<0.001$ 的水平上具有统计上的显著性[①]。前一结果在A部门的政府公司中占据主导地位：在A部门政府公司中，有71%的受访者（52位中有37位）认为，投资部长曾经进行过非正式的干预，而在B部门、C部门的政府公司中，这个比例分别是38%和20%。一个很有趣的分析是按照部门以及受访者是否现任董事来分类。表4.18意味着，在A部门中，政府的干预水平已从66%增加到了77%；而更加明显的是，在B部门中，政府的干预水平已从46%降到29%；在C部门中，政府的干预一向处于低水平。

表4.18　　　政府对政府公司管理或治理的干预
（按董事状态和部门分类）

		A 部门政府公司	B 部门政府公司	C 部门政府公司	总　计
前任董事	政府部长的确干预了	20	12	1	33
	政府部长没有干预	10	14	5	29
现任董事	政府部长的确干预了	17	7	2	26
	政府部长没有干预	5	17	7	29
	总　计	52	50	15	117

---

① 就这个问题而言，现任董事与前任董事的回答不存在统计上的显著差异。

然后我们请求那些认为政府部长的确干预过政府公司的董事们具体说出这种干预最可能发生的环境。表 4.19 列出了这些受访者的回答，分别列示了投资部长和财政部长在什么样的环境下更可能实施干预。

表 4.19　政府部长干预政府公司管理的动机和环境

投资部长可能干预政府公司管理的动机和环境	A 部门政府公司	B 部门政府公司	C 部门政府公司
只有当干预能够改善政府公司财务绩效时	0（0%）	1（5%）	1（33%）
只有在权衡了干预对社会福利的影响之后	3（6%）	3（16%）	—
任何涉及公共利益的情况或问题发生时	16（44%）	8（42%）	—
不论何时，只要能够满足部长的政治利益	14（39%）	7（37%）	—
财政部长可能干预政府公司管理的动机和环境	A 部门政府公司	B 部门政府公司	C 部门政府公司
只有当干预能够改善政府公司财务绩效时	1（8%）	2（18%）	1（33%）
只有在权衡了干预对社会福利的影响之后	3（25%）	2（18%）	—
任何涉及公共利益的情况或问题发生时	3（25%）	3（27%）	—
不论何时，只要能够满足部长的政治利益	4（33%）	2（18%）	—

注：表中第 1 列数据是同意某个具体答案的回答者人数，括号中的数据表示选择这种答案的人数占那些认为存在干预的总人数的比例。由于存在缺失值，故所有比例加总不等于 100%。

第一种可能的回答是比较理想的，因为在这种情况下政府部长起到了一个积极的股东的作用；第二种可能的回答比较有争议性，因为这种情况实际上是假设政府部长应当实现广义上的社会福利的最大化，而不是政府公司价值的最大化；第三种和第四种回答则意味着存在着政治动机。结果表明，投资部长的干预不可能会提高社会福利。这里没有对四种答案进行显著性检验,但仍可以看出存在明显的差异。对于财政部长来说,回答结果更受欢迎,因为应答者的人数较少,反映出政治动机较低。

为了进一步清晰地说明这个问题,我们请受访的董事们告诉我们,政府在对政府公司的干预中有多少具有政治干预的特征。表4.20列出了对这个问题的回答。结果显示,投资部长的干预经常构成对管理的政治干涉(interference)。

如果政府部长不使用其正式的治理权力的话,他们采用什么方式进行干预呢?这个问题在前面讨论政府部长威胁可信性的时候已经涉及了。为了确定可信性的来源,我们允许董事从7种可能的解释中选出3种,这7种解释试图概括出立法中明确授予的正式权力,以及立法没有规定的各种非正式的权力来源。如果某种正式的权力关系难以协调,非正式权力就可以发挥杠杆作用。表4.21列出了这些解释,并且单独给出了针对A部门的回答结果,因为在前面的证据分析中,A部门是政府部长干预的主要焦点。我们把B部门和C部门进行了综合,因为C部门只有很少的应答者。

表4.20　　　　投资部长干预变为政治干涉的情况

投资部长的干预	A部门政府公司	B部门政府公司	C部门政府公司
很少或从来没有上升为政治干涉	5(14%)	1(5%)	2(67%)
有时上升为政治干涉,但通常都是一些小问题	5(14%)	—	1(33%)
有时上升为政治干涉,而且都是重大问题	20(54%)	13(68%)	—
经常或总是上升为政治干涉	6(16%)	4(16%)	—
财政部长的干预	A部门政府公司	B部门政府公司	C部门政府公司
很少或从来没有上升为政治干涉	3(25%)	3(27%)	2(67%)
有时上升为政治干涉,但通常都是一些小问题	1(8%)	1(9%)	1(33%)
有时上升为政治干涉,而且都是重大问题	7(58%)	3(27%)	—
经常或总是上升为政治干涉	1(8%)	1(9%)	—

注:表中第1列数据是同意某个具体答案的回答者人数,括号中的数据是选择这一项的回答者人数占那些认为政府部长干预是非正式干预的总人数的比例。由于存在缺失值,故所有比例加总不等于100%。

第4章 作为股东的政府

表 4.21　　政府部长拥有特殊权力来源的可信性

	投资部长		财政部长
	A 部门政府公司	B 部门和 C 部门政府公司	
政府部长干预经常是有根据的，有逻辑性和说服力	6（16%）	8（36%）	13（50%）
政府部长威胁要发布正式的指令，使得反对声无果而终	16（43%）	5（22%）	10（38%）
政府部长威胁要中止某位董事的任命，以使其要求具有权威性	3（8%）	2（9%）	1（4%）
政府部长控制了政府公司赖以生存的资源、消费者或供应商	3（8%）	1（5%）	3（12%）
政府部长能够创造某种不利于政府公司经营的政治环境	14（38%）	6（27%）	9（35%）
政府部长可以威胁要通过立法方式来反击（例如，强制实行一种比较严格的管制制度）	5（14%）	2（9%）	1（4%）
政府部长通常可以制造很大的麻烦	16（43%）	6（27%）	2（8%）

注：表中第 1 列数据是同意某个具体答案的回答者人数，括号中的数据是选择这一项的回答者人数占那些认为政府部长干预是非正式干预的总人数的比例。由于可选项不仅一个，故所有比例加总不等于 100%。

这些结果是不明确的。但很清楚，财政部长的干预可能更具有说服力。但是，支撑政府部长的权力来源仍不是很清楚。指令性威胁似乎比较明显，这说明存在着一个很大的权力影子地带。在所有选项中，获得一致支持的另外一项是政府部长创造不利于政府公司经营的政治环境的能力。通过立法来反击的威胁形式似乎不是很有效，这可能反映了利益集团集中反对变化的声音。调查结果没有显示，终止任命的威胁是很有效的，也没有显示政府部长控制着基本的资源。

本调查的最后一个方面涉及投资部长和财政部长之间的冲突。这种冲突可能会阻止投资部长在政府公司中做出决策，比如制定目标，这便增加了成本。但是，在两个同等股东存在的情况下，如果针对某个特殊利益集团的议程遭到另一位政府部长的反对（特别是政府公司也反对时），那么就可以制约那位着眼于这个利益集团的政府部长的权力。我们问董事们，财政部长和投资部长在政府公司是否具有不同的目标。对这个问题有三种可能的答案，这些答案及各自出现的频率都列示在表 4.22 中，这是一个按部门构成的交叉列表。

表 4.22　　投资部长和财政部长在目标上的差异

	A 部门政府公司	B 部门政府公司	C 部门政府公司	总　　计
他们的目标是一样的	11	21	11	43
他们的目标不一样，但这些目标没有冲突	24	19	—	43
他们的目标是冲突的	17	10	1	28
总　　计	52	50	12	114

可以看到，只有少数人认为这两位部长有相同的目标，也只有少数人认为他们的目标实际上是冲突的。C 部门中的一致程度是最高的。卡方检验表明，在 $p<0.01$ 的显著水平上，受访者回答与部门无关的零假设被拒绝。然后，我们又问那些认为两位部长的目标存在冲突的董事们，在实践中这些冲突是如何解决的。这个问题有 7 种可能的答案。有一种答案——政府公司董事会的意见打破了僵局——没有人选择。剩下的选项列示在表 4.23 中，由于显而易见的原因，讨论仅限于 A 部门和 B 部门。

表 4.23　　投资部长和财政部长目标冲突的解决情况

	A 部门政府公司	B 部门政府公司	C 部门政府公司
财政部长总是赢得胜利	1	2	3
投资部长总是赢得胜利	2	—	2
在政府中职务最高的那个人赢得胜利	3	1	4
政府公司董事会的意见打破了僵局	—	—	0
投资部长和财政部长采取互相投赞成票的方法（就是说，他们以某个问题的交易来换取对方的支持）	1	2	3
在政府公司执行官的协调下，投资部长和财政部长协商解决冲突	2	—	2
冲突无法解决，政府公司最好尽最大努力去寻找第三条道路	7	4	11
总　　计	16	9	25

表 4.23 记录了回答的结果。这些回答给人的唯一深刻印象是：两个部长的目标冲突经常是无法解决的。另外，这些结果还证明，不同的情况、不同的公司，解决方案也会不同。这里不存在显著的部门效应。

4.2.6 假设检验的结果

在本部分的开头，我提出了三个具体假设。假设一：假设政府部长会把他与政府公司董事会和高级管理层之间的相互作用限制在政府公司法规中的治理功能之内。有证据表明，政府部长在其自由决策范围内，的确在许多领域存在着干预。假设二：假设不规范的政府介入会使公司增值。这是一个非常难以证明或证伪的假设。就我们所掌握的证据性质而言，大多数董事似乎都认为，政府的介入会使公司价值降低，并且这种介入的动机有时是出于政治考虑。假设三：假设政府部长与政府公司之间的不规范相互作用在政府投资部门之间没有什么不同。现有的证据已经拒绝了这个假设。财政部长进行政治干涉的可能性最小，他最可能在其关注的合法领域与政府公司进行有益的互动。我们还发现，在政府投资的部门之间，存在着显著的差异。这表明，在政府公司中，治理和管理的区分并不是自动实施的，如果要减少不规范的政府干预，就需要进一步强化两者的区分。

到目前为止，这一章提供的证据表明，在人们设计的理想公司化模式中，政府股东的角色被限定在法人治理和决定 CSO 上，而董事会和管理层则负责管理和运营事务，他们的角色在一定范围内是分离的。尽管调查问卷的证据仅仅是提示性的，但是，它还是显示出，治理的代理成本似乎非常重要，而且，政府的大量干预也不可能降低管理的代理成本。

这可以进一步说明图 4.1 所示的政府自由决策程度与两种形式的代理成本之间的关系：第一，政府实际的自由决策水平不同于其表面上的自由决策水平；第二，证据表明，实际的自由决策水平不可能在最佳的自由决策水平 d^* 之下，表面上的自由决策水平也不会比 d^* 低，这就弱化了非正式干预的效率。

在 4.3 部分，我们将就政府部长与政府公司之间关系的更多细节问题展开讨论。在这些讨论中，我们将首先考虑政府投资部门与政府公司的关系，然后分析一个与政府公司的政府政策应用相关的问题。

4.3 政府公司和政府部门

一家政府公司的建立意味着要对一个政府部门进行一次重大而谨慎的重构。这种重构的一个共同目的是把管制和政策功能从经营功能中分离出来。尽管以这样一种方式建立政府公司经常是为了减少政府公司与政府部门之间的相互依赖性，但是，随着时间的推移，要使政府公司和政府部门不发生广泛的交互作用是不可能的。政府部门将继续作为一个管制者发挥作用，也经常担当服务的购买者的角色，并且为政府部长在政府公司的发展方向和治理方面提供大量的帮助和指导。因此，探讨政府部门和政府公司如何相互作用是研究政府公司法人治理和治理的代理成本的首要内容。

要预测政府公司与政府部门之间关系的实际力度，是一件很困难的事情。对于它们之间的竞争，人们期望如何解决，官僚行为理论提供了大量不同的预测。例如，尼斯凯内（1971）认为，政府公司 CEO 和部门负责人都会追求他们预算的最大化。邓利维（1991）提出了"官僚调整"理论。该理论认为，部门负责人本质上并不想得到更多的预算和更大的部门规模，而是更希望建立一种行动更自由的、政策责任更清晰的官僚体制。与尼斯凯内的理论相比，在邓利维的理论中，部门负责人可能很愿意取消政府公司的成本中心的地位，尤其是那些产生很少或不能产生可支配收入（discretionary income）的政府公司。对于部门负责人来说，更重要的是能够建立一个有强大政策影响的官僚机构，包括对政府公司行为的影响，以及在资金配置方面的更大的自由。

政府公司、政府部长和部门在资源和责任等方面的竞争，存在着潜在的重要的策略性行为。最有可能发生的是，部门和政府部长在政府公司所提供的服务的数量和价格方面，对其管理层施加影响，以实现最大化政治支持。这与一个政府部长的政治渴望是相吻合的，也同样符合部门的追求，正像邓利维所说，因为它要增加其对政府公司的影响力。为了达到这样的效果，部门和政府部长可能会采取各种各样的针对政府公司的策略措施，例如，向某个特殊项目注入资金，在某些领域限制出售或竞争，等等。另外，政府公司和政府部长可能会以牺牲部门利益为代价达成一种联盟。这可以通过把部门承担的公益事业重新配置给政府公司来实现，而这些公益事业是部门希望保留的。政府部长这样做也许是为了实现微观经济效率的最大化，也可能是为了避免这个联盟过程受到公法的审查。最后，政府公司和部门也可能以牺牲政府部长的利益为代价而进行共谋。尽管这两者可能常常是预算的竞争者,但是,一个在本质上是自筹资金的政府公司不可能与部门争夺预算。这种共谋可能会达成这样的协议,即对于无效率或财务亏空的领域不予披露。由于这种共谋存在着风险,因此,研究政府公司和部门之间的相互作用是非常重要的。

一家政府公司可能不会只与一个政府部门保持联系,而是多个。在我们的样本中,政府公司必须对投资部门和财政部负责①。对于政府公司,两个部门的激励可能反映着两个政府部长的差异。在上述分析中我们已经看到,不同政府部长的激励存在着本质的差异。财政部长的干预更可能与立法规定的治理目的相一致,而投资部长的干预则经常具有明确的政治性。因此,我们可以认为,政府公司与投资部门之间的摩擦要大于其与财政部门之间的摩擦。这种摩擦的后果是一个经验问题,它可能导致治理更趋复杂,因为它增加了更多的难以解决的问题,正像我们看到的政府部长之间的不一致那样。另外,由于这种摩擦会限制任何一个政府部长控制政府公司,因而它可能也会限制一些明显的机会主义治理。

4.3.1 有关部门的证据

我们分别就政府公司与政府投资部门和昆士兰财政部之间的关系向董事们提出问题。为了便于运用配对样本 t - 检验进行比较,这些问题中有很多使用了一致的术语表达。我们首先询问的问题是关于政府投资部门的。我们向董事提的第一个问题是:"你如何看待政府公司与政府投资部门之间工作关系的性质?"对于这种工作关系的性质,我们提供了 9 个选择答案,要求董事们在 1~5 的范围内说明他们认可的程度,5 表示非常同意,1 表示非常不同意。然后,对于政府公司与财政部之间的工作关系的性质,我们则提供了这 9 种选择答案的 8 种,除掉的那个选择答案是关于部门在多大程度上认为政府公司是该部门的一个组成部分。表 4.24 是董事们针对政府投资部门,按照政府公司所在部门所作的回答的均值。

表 4.25 是针对财政部长调查得出的数据。我们对两个表格中的数据都做了方差分析,以说明三个部门均值之间的差异是否具有统计上的显著性。我们还对财政部和政府投资部门进行了独立样本 t - 检验比较,结果列示在表 4.26 中。

---

① 其他政府部门对政府公司可能也有管制责任。

表 4.24　　政府公司与政府投资部门之间的工作关系
（按部门均值）

	A 部门 政府公司	B 部门 政府公司	C 部门 政府公司	方差分析
政府公司管理层与政府投资部门之间一般是合作关系	3.85	3.94	4.21	NS
政府投资部门有时会限制流向政府公司的有关信息	2.86	3.08	2.46	$p<0.1$
政府投资部门有时会歪曲政府公司与政府部长之间的相关信息	2.94	3.14	2.23	$p<0.01$
政府公司管理层有时会对政府投资部门隐瞒相关信息	2.41	2.18	2.00	NS
政府部长经常担当政府公司管理层与政府投资部门之间意见不一致时的仲裁人	2.35	2.30	2.08	NS
在政府公司管理层与政府投资部门之间意见不一致时，政府部长总是偏向政府投资部门	3.22	2.83	2.08	$p<0.005$
政府投资部门对政府公司的商业环境有很好的理解	3.02	3.12	3.69	NS
政府投资部门对政府公司所需要的自主权有正确的理解	2.73	2.82	3.62	$p<0.1$
政府投资部门认为政府公司在很大程度上仍是政府部门的一个组成部分	3.35	3.66	1.92	$p<0.001$

表 4.25　　政府公司与财政部之间的工作关系（按部门均值）

	A 部门 政府公司	B 部门 政府公司	C 部门 政府公司	方差分析
政府公司管理层与财政部之间一般是合作关系	4.09	4.02	4.33	NS
财政部有时会限制流向政府公司的有关信息	2.64	3.14	2.36	$p<0.005$

续表

	A部门政府公司	B部门政府公司	C部门政府公司	方差分析
财政部有时会歪曲政府公司与政府部长之间的相关信息	2.62	2.90	2.21	$p<0.05$
政府公司管理层有时会对财政部隐瞒相关信息	2.10	2.08	2.00	NS
政府部长经常担当政府公司管理层与财政部之间意见不一致时的仲裁人	2.20	2.46	2.00	NS
在政府公司管理层与财政部之间意见不一致时，政府部长总是偏向财政部	3.04	2.85	2.62	$p<0.005$
财政部对政府公司的商业环境有很好的理解	3.54	3.26	3.57	NS
财政部对政府公司所需要的自主权有正确的理解	3.29	2.74	3.14	$p<0.05$

政府公司管理层与财政部和政府投资部门之间似乎都是合作关系。同意这个选择答案的均值分别是3.93（对政府投资部门而言）和4.09（对财政部而言），在传统的显著性水平上，两者都显著地高于中位数3。不同部门之间的差异不具有显著性。

表4.26　政府公司与政府投资部门和财政部工作关系之间的差异（按部门均值）

	政府投资部门	财政部	显著性水平
与政府部门之间通常是合作关系	3.89（0.82）	4.07（0.58）	$p<0.05$
政府部门有时会限制流向政府公司的有关信息	2.95（0.92）	2.81（0.89）	$p<0.1$
政府部门有时会歪曲政府公司和政府部长之间的相关信息	3.00（0.95）	2.73（0.83）	$p<0.001$
政府公司管理层有时会对政府部门隐瞒相关信息	2.31（0.94）	2.11（0.74）	$p<0.05$

续表

	政府投资部门	财政部	显著性水平
政府部长经常担当政府公司管理层与政府部门之间意见不一致时的仲裁人	2.38（0.96）	2.34（0.93）	NS
在政府公司管理层与政府部门之间意见不一致时，政府部长总是偏向政府部门	2.91（1.07）	2.88（0.98）	NS
政府部门对政府公司的商业环境有很好的理解	3.10（1.15）	3.39（1.07）	$p<0.01$
政府部门对政府公司所需要的自主权有正确的理解	2.83（1.20）	3.00（1.09）	NS

然而，当分析那些限制信息流动的选项时，我们发现，似乎有证据表明，非合作和策略性行为是存在的。对于政府投资部门来说，限制"流向政府公司的相关信息"这一选项的均值与"限制政府公司和政府部长之间的信息流动"这一选项的均值，与未定均值（undecided mean）3之间均没有显著差异。此外方差检验显示，部门之间存在着差异。在 B 部门的政府公司中，歪曲信息似乎得到了强有力的支持，回答的均值略高于3，但大大低于 C 部门。相比较而言，财政部表现得更好一些。它的两个限制信息流动的选项在所有部门的均值分别是2.82和2.69，两者与未定均值3在 $p<0.05$ 和 $p<0.001$ 的水平上都具有显著的差异，在 $p<0.1$ 和 $p<0.001$ 的显著性水平上低于政府投资部门的这两个均值。对于 C 部门中的政府公司，针对财政部的回答的均值仍然比较低。可以预见，政府公司董事将会拒绝向部门隐瞒信息。

下面的两个问题是继续讨论政府公司与政府部门的策略性行为的。第一个问题是在政府公司与政府部门之间出现意见不一致时，政府部长担当什么样的角色。从收回问卷的总体来看，不管是投资部长还是财政部长，他们并不经常担当政府公司管理层和政府部门之间意见不一致时的仲裁人。第二个问题是政府部长是否总是偏向政府部门。对这个问题的回答存在着比较明显的差异。对政府投资部门及其部长来说，总体均值是2.93，这个均值与未定均值3并不没有显著的差异。然而，这个均值在各个部门之间存在着重大的变化，A 部门最高（3.22），C 部门最低（2.08）。对财政部来说，这个

第4章 作为股东的政府

问题的总体均值与未定均值3也没有显著的差异,但在各个部门之间也不存在显著的差异。

最后一组问题检验政府部门是如何对政府公司的商业环境做出反应的,以及政府公司管理层是否应具有自主权。第一个问题是政府部门是否对政府公司的商业环境有很好的理解。针对政府投资部门,这个问题的均值是3.14,这个均值与未定均值3并没有显著的差异。在各部门中,均值最高的是C部门(均值是3.69,而另两个部门分别是3.12和3.02)。财政部的表现要好得多,其总体均值是3.39,这个均值与未定均值3存在着显著的差异($p<0.001$),与政府投资部门也存在着显著的差异($p<0.01$)。这些结果在以下两个问题中再度出现。我们问董事们,政府部门对政府公司所需要的自主权水平是否有正确的理解。对这个问题,总体均值与未定均值3并没有什么差异,但部门均值之间存在着显著的差异(显著性水平$p<0.001$),A部门和B部门中政府公司的均值低于未定均值3,而C部门中政府公司的均值则高于未定均值3。在这个问题上,财政部的表现并没有什么显著的差异。第二个问题仅仅针对政府公司与政府投资部门之间的关系,问的是政府投资部门是否仍然把政府公司视为自己的一部分。对这个问题回答的均值是3.32,与未定均值3存在着显著的差异($p<0.005$)。在各个部门的政府公司中,B部门的均值最高(3.66),C部门的均值最低(1.92)。

现任董事和前任董事的回答只有较小的差别。前任董事较可能认为政府投资部门仍把政府公司看做是它的一部分,他们回答的均值是3.51,而现任董事回答的均值是3.11,它们之间在$p<0.1$的水平上具有显著差异。现任董事更可能认为财政部对政府公司所要求的自主权是理解的,他们回答的均值是3.24,而前任董事回答的均值是2.85,它们之间在$p<0.1$的水平上具有显著差异。

然而,对于有上市公司法人治理经历的董事,他们的回答是存在差别的。我们对政府投资部门所作的所有t-检验都有显著的结果,而对财政部所作的所有t-检验则没有显著的结果。这些结果列在表4.27中。这些结果显示,有上市公司法人治理经历的董事一般趋向于对政府投资部门持否定观点。在他们看来,政府投资部门与政府公司之间基本上是非合作关系,政府公司更可能隐瞒相关信息,投资部长更可能偏向政府投资部门,政府投资部门也基本上不理解政府公司所处的商业环境,以及政府公司对经营自治权的需求。或者说,政府投资部门基本上不理解其与政府公司的组织关系。作为具有丰富经历的董事,他们对政府投资部门的这种否定观点非常重要,特别是当他们对政治变化的效应抱有满怀希望时,就更是如此。

表4.27 有上市公司经历的董事对政府公司和政府投资部门之间工作关系在认识上的差异（按部门均值）

	有上市公司经历	无上市公司经历	显著性水平
与政府投资部门之间基本上是合作关系	3.48	4.09	$p<0.001$
政府投资部门有时会限制流向政府公司的有关信息	3.13	2.83	NS
政府投资部门有时会歪曲政府公司和政府部长之间的相关信息	3.06	2.90	NS
政府公司管理层有时会对政府投资部门隐瞒相关信息	2.58	2.14	$p<0.05$
政府部长经常担当政府公司管理层与政府投资部门之间意见不一致时的仲裁人	2.39	2.27	NS
在政府公司管理层与政府投资部门之间意见不一致时，政府部长总是偏向政府投资部门	3.23	2.80	$p<0.1$
政府投资部门对政府公司的商业环境有很好的理解	2.77	3.27	$p<0.05$
政府投资部门对政府公司所需要的自主权有正确的理解	2.52	3.00	$p<0.1$
政府投资部门认为政府公司在很大程度上仍是它的一部分	3.71	3.18	$p<0.05$

我们如何解释这些结果？政府公司与政府投资部门之间似乎是合作关系，平均看来，财政部的表现比政府投资部门要好一些，这可能是因为财政部与政府公司之间很少有明显的冲突。这也许可以解释这样一个未曾预料到的发现，即财政部比政府投资部门更好地理解了政府公司的商业环境，尽管一般说来政府投资部门的运营和技术熟悉程度要比前者高。结果还显示，B部门代表着最难以解决的政府公司—政府投资部门关系。在此，政府投资部门最有可能歪曲信息，并把政府公司当作是政府投资部门的一部分。在某种

意义上说，这是令人吃惊的。因为人们普遍预期，A 部门才反映着最难以解决的政府公司—政府投资部门关系，在该部门，政府部长的干预是最难以解决的。这表明，政府投资部门是绝对不会与政府部长共谋的。

4.4 政府公司和政府政策

在某种程度上说，政府在两个层次上决定着政府公司的运行框架。其一是通过明确的具体的公司计划和 SCI；其二是通过政府决定，把政府的政策贯彻到政府公司中。在第一种情况下，政府扮演着股东的角色；而在第二种情况下，政府则成了管制者。无论如何，政府的政策都会影响政府公司的治理结构。例如，政府政策可能会对政府公司的管理施加不必要的限制，从而会阻碍最优管理或投资决策的制定。因此我们还需探讨政府政策是如何影响政府公司的总体代理成本水平的。

政府政策可以通过立法形式被明确地应用于政府公司。它也可以是一项普遍适用的政府政策，政府公司通过政府指令，或者应非正式的政府要求，也会遵守这项政策。政府政策包括很多方面，从具体操作政策，如差旅支出，到定价政策，再到投资政策。一家公司被要求必须遵从某项政策，可能是这样一种情况，即政府为这项政策而支付的合规性边际成本（marginal cost of compliance）在一定意义上要近似于执行 CSO 的边际成本。然而，并不能保证一定是这样的，政府可能要求政府公司来承担这种政策的巨额成本。

让政府公司服从于一般的政府政策，在很多方面都会引起人们的潜在关注。其一，如果政府政策是直接针对管理性事务的，那么这似乎是要取消公司化的重要原则，即要授予董事会自主权和权威，以使董事会在由公司化框架所决定的责任界区内做出商业决策；其二，一些政策可能会引起与利益集团政治相关的问题，而对公法应用于行政管理决策缺乏保障。对这些问题的关注涉及政策制定的透明度和清晰度问题。正如上面分析的，从政府股东对董事会施加的各种非正式影响中区分出哪些属于"政策"，是非常困难的。

4.4.1 独立性、非正式政策和干预的范围

在具体讨论政策之前，我们向董事们提出了一个已设计好的问题，以衡量他们自由决策的有效范围。政策对公司来说是一些明显的限制，但也可能

是不明显的限制，这些不明显的限制会引起人们对政策透明度和责任问题的关注。我们的问题是："政府公司在提供服务和定价方面是否具有足够的独立性？在判断管理上的实际自由决策程度时，这是一个最基本的问题。这个问题在关于政府公司提供服务和讨论 CSO 的章节中提及过。对这个问题，有三种可能的答案：

（a）在市场竞争的限度内是这样。

（b）在理论上政府公司具有充分的独立性，但要实现这种独立性在政治上是不现实的。

（c）不论是在理论上还是在实践中，政府公司都不具有充分的独立性。

表 4.28 列出了对这个问题的各种回答（按部门）。卡方检验在 $p<0.05$ 的水平上具有显著性。表中有两处值得注意：第一，几乎有 40% 的受访者认为，不论是在实践上还是在正式的政策层面上，政府公司都没有充分的独立性，这是一个不低的百分比。如果他们的看法是准确的，那么公司化体制将会产生巨额成本（deadweight costs）。第二，针对 C 部门的回答出现了两极分化，没有人选择中间那个答案，这是值得注意的。而对于其他部门，选择这个中间答案的人数达到了 1/4。这意味着，A 部门和 B 部门中有可能存在着强大的非正式权威，它限制了管理层和董事会的有效决策范围和权威。这与前面讨论的关于政府公司的管理和治理遭遇非正式干预的情况是一致的①。在不同的政府公司中，对于这种不充分的管理独立性的看法，存在着重大差异，这也许反映了不同利益集团的压力。对于政府公司的运营来说，政策似乎具有重要的强制力，这种强制可能是明显的，也可能是不明显的。

表 4.28　政府公司在提供服务和定价方面的独立性（按部门）

	A 部门政府公司	B 部门政府公司	C 部门政府公司	总　计
充分的独立性	24	35	8	67
仅在理论上具有独立性	13	12	—	25
独立性不充分	13	4	4	21
总　计	50	51	12	113

---

① 应当注意的是，在这个方面，现任董事和前任董事，以及有上市公司治理经历的董事和没有上市公司治理经历的董事，他们的回答没有显著的差异。

4.4.2 政府政策的巨额成本

政府可能经常利用其权力对政府公司施加政策影响。在昆士兰就是这样的。昆士兰的公司合并是通过政府下达政策指令的形式进行的。政府这样做的理由并不要求与政府公司董事会所希望追求的商业动机保持一致。我们向董事们提出了这样一个问题："其他政府政策是否通常是对公司管理政策的限制（例如，地方产业容量、差旅和娱乐支出）？"我们要求董事们在以下四条选项中做出选择：

(a) 是的，政府政策是对公司政策的一大限制。
(b) 政府政策是一种限制，但与私有部门相比没有过大的差别。
(c) 我们会注意这些政策，但一般不担心。
(d) 我们不知道这些政策。

表4.29是分部门给出的答案。超过1/4的受访者认为，政府政策是对公司政策的一大限制，只有少数受访者属于那种"不担心"或"不知道"的类型。对于C部门，认为政府政策是一大限制的受访者所占比例最低，不到7%，而B部门为30%。不过，这个结果在统计上并不显著。

表 4.29　　　　　政府政策的效应（按部门）

	A 部门政府公司	B 部门政府公司	C 部门政府公司	总　计
政府政策是一大限制	17	15	1	33
与私有企业没有多大差别	32	28	13	73
不担心任何政府政策	3	4	1	8
不知道政府政策	1	3	—	4
总　计	53	50	15	118

表4.30是按照受访董事为现任董事还是前任董事所做的一个答案选择的交叉列表。调查结果惊人而又重要。表中显示，现任董事比前任董事更可能认为政府政策是一大限制。对于前任董事来说，他们更可能忽视政府政策的规定及执行，这个结果具有很高的统计上的显著性（$p<0.001$）。在其他方面，相对于前任董事，现任董事对政府公司或政府的评价普遍更好一

些。这个结果从反面说明，随着时间的推移，目前应用于政府公司的政府政策中的问题会逐渐增加。

表 4.30　　　　　政府政策的效应（按董事类型）

	现任董事	前任董事	总　计
政府政策是一大限制	23	10	33
与私有企业没有多大差别	30	43	73
不担心任何政府政策	—	8	8
不知道政府政策	1	3	4
总　计	54	64	118

表 4.31 表明，上述调查结果在 A 部门和 B 部门中非常明显，而在 C 部门中则不明显。有上市公司经历的董事与其他董事相比，实际上没有什么差异。

表 4.31　　　　　政府政策的效应（按部门和董事类型）

		现任董事	前任董事	总　计
A 部门政府公司	政府政策是一大限制	11	6	17
	与私有企业没有多大差别	11	21	32
	不担心任何政府政策		3	3
	不知道政府政策		1	1
B 部门政府公司	政府政策是一大限制	11	4	15
	与私有企业没有多大差别	11	17	28
	不担心任何政府政策		4	4
	不知道政府政策	1	2	3
C 部门政府公司	政府政策是一大限制		1	1
	与私有企业没有多大差别	8	5	13
	不担心任何政府政策		1	1
	不知道政府政策			
总　计		54	64	118

如果政府政策确实给政府公司施加了额外的巨额成本的话，那么政府公司又如何回应这些政策呢？政府公司可能选择服从，或者试图改变这项政策。如

果选择后者，那么结果要么是成功，要么是失败。因此，我们请董事们告诉我们，他们是如何应对这些问题的。我们提出的问题是："政府政策在哪些方面是一种限制，你是如何处理这种限制的？"我们给出了以下五个备选答案：

（a）政府公司毫无抱怨地接受这项政策。

（b）政府公司试图与政府协商以达成一项更加适当的政策，但没有成功。

（c）政府公司成功地与政府进行了协商，并达成了一项更加适当的政策。

（d）我们曾试图让政府支付一些政策（如CSO）的合规性成本，但没有成功。

（e）我们成功地使政府支付了一些政策（如CSO）的合规性成本。

结果显示，政府公司尝试对政府政策重新进行协商可能有两个不同的目的：或者是寻求对这项政策做出重大改变，或者是寻求补偿边际合规性成本。表4.32 列示了调查结果。该表显示，尝试为政策执行寻求增加补偿并不常见，也很少成功。另外，3/4 的受访者表示，他们曾寻求重新协商政府政策，但获得批准的概率很低，三次中会有两次失败。C 部门中的政府公司又一次与其他两个部门不同，在这个部门中，就政府政策要求进行重新协商的成功率要高得多①。

表4.32　　政府公司对政府政策的反应（按部门）

	A 部门 政府公司	B 部门 政府公司	C 部门 政府公司	总计
政府公司毫无抱怨地接受政策	4	13	3	20
政府公司试图对政策进行重新协商，但没有成功	28	19	3	50
政府公司成功地对政策进行了重新协商	12	10	6	28
试图让政府补偿合规性成本，但没有成功	3	3	—	6
获得了政府对合规性成本的补偿	—	1	—	1
总计	47	46	12	105

① 在这里，现任董事和前任董事的回答不存在显著的差异。

对限制性政府政策的认识与对政府政策的回应之间是什么关系呢？为了降低自由度，以便进行更加可靠的检验，我们对数据做了重新安排。其一，对政策效应或者记录为一大限制，或者不是。就是说，对于那些认为可以忽略或不知道政府政策的受访者，我们把他们看做是不认为政府政策是一大限制的一类人。第二，对政策的回应重新记录为三个类别：毫无抱怨地接受；成功地进行了重新协商；重新协商失败。后面两类包括试图对政策做出重大改变和寻求对合规性成本进行补偿。结果列示在交叉表4.33中。

表 4.33　　　政府政策的效应和反应之间的关系

	毫无抱怨地接受	重新协商失败	成功地进行了重新协商	总　计
政策是一大限制	3	25	3	31
政策不是一大限制	17	31	26	74
总　计	20	56	29	105

结果表明，当政府政策被认为是一大限制时，最常见的反应就是寻求对这些政策进行重新协商，但这样做的成功率很低。对于其他政策，政府公司有时会选择默许，但也经常会选择要求重新协商。重要的是，重新协商的成功案例通常集中在政府政策不构成大的限制的情况下。对交叉列表的卡方检验结果在 $p < 0.001$ 的水平上具有统计上的显著性。

在第5章中，我们将讨论与政府政策和利益集团政治之间交接关系相关的问题，尤其是其中的产业关联问题。现在，我们也许可以得出这样的结论：政策的出台很可能伴随着治理的巨大代理成本。政策方面的证据与已讨论的政府干预方面的证据是一致的，这表明，公司化变量被一系列复杂的因素包围着，而这些因素不完全是透明的。

4.5　结　论

结论可归纳为五点。

第一，本章的分析表明，为什么政府公司的治理结构不可能，通常也不应该仿效上市公司的治理结构。政府公司的治理问题与上市公司是不同的。对于政府公司来说，没有规范其治理结构的市场机制，这势必会产生过多的治理的代理成本。由于需要控制两组代理人，从而限制了从私有公司移植相关规范的可能性。

第二，公司化体制始于一个充分的前提，即政府股东和政府公司管理层的角色与职责是界定清楚的。然而体现那些规定的限制因素不会自行发生作用。在很多方面，政府部长可能会超越这些限制因素。政府部门的介入创造了新的策略性行为的可能性。

第三，经验证据证实，政府部长们的确会超越法人治理的限制因素，这样的一些行为很可能导致高昂的治理的代理成本。然而有一点不是很清楚，即政府部长们能够超越法人治理的限制因素的确切原因是什么？这似乎与正式权威庇护下的威胁并没有多大的关系，它大大低于人们可能的预期。

第四，政府部门之间的相互作用是很复杂的。有证据显示，它们之间存在着不合作和策略性行为，包括歪曲信息和不断发生的"抢夺地盘的战争"(turf wars)。这些行为很可能会产生法人治理的代理成本。

第五，有证据显示，应用于政府公司的政府政策会增加法人治理的代理成本。这些证据与这样的观点是一致的，即政策的出台并不与最小化管理的代理成本相一致，而是出于政治方面的考虑。在第5章中，我们将通过检验政府公司的利益相关者的角色，以及他们对企业的管理和治理施加的影响，具体地验证这些政策问题。

第5章

利益相关者与法人治理

在法人治理中,利益相关者是基本的构成要素之一,在法人治理研究文献中,它占有十分重要的地位。长期以来,经济学文献形成了这样的传统,即强烈地反对让利益相关者集团在法人治理中发挥作用,而只是强调股权投资者的作用。让利益相关者在法人治理中发挥作用的建议产生于合同理论,以及对股东发挥作用的特殊困难的认识。利益相关性理论是在对标准理论的抨击中产生的,而这种抨击则是受到了共产主义者的启发(Mitchell,1996)。这些文献试图让更多的选民注意到将利益相关者的作用纳入到法律安排的必要性。这些文献强调了雇员、债权人、消费者和社区的利益。在理论上消除股东和利益相关者的界限是法人治理比较研究中的一项任务。在经济学的经典分析中,学者们强调了盎格鲁-美利坚模式(Anglo-American model)的不确定性,在这种模式中,股权投资者是极为重要的,而在其他地区,包括日本和德国,雇员和其他选民则被证明发挥着十分重要的作用(例如,Gilson and Roe,1993;Macey and Miller,1995;Roe,1993)。

那么利益相关者理论如何应用于政府公司的法人治理呢?这里有两点值得考虑:第一,一个界定清晰的股权投资者阶层已不存在。正像我们在第3章中所看到的,这使得对管理层、董事或政府部长的提案或行动进行评估变得极其复杂。第二,有证据表明,公司的"公共性"就是把"公众利益"作为政府公司行为的准则。然而,由于公众利益这一概念不像股东利益那样容易表达,因此,它便可以采用由一定范围的利益相关者选民来替代的方法。每一个选民都代表着一部分公众利益。

与这种替代方法相反,假设公司化是为了在资源利用中作为改革政府和提高效率的一种工具,那么灵活运用这种方法并不必然会对利益相关者和其他公共选民的利益造成伤害,因为公司化允许通过一定的方式来保护公众利益。在现代公司化模式中,经常采用的一种机制就是公共服务义务(CSO),这种机制承认那些与满足特殊选民需要相关的公共利益,并且设法实现这些公共利益。

如何解决与利益相关者相关的问题,在企业治理的许多层面上,都是非常重要的,因为它影响着我们用以决定政府公司经理、董事和政府部长的行动是否合法和适当的标准,还决定着在政府公司治理和利益分配中,诸如CSO等机制的必要性和重要性。利益相关者对于企业治理程序的构造也具有基本的和至关重要的影响。在第3章中我们已经知道,政府公司董事的背景和经历千差万别。一个人对于利益相关者作用的认识,将决定着什么背景的人适合进入董事会,或者希望什么样的人进入董事会。利益相关者的作用也可能引起与公众人物法定资格相关的实体法问题,因为这些公众人物在进行司法评价时要引用任何现实可用的依据(Stearns,2002)。

下面我们更具体地分析这些问题。首先分析利益集团政治以及与此相关的政府公司的重要性;接下来讨论在政府公司治理程序上与利益集团政治效应相关的一些经验证据,集中分析在法人治理中雇员及其代表的作用;然后再论述CSO的作用及其调解效率与利益相关者期望的满足之间矛盾的能力。

5.1 利益集团政治与利益相关者

利益集团在政府公司中扮演着什么样的角色,它们又是如何影响政府公司的管理和治理的呢?不幸的是,在这个问题上,存在着非常极端的观点。一方面,私有化的鼓吹者认为,控制利益集团的唯一手段是使经营性企业脱离政府,使它们利用市场来提供公共品(Shapiro and Willig,1990)。当然,这种观点忽略了与私有化程序相关的一系列利益集团问题,例如,为了扫清私有化的障碍而达成的某些交易,私有化过程中各个利益集团之间的利益分配,私有化导致了政治的终结。另一方面,人们对公司化寄予了极大的热情,他们把公司化作为最终的目的,而不是走向私有化的一个过渡,但这种观点经常忽略掉公司化的具体细节问题。

利益集团政治在社会中的作用可以通过不同的方法进行评估。一方面,多元论(theories of pluralism)认为利益集团政治是有用的,因为它为被代表的公民提供了在政治进程中发挥作用的机会;另一方面,公共选择理论(theories of public choice)则持相反的观点。20世纪80年代到90年代,这种理论对公共品供应的重新定位产生了巨大的影响。该理论认为，利益集团政治取得的成功实质上是由利益集团组织的效率决定的（Buchanan and Tollock, 1965; Stigler, 1971）。一般而言，规模小的利益集团比规模大的利益集团更有效率，在政治进程中，这些规模小的利益集团能够以对他们有利的方式进行财富的重新分配。

这些理论如何与公司化取得一致？对于这个问题，无论是学术文献还是政策文件，都没有给出令人满意的回答。一方面，可能存在着这样的争论，即授予政府公司董事会比较高的管理权威，认为这是将公共品供应从利益集团之间的寻租竞争中解脱出来的一种方式。CSO 的存在被认为是支持这种观点的一种因素，它的目的就是要明确给予一个利益集团一定数量的补贴。另一方面，也可能存在这样的争论，即政府公司必须使利益集团能够更容易地影响公共品供应，要做到这一点，它们可以将公共品供应的官僚决策机构从公法控制机制中解脱出来，同时保证政府部长有充分的保留权力，以此来影响利益集团的竞争。下面分析的方法接近于第一种争论，即政府公司将会把重新分配利益的效率放在首位。尽管政府公司必然会受到利益集团政治的影响，但它们也应该受到治理机制的制约，以使补贴和其他利益集团的利益变得明朗。也可以预期，利益集团政治对于管理的代理成本和治理的代理成本的影响是同方向的。也就是说，对利益集团的寻租行为限制得越少，预期两种形式的代理成本就会越高。政府股东在行使其治理权力的时候，很可能会做出无效的决策；同时，管理层和董事也会做出无效的决策，但却有利于利益集团。

5.1.1　对利益集团政治前述证据的评论

本书前面的经验证据已经隐含着一些有关积极的利益集团政治模式的证据。这些证据与利益集团政治是相吻合的，它们证明，相关的政治考虑会对政府公司的管理和治理产生影响。在这里，我们对这些证据中的重要部分做一个总结。

第一，我们看到，政府股东会出于某些政治性的或者利益集团的考虑与董事会进行沟通，他们会以法律规定以外的某种方式介入政府公司的管理和治理，这种介入并不被认为能够增加政府公司的价值。

第二，我们发现，董事们具有相当高的容忍度，他们会就引起利益集团问题的交易进行协商或投票。一般而言，受托人责任与减少政府公司管理和治理中的利益集团行为之间难以实现很好的协调。受托人责任不论多么适合，都可能成为追求自我利益的形式。

第三，相比财政部长，投资部长在选择和任命政府公司董事方面起着主导作用。投资部长很可能会与某产业中的利益集团积极分子进行密切接触。另外，在绝大多数情况下，利益集团似乎并不会直接介入董事的任命过程。

第四，少数董事认为，他们的政治性或具有代表性的技能与其任命是相关的，甚至是高度相关的。相关的利益集团会因为有机会代表部分利益而受到激励，并且认为这样做是他们的职责所在。与此相似，也有少数董事表示，他们由于成为董事而受到激励，因为这使他们有机会与政府部长们往来。

第五，相当多的董事认为，给予CEO较低的补偿所造成的一种影响是，它会使这些CEO在决策中更加注意改善他们的政治声誉。

第六，董事的高替换率与执政党的变化密切相关，这个高水平的替换率很可能使董事们更多地去考虑政治因素。这个观点得到了定性证据的支持，这就是，政治论争可能导致一个董事的职务被终止或得不到连任。

第七，极少数董事认为，关于政府公司与政府投资部长和财政部长存在着冲突的目标，这本身并不是寻租的证据，但可能反映了来自不同选民的影响。与这个发现相一致的事实是，政府公司在解决这种冲突中不可能起到什么作用，它表明，政治考虑对于解决冲突具有重要的影响。

5.1.2 关于利益集团政治的更进一步的证据

根据上述的证据，我们在以下两个问题上寻找了更具体的证据：一是受到利益集团游说的董事的范围和重要性；二是政客和政府股东基于政治原因在多大程度上对相关管理层施加压力。为了验证第一个问题，我们向受访的董事提出了如下问题："在你的经历中，政府公司的消费者是否就公司服务的范围和价格积极地向董事或管理层游说？"我们要求受访的董事们从四个选择答案中选择一个，这些答案分别是：（a）经常；（b）有时；（c）很少；（d）从来没有。表5.1按部门列示了对这个问题的回答情况。很明显，游说行为是很普遍的，这个结果很值得关注，因为它直接地表明董事会里有利益集团的游说行为。在各部门之间没有统计上的显著差异，但是，在个人投资的一些政府公司之间存在着差异（治理没有报告这种差异）。

表 5.1　　消费者对董事或管理层的游说行为（按部门）

	A 部门政府公司	B 部门政府公司	C 部门政府公司	总　计
经常	6	11	2	19
有时	21	24	7	52
很少	16	10	3	29
从来没有	10	6	3	19
总　计	53	51	15	119

现任和前任董事的回答之间也存在着差异。如果我们把这些答案在 1~4 的范围内打分，4 表示"经常"，1 表示"从来没有"，那么现任董事回答的均值是 2.81，前任董事回答的均值是 2.35。t-检验表明，两者之间的差异具有统计上的显著性（$p<0.01$）。这表明，游说行为增加了，这个结果很重要，因为人们不会预期，现任董事为了报告游说行为而应该有所偏见。

接下来一个与游说行为密切相关的问题是，董事是否充当不同选民的支持者。我们向受访的董事们提出了如下问题："董事会中的每个董事是否专门充当特殊消费者或用户的支持者？"我们提供了三个可能的答案：

（a）是的，一些董事总是充当某些特殊选民的支持者。
（b）一些董事对游说行为持开放态度，但不会成为游说者的代表。
（c）没有。

表 5.2 列示了对这个问题的回答情况。它显示，C 部门中的董事最不可能充当支持者（尽管卡方检验并不具有统计上的显著性），但是，有 1/4 的董事认为，一些董事的确作为某些党派的支持者而发挥着作用。另外，对政府公司的调查结果显示，董事作为支持者极具变化性。

表 5.2　　董事对消费者或用户的支持（按部门）

	A 部门政府公司	B 部门政府公司	C 部门政府公司	总　计
是的，一些董事总是支持特殊的选民	12	5	1	18
董事对游说行为持开放态度	4	7	—	11
没有	38	39	14	91
总　计	54	51	15	120

当我们把有关消费者游说董事会的回答与那些支持局部利益的董事的存在联系起来时,我们便会发现一种可以预测的一致性。当消费者的游说行为更加频繁时,董事更有可能成为支持者。表 5.3 给出了这个关系的交叉列表。卡方检验在 $p<0.01$ 的水平上具有统计上的显著性。直觉与公共选择理论也是一致的,即组织得最好的游说集团在政治进程中很可能是最有效的,这一结论也可以应用于政府公司。

表 5.3　　　　游说行为与董事支持之间的关系

	经常	有时	很少	从来没有	总　计
是的,一些董事总是支持特殊的选民	5	12	1	—	18
董事对游说行为持开放态度	4	5	2	—	11
没有	10	35	26	19	90
总　计	19	52	29	19	119

下面集中讨论的利益集团政治问题与决定政府公司提供什么样的服务时对董事施加的影响有关。我们知道,政府股东对政府公司的管理和治理具有重要的影响,这种影响可能会超出公司化模式所允许的范围。因此,我们可以讨论一下这种影响在多大程度上是专门针对政治问题的。我们向董事们提出了这样的问题:"你所在的政府公司是否曾经迫于政治压力而提供某些服务(例如,对那些边际选民提供额外的服务,或进行安置)?"我们提供了三个备选答案。

(a) 是的,不管政府公司提供的服务是不是为了实现商业性目标。

(b) 是的,但仅仅发生在政府公司提供的服务是纯粹为了实现商业性目标的情况下。

(c) 不是,政府公司不管提供什么样的服务,都没有任何政治压力。

对这个问题,受访董事的回答率略低一些,在 121 位受访董事中只有 86 位做出回答。很显然,这是一个敏感的问题。我们只能推测那些没有回答的受访者可能选择的答案。C 部门中的董事最可能不回答这个问题,在该部门中,在 15 位受访董事中只有 6 位做了回答。从他们对其他问题的回答看,他们所在政府公司的利益集团政治化水平是比较低的,因此,那些没有回答的董事很可能会对这个问题说"不是"。比较而言,A 部门和 B 部门中的董事的回答比例接近 80%,对于这些政府公司中那些没有回答的董事来说,他们很可能回答"不是"。所以,选择肯定答案的人数可能比受访总人数中实际选择此项的人数要少。调查结果按部门列示在表 5.4 中。

表 5.4　　政府公司提供服务上的政治压力(按部门)

	A 部门政府公司	B 部门政府公司	C 部门政府公司	总　计
是的,不管是否为了商业性目标	11	14	—	25
是的,但仅仅是在为了商业性目标时	4	4	—	8
不是	23	24	6	53
总　　计	38	42	6	86

在回答这个问题的董事中,有 40% 认为他们受到了政治压力,并且这些回答者中的绝大多数都选择了第一个答案,即"不管是否为了商业性目标"。尽管部门之间的差异不具有统计上的显著性,但是,如果按照政府公司对回答结果进行汇总,则可以看到,在一些公众关注度比较高的政府公司中,政治压力的程度是很高的。这些经历过很大的政治压力的政府公司,很可能与公司化特有的运作体制相抵触。现任董事对这个问题的回答比例略低一些(55 位现任董事中有 34 位回答,而 66 位前任董事中则有 52 位回答),但他们在政治压力问题上的回答没有显著的统计上的差异。在 20 位做了回答并有过上市公司经历的董事中,有 9 位认为,不管是否为了商业性目标,都存在政治压力(占 45%),剩下的人则认为不存在什么政治压力。相比较而言,在其他 66 位受访董事中,只有 16 位认为,不管是否为了商业性目标,都存在政治压力(占 24%);有 8 位认为,如果政府公司提供的服务纯粹是为了实现商业性目标,则会存在政治压力(占 12%)。在对政治压力问题的回答上,选择不同答案的董事之间,只在 $p<0.1$ 的水平上具有比较弱的显著性差异。

在政府公司提供服务上所受到的政治压力如何与对董事的游说行为联系起来呢?有人也许会预期这两者之间存在很强的相关关系,即政治压力一定会与利益集团对政客们的游说行为联系起来,这种游说比起对董事会的游说,只是在形式上不太直接而已。如果我们把受访董事的回答列成交叉列表,那么这种预期的相关关系是非常明显的。调查结果列示在表 5.5 中。该表显示,董事会受到游说的程度与在政府公司提供服务上董事会受到的政治压力之间存在着明显的关系,对不同类型董事的回答的差异所作的卡方统计量（$\chi^2 = 19.595$，$df = 6$）表明，这种差异在 $p < 0.005$ 的水平上具有显著性。我们用略微不同的一种方式，即斯皮尔曼（Spearman）相关系数（一种非参数相关系数，用 ρ 表示）进行检验，$\rho = 0.335$，这个系数在同一水平上具有显著的统计意义。政治压力与董事会成为局部利益的代言人之间则只存在比较弱的相关关系。表 5.6 给出了这种关系的交叉列表。卡方统计量（$\chi^2 = 8.689$，$df = 4$）在 $p < 0.1$ 的水平上只有很弱的显著性，斯皮尔曼相关系数则不具有显著性。

表 5.5　政府公司提供服务上的政治压力与游说董事行为之间的关系

	经常	有时	很少	从来没有	总　计
是的，不管是否为了商业性目标	12	7	5	1	25
是的，但仅仅是在为了商业性目标时		6	1	1	8
不是	6	22	16	9	53
总　计	18	35	22	11	86

表 5.6　政府公司提供服务上的政治压力与董事为利益集团代言之间的关系

	正常的支持	对游说持开放态度	不充当支持者	总　计
是的，不管是否为了商业性目标	5	3	17	25
是的，但仅仅是在为了商业性目标时	2	3	3	8
不是	9	3	41	53
总　计	16	9	61	86

在第 4 章，我们曾检验过在政府公司提供服务上董事认为自己所享有的自由程度。董事们可以回答他们在这方面享有充分的自由，也可以回答他们没有这方面的自由，还可以回答这样的自由在政治上是不现实的。那么，这个变量如何与本节中要检验的其他利益集团的考虑因素联系起来呢？首先，我们可以检验这个变量与对董事会或管理层的游说行为之间的关系。这里没有列出两者关系的交叉列表，因为这种关系是不具有显著性的。其次，在政府公司提供商品和服务上，董事所享有的自由程度与他们是否作为利益集团

的代言人或支持者之间存在着显著的相关关系。调查结果列示在表 5.7 中。卡方统计量在 $p<0.05$ 的水平上具有显著性，斯皮尔曼相关系数也是如此。

表 5.7　在政府公司提供服务上董事享有的自由程度与其是否支持利益集团之间的关系

	正常的支持	对游说持开放态度	不充当支持者	总　计
充分的自由	8	5	54	67
只享有理论上的自由	3	5	17	25
没有充分的自由	7	1	13	21
总　计	18	11	84	113

最后，当政府公司提供服务的自由程度与政治压力联系起来时，我们会发现一个很清晰的结果，这就是，政府公司为了政治目的而提供服务的压力越大，它们在服务和价格上享有的自由就越少。表 5.8 是表示这种关系的交叉列表。不同回答的卡方统计量在 $p<0.0001$ 的水平上具有显著性。斯皮尔曼相关系数在类似的水平上也是显著的。

表 5.8　在政府公司提供服务上的政治压力与其在提供服务上的自由程度之间的关系

	充分的自由	只享有理论上的自由	没有充分的自由	总　计
是的，不管是否为了商业性目标	4	13	8	25
是的，但仅仅是在为了商业性目标时	3	3	2	8
不是	38	6	8	52
总　计	45	22	18	85

在第 4 章中，我们分析了影响董事决定接受任命和当时预期的因素。其中一个因素是关于在企业的运作和治理上对政府施加限制的预期，这个问题的研究结果列示在表 4.4 及之后的一些表格里。我们曾发现，大约 1/4 的董事没有任何预期；在剩下的受访董事中，大约 40% 的董事认为，企业的运作和治理会受到无效的限制。这个因素与本节研究的证据如何联系起来呢？政府公司对无效限制的预期与其提供服务上的政治压力之间存在着清晰的相关关系。表 5.9 列出了这种相关关系，对这种关系的卡方检验在 $p<0.05$ 的

水平上具有显著的统计意义。表 5.10 则显示，政府公司对无效限制的预期与其在提供服务的水平和价格上的自由程度也存在相关关系。那些预期存在轻微限制的受访董事更可能报告自己享有最低水平的自由程度（$p = 0.056$）。从这种意义上说，对政治干预的预期相对而言还是比较准确的。

表 5.9 政府公司提供服务上的政治压力与预期政府施加无效限制之间的关系

	预期的限制	没有预期到任何限制	没有任何预期	总 计
是的，不管是否为了商业性目标	8	14	3	25
是的，但仅仅是在为了商业性目标时	—	5	3	8
不是	23	14	16	53
总 计	31	33	22	86

表 5.10 政府公司提供服务上的充分自由与预期政府施加无效限制之间的关系

	预期的限制	没有预期到任何限制	没有任何预期	总 计
充分的自由	16	36	15	67
只享有理论上的自由	12	9	4	25
没有充分的自由	10	5	6	21
总 计	38	50	25	113

最后一个有趣的问题是，要研究一下这些利益集团变量与政府部长的非正式干预之间的关系（关于政府部长的非正式干预问题，我们在第 4 章曾经讨论过）。首先，董事会受到游说的程度，或作为局部利益的支持者，与政府干预之间没有显著的相关关系。然而，政府干预与政府公司在提供服务和定价上的政治压力及自由程度却存在着显著的相关关系。表 5.11 列示的是政府（投资部长）干预与政府公司在提供服务上的政治压力之间的交叉列表。从表中可以看到，政府干预大都发生在董事报告政治压力的情况下。卡方统计量等于 27.952（$df = 2$），该统计量在 $p < 0.000001$ 的水平上具有显著性。而对于财政部长来说，同样的交叉列表则不具有显著性。

表 5.11　政府公司在提供服务上的政治压力与政府部长在
管理和治理上的非正式干预之间的关系

	政府部长干预	政府部长没有干预	总　计
是的，不管是否为了商业性目标	22	3	25
是的，但仅仅是在为了商业性目标时	6	2	8
不是	13	37	50
总　　计	41	42	83

表 5.12 显示这个结果的方式略有不同。它按部门列示了两个方面的调查结果：一是列示了那些回答说不存在政治压力的董事人数；二是列示了那些回答说存在政治压力，但这种压力仅仅发生在可能存在商业公平的情况下的董事人数（为了强调后一种类型的董事相对比较少）。表 5.12 表明，在 A 部门和 B 部门中，这些趋势是如何保持一致的。

表 5.12　政府公司在提供服务上的政治压力与政府部长在
管理和治理上的非正式干预之间的关系（按部门）

部　门		政府部长干预	政府部长没有干预	总　计
A	有政治压力	11	—	11
	没有非商业性压力	14	11	25
B	有政治压力	11	3	14
	没有非商业性压力	4	23	27
C	有政治压力	—	—	—
	没有非商业性压力	1	5	6
	总　计	41	42	83

然后，如果我们考察政府干预与政府公司在提供服务和定价上的自由程度之间的关系，就会发现与上述相似的结果，尽管这个结果不像上述结果那样有很强的显著性。表 5.13 是两者关系的交叉列表。该表显示，最少受到政府干预的公司最可能享有提供服务和定价的自由。卡方检验在 $p < 0.05$ 的水平上具有显著的统计意义。①

---

①　如果把没有充分的自由和仅仅享有理论上的自由这两类调查结果结合起来，那么卡方统计量在 $p < 0.01$ 的水平上是显著的。

表 5.13 政府公司在定价和提供服务上的充分自由与政府部长在管理和治理上的非正式干预之间的关系

	政府部长干预	政府部长不干预	总　计
充分的自由	27	38	65
仅仅享有理论上的自由	17	8	25
没有充分的自由	13	7	20
总　计	57	53	110

以上证据显示，至少对于样本中的一些政府公司而言，利益集团政治影响着董事会的审议议程，也限制着政府公司提供的产品和服务的水平。这说明，一种使政府公司管理摆脱政治影响的政府公司体制，将会遇到很大的挑战。正如我们在对政府股东的一般分析中看到的，法律上关于政府公司法人治理的规定经常被人们忽略。

5.1.3　劳工政策

在这一节中，我们考察一个具体的利益集团——劳工及其对政府公司法人治理的参与。劳工无疑是一个非常重要的利益集团，因为它在企业中相对比较集中，在公司治理比较分析中又属于时事性话题。此外，由于昆士兰两大主要政治派别在劳工利益和工会问题上存在着重大分歧（这一情况在整个澳大利亚也是如此），这使得劳工的角色尤为重要。澳大利亚劳动党（Labor Party），顾名思义，其与组织起来的劳工利益关系密切；相反，保守的自由国家党（Liberal and National Parties）历来就对劳工利益缺乏包容。

就相关的政府政策问题（集中于产业关联和职工安置），我们询问受访的董事们："政府公司在最大化劳动生产率方面（诸如缩减开支、企业谈判、平等的雇用机会等问题）是否拥有充分的决策权？"我们向受访者提供了三个可能的备选答案——"是的"、"不是"和"这取决于哪个政党执政"。对这个问题的回答非常重要，因为否定的回答很可能表明劳工利益集团在最大化工人福利方面具有有效的影响力，甚至会使政府公司的运作效率降低。而选择"取决于哪个政党执政"则表明劳工作为一个利益集团在一定程度上是成功的，但并不是在所有情况下都是如此。表 5.14 列示了不同部门的回答。

表 5.14　政府公司在最大化劳动生产率方面的自由决策（按部门）

	A 部门政府公司	B 部门政府公司	C 部门政府公司	总　计
是的	28	30	13	71
不是	19	16	2	37
取决于哪个政党执政	7	5	—	12
总　计	54	51	15	120

结果显示，C 部门政府公司中有 87% 的董事认为自己在最大化劳动生产率方面拥有充分的自由，这可能反映了这些政府公司不同的劳动力构成，它们拥有更多的专业人员，而蓝领工人则很少。在其他两个部门的政府公司中，情况有所不同——这一比例下降为 50%～60%，超过 30% 的董事对此做出了否定的回答。在 A 部门和 B 部门中，只有比较少的董事（大约 10%）认为这个问题取决于哪个政党执政。相对于现任董事，前任董事中选择"不是"和"取决于政府"两个答案的比例略微高一点，但不具有显著的差异。然而，拥有上市公司法人治理经历的董事却给出了相当不同的回答。如表 5.15 所示，这些董事中只有 42% 做出了肯定的回答，而在没有这种经历的董事中做出肯定回答的却达 65%。对表 5.15 进行的卡方检验在 $p < 0.05$ 的水平上具有显著的统计意义。

表 5.15　最大化劳动生产率的自由决策与拥有上市公司法人治理经历之间的关系

	有上市公司法人治理的经历	没有上市公司法人治理的经历	总　计
是的	13	58	71
不是	11	26	37
取决于哪个政党执政	7	5	12
总　计	31	89	120

表 5.16 显示了部门与上市公司法人治理经历之间的交叉关系。它表明，在最大化劳动生产率的自由决策方面，A 部门和 B 部门中具有上市公司法人治理经历的绝大多数董事都倾向于否定的回答（25 位中有 16 位回答"不是"或"取决于政府"，而其他董事中，79 位中只有 30 位这样回答）。由于这些董事具有丰富的经验，他们的回答便具有重要的影响。这个结果表明，政府明确的产业关联政策与政府部长和其他政府机构的非正式干预之间的结合，很可能会限制政府公司在最大化劳动生产率方面决策的灵活性。

表 5.16　　　最大化劳动生产率的自由决策与
拥有上市公司法人治理经历之间的关系（按部门）

		A 部门 政府公司	B 部门 政府公司	C 部门 政府公司	总　计
有上市公司法人 治理的经历	是的	6	3	4	13
	不是	6	4	1	11
	取决于政府	3	4	—	7
没有上市公司法 人治理的经历	是的	22	27	9	58
	不是	13	12	1	26
	取决于政府	4	1	—	5
	总　计	54	51	15	120

我们还发现，在最大化劳动生产率方面的充分自由决策与在提供服务和定价方面的充分自由之间具有相关关系。对于后一个问题，我们在第 4 章中已作讨论[①]。表 5.17 是对这两个问题回答的交叉列表。它显示，那些认为在提供服务和定价方面享有充分自由的董事很可能在劳动生产率问题上持有相同的观点，而那些对前者持否定观点的董事也可能对劳动生产率问题持否定观点。卡方统计量是 21.771（自由度 $df=4$），它在 $p<0.001$ 的水平上具有统计上的显著性。只有 48 位董事——占样本总量的 43%——认为政府公司享有充分的决策自由来实现公司价值的最大化，不管是在提供服务和定价方面，还是在劳动力使用方面，都是如此。这个结果很重要，因为它表明政府公司由于贴近政治领域而使其效率大打折扣。在政治领域，劳工是一个（但不是唯一的）有效的游说集团。

表 5.17　　　在定价和提供服务上的自由与
最大化劳动生产率上的自由之间的交叉列表

在提供服务和定价方面	在最大化劳动生产率方面是否享有充分的自由			
	是的	不是	取决于政府	总　计
享有充分的自由	48	10	8	66
仅在理论上享有自由	10	12	3	25
没有充分的自由	8	13		21
总　计	66	35	11	112

---

① 参见表 4.28。

我们询问董事们对政府公司雇员的能力和效率有什么看法。我们提出的问题是:"下列陈述中的哪一个最好地描述了政府公司的经理和职员?"董事们可以从下面的备选答案中做出选择:

(a) 总体来说,政府公司职员与私有部门雇员一样有效率。
(b) 总体来说,政府公司职员与公共部门雇员一样有效率。
(c) 政府公司职员的情况千差万别——有的效率很高,有的则达不到标准。
(d) 总体来说,政府公司职员的效率似乎低于企业应具备的标准效率。

设计这个问题的目的是要判断对劳工的让步在多大程度上影响了政府公司雇用的职员的质量。比如,在企业层面上(而非个人层面上)通过谈判而对工会会员或在工厂合同里做出的承诺,可能会阻止生产率高的职员接受政府公司的雇用。表5.18列示了关于这个问题的统计结果。幸运的是,该表显示,没有一个董事选择最后一个答案,而超过一半的董事选择了第一个答案。虽然如此,仍有超过1/4的董事选择了第三个答案,15%的董事选择了第二个答案,对此可以认为是明褒实贬。表5.18显示,董事的回答不存在明显的部门间差异。然而,如果从政府公司角度来看这些回答,则部门内部不同政府公司之间存在显著的观点上的分歧。这些分歧与董事是否具有上市公司法人治理经历没有显著的关系。

表 5.18　　政府公司职员的生产效率(按部门)

	A部门政府公司	B部门政府公司	C部门政府公司	总计
政府公司职员与私有部门雇员一样有效率	28	26	11	65
政府公司职员与公共部门雇员一样有效率	8	9	2	19
政府公司职员的情况千差万别	17	15	2	34
总　计	53	50	15	118

我们询问的最后一个问题是董事会中是否有一个劳工或工会代表。在英语国家,劳工代表进入董事会是很罕见的。劳工代表出现在政府公司中,则传递了一个明显的信号,即劳工在政府公司中的影响要比在经营性公司中大得多。表5.19按部门列示了董事对这个问题的回答。劳工代表进入董事会在各部门政府公司中都普遍地存在着($p<0.05$)。现在有一

种倾向，即任命更多的劳工代表进入董事会——在66位前任董事中有12位提到董事会中有1位劳工代表，而54位现任董事中则有20位提到董事会中有劳工代表（$p<0.05$）。但奇怪的是，在这个问题上也明显地存在着折中的倾向——董事会中的劳工代表董事与具有上市公司经历的个人董事之间存在着相关关系——在31位具有上市公司经历的董事中有13位说自己是劳工代表，而在89位没有上市公司经历的董事中则只有19位说自己是劳工代表（$p<0.05$）。如果我们相信这两类董事间的偏差是彼此抵消的，同时政府公司董事会中的专家董事和代表董事得以扩大，那么这样一种经历的平衡在直觉上还是有意义的。表5.19中的结果没有显示出董事会中劳工代表的存在与职员的效率或最大化劳工效率的自由决策之间有什么显著的关系。

表5.19　　　　　董事会中的劳工代表（按部门）

	A部门政府公司	B部门政府公司	C部门政府公司	总　计
有劳工代表	14	10	8	32
没有劳工代表	40	41	7	88
总　计	54	51	15	120

5.2　公共服务义务

公共服务义务（CSO）是一种允许政府公司去实现更多的看得见的"公共"职责的机制设计，而这些职责是一个仅受利润最大化驱使的企业所不能实现的。如前所述，CSO的运作是指允许政府要求政府公司去承担一些被认为是公共利益的活动，一般情况下，政府要为政府公司承担委托义务的边际成本提供明确的资金支持。对于利益集团来说，这种机制是一种重要的安全阀。它允许利益集团为了政府的财富转移（wealth transfer）而进行竞争，但是它们必须要遵守规则，即这些转移的财富要花费得明明白白，从而保证这些财富使用中的透明度。

然而，CSO机制也遇到了几个问题。

第一，通过政府股东或其他政客的非正式压力或其他形式的干预，CSO可能得以逃避。如果通过向政府公司施加压力以使其提供某些服务，那么运用 CSO 机制就是不必要的。我们已经看到，政府部长能够，也确实在运用手中的权力对企业的管理施加重大影响，而这种影响也的确可以扩大企业提供的服务和付出的代价。

第二，对 CSO 的资金支持可能像是一种交叉补贴（cross-subsidy）。也就是说，按照固有的不成文规定，收支余额经常被作为一种对某个利益集团所要求的一些形式的活动补贴，而这种补贴并不具备充分的理由作为公共性 CSO 资金，在这种情况下，对 CSO 的资金支持就可能会超过企业所承担的义务的边际成本。如果测度这种边际成本是很困难的，那么类似补贴的这种 CSO 资金支持是可想而知的，事实也确实如此。由于政府公司在提供服务上常常是一个垄断者，因此，几乎没有适用的可比较的市场价格用来测算某项公共服务义务的成本。

第三，CSO 对可能发生的意外事件将可能应对不足（Quiggin，2003）。也就是说，强加的委托义务将难以适应未来世界的变化。在未来出现某种情况下，改变 CSO 的内容也许是有效的和公平的，比如，扩大服务的供给，或者调整价格，而这在很大程度上取决于政府和政府公司事后适应的能力和意愿。就政府的政治动机和政府公司经营者对公共利益反应迟钝而言，这两个方面没有一个是能够满足的。

从前述的经验证据中（参见表 4.12）我们已经看到，在政府部长和董事会之间的交流中，涉及 CSO 的问题少得令人吃惊。根据我们对董事的调查，投资部长几乎不会提及服务的定价、法人治理，以及政府公司与部门之间的冲突等问题。相比之下，财政部长提出的问题倒是较多一点，但也仅仅是财务绩效和重要的投资问题。

我们询问董事们，他们任职的政府公司是否存在 CSO。在 A 部门和 B 部门中，超过 70% 的董事表示存在 CSO。我们接着要求这些董事就 CSO 的定价给出他们的意见。我们的问题是："关于 CSO 如何定价，最精确的表述是什么？"我们给出了四个备选答案：

(a) 政府对 CSO 的定价过高。
(b) 政府公司对 CSO 确定一个竞争性的市场价格。
(c) 政府公司被迫对 CSO 制定低价。
(d) 我认为我不能回答这个问题。

在这里设计第四个答案是为了反映一些董事可能缺少根据就此问题发表意见。表 5.20 分部门列示了董事们关于这个问题的回答。

表 5.20　对 CSO 的过高或过低定价（按部门）

	A 部门政府公司	B 部门政府公司	总　计
定价过高	—	1	1
竞争性价格	15	18	33
制定低价	10	11	21
不能回答	10	7	17
总　计	35	37	72

董事中几乎没有人相信 CSO 的定价会过高。如果这种看法正确的话，那么对 CSO 的资金支持就不可能用于交叉补贴其他项目。在 57 位受访董事中，有 21 位（即使按部门分析也是如此）特别地表达了他们的意见，认为对 CSO 的资金支持使得商品定价较低，这也许反映了政府部长的一种偏好，即利用非正式影响尽可能地避免 CSO 机制，而把 CSO 资金用于其他能够产生更高收益的方面。有 33 位认为 CSO 的定价是竞争性的。如果对不同政府公司关于这个问题回答的分布做一下交叉检验，那么我们就会发现，在政府公司内部，意见是不统一的。

5.3　对法人治理中利益相关者的理论检验

到目前为止，我们大多数讨论还都限于政府公司法人治理实践中利益集团的角色方面，还没有对他们参与公司法人治理进行规范分析，因此，对于利益集团参与公司法人治理在多大程度上是适当的，我们还必须保留意见。我们以下的分析将会提出：要保护那些与政府公司相联系的弱势利益相关者，让他们参与公司的法人治理是否是最好的手段。

5.3.1　债权人

在能够（哪怕是最低程度的）参与公司法人治理的确定的股权投资者阶层缺失时，我们可能会考虑：政府公司的债权人是否应该在公司法人治理中拥有明确的权利。答案是否定的。政府公司获得的债务资金通常部分地来自于政府财政支持的公司或者类似的其他政府资源。考虑到政府掌握着政府公司的治理权力，债权人几乎不需要再有更多的权利。在政府公司所需要的主要资金是通过公债或私债市场来获得的情况下，债权人被授予额外的治理权利的情况也不是很多。没有理由相信，债权人不能通过合同手段来保护自己，以使自己的财产免受剥夺，这就像在私人信贷市场上的规则一样。但一般而言，人们都预期政府公司，尤其是那些对其经营具有垄断性的政府公司，具有相对比较低的财务风险，这就进一步减少了债权人对政府公司治理权利的额外要求。

5.3.2 雇员

在研究公司法人治理的共产主义信奉者中，许多人都主张公司法人治理应以劳工利益为基础。然而，在某些方面，许多现代公司的现实已经大大超越了这些共产主义信奉者的思想。正如拉简和金格莱斯（Rajan and Zingales, 2000）所指出的，现代公司中的权力天平已经开始从资本所有者向雇员倾斜，与企业的其他资产相比，这些雇员能够通过自己的人力资本投资而创造价值。然而，这种权力天平的倾斜在董事会层面是通过实际的代表董事而实现的，因为这种倾斜源于与雇员的人力资本所有权相联系的权力替代。

在政府公司的法人治理中，向更广泛的劳工利益阶层授予额外权利的情况是错综复杂的。一方面，政府公司很可能受到政府的极大控制，或者政府规章极大地限制着政府公司的创新范围和向新的经营领域的扩展。在这种情况下，相对于营利性企业，政府公司通过人力资本投资创造巨大价值的可能性就受到了更多的限制。同样，政府公司存在的弱势也会受到极大的抑制。另一方面，政府公司具有一定程度的垄断性，对于经理们来说，他们利用市场的机会受到限制，这能够防止经理们一走了之。但是，正像前文曾经解释过的，在政府公司的高级经理中存在着一定范围的机会主义。不过，如果这些高级经理或政府不具有对公司的财产权，那么他们从事机会主义"准寻租"（quasi-rent-seeking）行为的激励是不存在的。

在政府公司和国有企业中，特别是垄断企业中，对于雇员的权利问题，我们所了解的通常是他们的平均工资确实比私有部门雇员的工资高（Peoples, 1998; Wachter et al., 2001）。然而，政府公司的生产效率却并没有因为雇员较高的工资而得到相应的提升。尽管与这种比较联系起来是有风险的，但还是可能会引起一个争议性问题，即对于在董事会层面上给予劳工进一步的治理权利也许是不合时宜的，因为这通常会抬高工资，不然的话，就要改善工作环境。

如果我们不是仅仅限于从董事会的席位上来考虑"治理"问题，而是在更加广泛的意义上，对公司的自我约束制度加以考虑，那么，雇员的利益和价值实际上是无处不在的。公司的自我约束过程包括程序、政策和规范，它们适用于那些为公司工作和与公司打交道的人。采用这些自我约束制度是为了减少法律责任的风险，也是为了在公司中创造一种鼓励参与以增加企业价值的和谐环境，最终通过公司的确认和内在化，实现公司的社会价值，同时满足雇员的各种利益要求（Parker，2002）。

在这些情况下，雇员的价值非常重要，因为许多自我约束制度将是针对他们的。而且，企业的社会价值只有在与雇员的价值产生共鸣时才最有可能实现内化。显然，自我约束制度有时也可能强加于管理层的价值上。然而，克里斯廷·帕克（Christine Parker，2002）通过现实中的例子证明，自我约束制度具有更加广泛的潜能。与雇员在董事会中拥有代表不同，在自我约束过程中，反对或者批评雇员价值的广泛的内在化是不可能的。但是，对于雇员自己所作的福利蕴涵的估价也不可能一律予以肯定。估价需要上下明确和统一。此外，在政府公司处于自然垄断地位的情况下，市场力量似乎不可能证明哪种自我约束制度可以增值或者不增值。因此，我们应该对自我约束制度抱着一种开放的态度，既要考虑雇员的价值，又要注意他们的低效率。

5.3.3 消费者

在政府公司的法人治理过程中，应该在多大程度上代表消费者的利益呢？我们知道，公众在与政府公司的互动中有两种身份：一是剩余索取者；二是重要服务品的消费者。由此，在政府公司的法人治理中，消费者代表的存在是有正当理由的，特别是当政府公司处于垄断地位时。在这些情况下，消费者被剥夺了市场选择权，即剥夺了他们的一项重要的制裁权（sanction）——对政府公司经营行为的约束。此时，一个显而易见的问题便是集体行动。消费者如何委派一个合适的代表，并且要保证这个代表为消费者提供忠实的服务呢？在一定程度上，政府自身占据着选择消费者代表的权力。对于政府来说，它存在这样的激励，即从消费者群体内部的一个有影响的利益集团中选择一位代表。这样一位代表可能并不会为大部分消费者代言，而更可能沉溺于自己的利益集团在与政府公司的相互作用中获得利益。

还有一个因素会使消费者的代表权减小，那就是政治程序是否有效，消费者可以通过一个有效的政治程序来满足自己的偏好。有一点也许是没有疑问的，那就是在选举中，政府公司的管理效率极不可能获得比较多的支持票，政府公司的服务水平和服务成本几乎不具有真实性。最近美国加利福尼亚州和新西兰的公用事业危机证明，这类服务的水平关乎公众的切身利益，它可以使公司获得重要的支持票。无疑，与政府公司的法人治理程序相比，人们更偏好使用政治程序来表达消费者的观点，因为政治程序允许在利益集团之间的租金分配问题上存在比较大的透明度和清晰度，而且还强制性地增加了对 CSO 机制的依赖度。但是，将这种政治程序纳入公司的法人治理程序中，可能并不适当；否则的话，政府给予的津贴就会被掩盖，董事会将会被责任分配搞得晕头转向，保持效率的激励就会减弱。

如同雇员问题中分析的那样，自我约束制度也为消费者提供了一种能够体现其价值和利益的方法，而不是在公司法人治理中拥有明确的代表。其中一种具体的方法是通过一个公司公正计划（Corporate Justice Plan）（Parker,2002），它是一种公共性文件，是顾问消费者（consulting consumer）就一系列重大的和程序性的权利进行协商后形成的。该计划是消费者有权要求的一种服务，也是消费者对服务表示不满，提出服务失误所在的一个系统。公司目标描述（SCI）则是政府公司提供咨询程序和执行时间表的一种方式。从长期来看，SCI 通常可以用以确定公司公正计划的目标，比如，减少投诉的次数，缩短处理投诉的时间。

5.3.4 当地社区

一些政府公司可能会与当地社区发生相互联系，这些社区为政府公司进行了巨大的专用性投资（idiosyncratic investments）。比如一个城镇，它是一家区域性发电厂的所在地。这家发电厂可能在这个城镇的经济活动和投资中占据主导地位。相应的，该城镇可能会在设备和基础设施方面付出很大的努力去投资建设，而这些设备和基础设施是政府公司专用的。如此一来，这种投资就很可能受到政府公司的机会主义行为的影响（Williamson, 1985）。可以证明，这只是其中一种情形，对于一些形式的保护来说，这种情形是一个有力的例证。这是因为，政治程序不可能提供很多的保护，正因为如此，在乡村地区，政府只有相对比较少的支持者。

然而，试图通过政府公司法人治理中的代表权，作为对这一问题的适当解决途径是不可能的。既然如此，除非将董事会中的大部分席位都留给这个城镇；否则就难以弄清楚通过一两个被任命的董事会成员能够解决多少问题。似乎更有效的方法是，由来自受政府公司影响地区的国会议员向政府游说，以预防政府公司可能对城镇利益带来损害的行为，或者要求政府公司对所造成的损害提供补偿。如果政府公司的这种行为肯定会发生，那么，为了使政府公司对可能发生的经济紊乱提供一系列补救措施，游说也是适当的，这可以作为地区发展政策的一个组成部分。尽管这种游说行为只是直接影响到一两个国会席位，但这并不意味着它在其他地区没有政治资本。它可以运用到更普遍的乡村政治问题上去。

5.3.5 经理

正如在其他章节中讲到的，现代公司法人治理实践的一个原则是董事会必须由独立的非执行董事来控制。这为董事会监督和控制管理层提供了必要的有利条件，从而能够节约管理层的代理成本。大多数澳大利亚政府公司也同样遵循这样的信条，在这些公司里，执行董事是非常少的。值得思考的是，是否有这样的案例，在董事会层面上，政府公司的高级管理者被赋予较大程度的代表权。我们在表3.5中看到，大多数受访的董事都不同意设置更多的内部董事的建议。然而，实际情况可能比表面现象要复杂得多。在经营性公司中设置非执行董事的部分原因在于股东不可能行使治理角色的职责，由此，某些形式的代表机制是非常必要的。不过，政府公司的情况有很大的不同。在政府公司中，政府部长享有明确的治理职责，并且得到各自所在部门的支持。在这种情况下，相对于经营性公司的董事会，政府公司董事会的作用可能更多地集中在绩效方面（管理和战略性问题），而很少考虑协同性（治理和符合）。同样的，政府公司董事会中执行董事的力量非常强大，因为有证据支持这样的论断：在某些情况下，内部董事会的存在是有益的（Klein, 1998）。

更正式地说，如果我们接受这样的观点，即加强执行董事的力量会增加管理层的代理成本，那么改变这种情况必须依赖于这样的命题，即这种改变能够等量地或者更大量地减少治理的代理成本。那么如何运作呢？这取决于两个方面：其一，要认识到，与执行董事涉足管理相联系的管理层净代理成本，可以被大量经理人员参与董事会决策所创造的价值部分地抵消；其二，治理的代理成本可以由现任经理人员大幅度减少，这些经理人员相对于更多的代理人任命的董事，必须具有较强的稳定性①。他们对公司治理非常熟悉，

---

① 然而，就政府公司高层经理人员的任期趋向于与政府的政治寿命联系在一起而言，经理人员可能就像一些政党的聘任一样具有不稳定性。

也比业绩好的政府公司的非执行董事具有更强的激励。总之,能够提供扩张的代表机会的最标准的政府公司案例,都令人惊讶地与高级执行董事相关。

5.4 结论

迄今为止,我们的分析已经揭示了利益相关者在政府公司法人治理中具有重要的影响,他们是利益集团政治程序的一个较大的组成部分。利益集团可以直接通过他们在董事会中的代表,或者通过对董事会成员进行游说,或者间接地通过游说政府股东,对政府公司法人治理施加影响。我们收集到的证据为我们专门评估这些利益集团的直接影响提供了有限的机会。但是,也有证据表明,一些董事认为自己在工作上具有政治压力,是很不自由的。这些因素与公司化的指导原则是不相协调的。

用于协调效率与不同利益相关者需求之间关系的机制便是 CSO 机制。然而,正如我们看到的,在实践中,CSO 具有几个方面的弱点:一是政府部长的非正式权力可以避开使用 CSO 机制;二是 CSO 机制难以适应改变了的环境;三是 CSO 机制很可能被用于为其他活动提供交叉补贴金,这将意味着破坏竞争的中立原则。尽管后一个问题不是决定性的,但是受访的董事们还是怀疑 CSO 对政府公司的其他活动进行了交叉补贴。

理论分析的最后提出了这样的论点:尽管自律程序能够保护利益相关者的合法权益,但允许这些利益相关者在政府公司的正式法人治理程序中拥有清晰的作用范围,实际上还是受到很大的限制的。在公司治理中,如果要扮演重要角色,就必须付出与此相匹配的投资,但在政府公司中,投资人却大部分脱离公司。为了保障利益相关者的利益,需要建立一套适当的程序,而建立程序就会产生严重的集体行动问题,这是困难所在,是非常复杂的。在第 6 章,我们将探讨利益相关者和政府公司的支持者在政府公司法人治理中还可能扮演了其他什么角色。

第6章

政府公司的改革

无论人们喜欢与否，国有企业，包括政府公司，事实上都是每个国家经济系统的重要组成部分，这在那些仍在发展和健全市场，以及依靠强大的公共所有权来征服薄弱的财产权的国家或地区，尤其如此。当然，在过去的20年中，公共所有权和私人所有权之间的平衡改变了很多，但这种改变并非完全是单向的。而且，已经公司化的政府企业仍然是国有企业的重要组成部分，因为它们只是部分地私有化（例如，Sidak，2002），问题的本质是要在经营性公司和政府公司之间取得平衡。基于此，通过考察能够改善政府公司法人治理的一些手段，以此来总结本书，便是十分重要的。

改善经营性公司法人治理的机制，经常是与市场联系在一起的。但在政府公司法人治理中，市场治理机制的作用却是有限的。然而政府公司还是可以利用一些市场治理机制的。这种情况在部分私有化的公司中显而易见。而对于政府全资，尤其是举债筹资的政府公司，则存在其他机会。

其他有利于改善政府公司法人治理的手段可以纳入所谓的"自动实施"（self-enforcing）范畴（Telser，1980），即政党之间的权力配置能够促使这些权力得到最好的行使。近期的学术研究认为，要在政府公司法人治理中强调这种自动实施权力的作用（Hart，1995）。

自动实施机制的形成是很困难的。在这种情况下，更多的是依靠行政管理的或等级的程序。董事会的权力大于高级经理人便是一个例子。在这种情况下，至关重要的问题是：存在必要的、谨慎的、能够阻止经理人越权的法律约束；强化经理人的商业道德；把那些具备董事会所希望的背景和资格的人选聘到经理队伍中来。本章讨论的改革包括三个方面——市场机制、自动实施权力和等级程序。我们首先集中讨论财务和资本市场在政府公司中的作用，然后考察经理人和政府公司之间的合同关系，接下来分析董事会的职能,最后探讨政府部长和执政当局的治理职能。

6.1 财 务

由于默顿·米勒和佛朗哥·莫迪利安尼(Merton Miller and Franco Modigliani,1958)的开创性研究,人们对公司财务如何影响股东福利产生了巨大的兴趣。在这个领域的研究中,最初是集中在债务和(所有者)权益的交融是否有益于最小化企业的资本成本,而现在已经超越了这个范围,延伸到了对于财务、治理和代理成本之间关系的更大的问题的分析上。

谈到财务问题,必定会涉及市场的不完全性和交易成本。根据米勒和莫迪利安尼(1958)的研究,债务和(所有者)权益只是既定资产(given assets)现金流量的不同划分方法,就像切馅饼,馅饼是一样的,但切割的大小是不同的。有两种不完全性是尤其重要的,这就是财务恶化的成本和代理成本,两者中的任何一个都对另一个起着制约作用。一个财务恶化的公司必然会产生巨大的成本,这些成本与该企业的清算(liquidation)或索取权重组(reorganization of claims)是相联系的。此外,一个陷入财务恶化的企业很可能会丧失与"企业专用性"(firm-specific)投资相联系的经济盈余,如人力资本和专用的固定资产,它们通过与其他资产互补而创造收入。同时,通用资产通常会以低折扣价或零折扣价卖给一家公司;与其他资产相匹配的投资则相反,与此相关的盈余("准租金")可能会消失。由于财务恶化的可能性伴随着资本结构中债务数量的增加而增加,使得预期的财务恶化成本可能会通过杠杆作用而增加(Williamson,1996)。

(管理层的)代理成本的作用方向则是相反的。詹森(Jensen,1986)认为,代理成本的一个主要来源是自由现金流,这是一种没有事先担保的、可以自由支配的资源。自由现金流使得经理人会消耗过多的额外补贴,去投资那些不能收回资本风险调整成本的项目。(所有者)权益给予投资者的是自由决定权,与此不同,债务则为企业使用自由现金流提供了保证金。与此相关,债务被认为能够对经理人创造更强的激励,因为他们承担着更大的风险,即可能失去对公司控制,而对公司的控制意味着他们具有更高的价值。两种成本的平衡如图6.1所示。曲线A代表代理成本,曲线F代表财务恶化的成本,曲线C是资本的合并成本。资本总成本的最低值是c^*,债务与公司价值的比率是d^*/V。

为了把这种分析运用到政府公司,我们必须说明所谓"软预算约束"

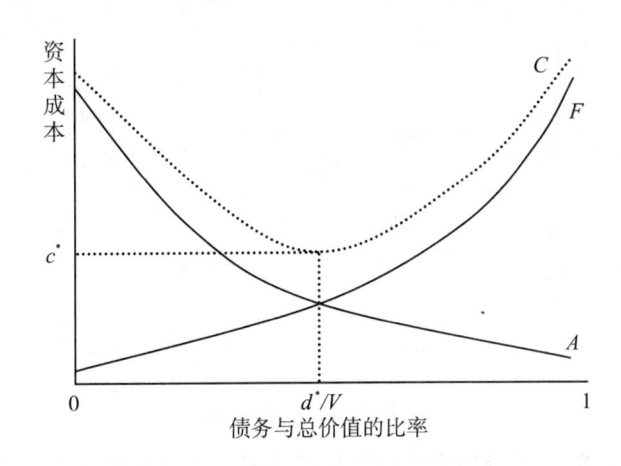

图 6.1　关于杠杆作用的财务恶化成本和代理成本

（soft budget constraint）效应的两种观点。关于与中央计划经济相联系的企业无效率，科尔内（Kornai，1992）指出，由于政府干预和"父爱主义"等原因，境况不佳的企业可以得到资金支持，这使得企业的激励机制被扭曲。这里最根本的治理问题在于，当一个投资者做出初始投资决策时，如果投资总体上明显地出现负的净现值，那么他是否能够可信地承诺不会提供资金支持。例如，如果企业经营者根据以往发展的经验认识到，即使得到少量的资金支持就能够使企业形势好转的话，那么不给予资金支持的承诺将使许多企业丧失信心；同时，政府应出台一项规则，以应对利益集团（interest group）追求政府投资项目和政客的支持。问题是：已经进行的投资，其价值已开始下降，事后的分析对下一步的投资决策已没有什么关系（Dewatripont and Roland，1999）。最好的方法也许是继续维持这些项目，并证明它们在事前是不值得进行资金支持的。

当把这种理论运用到政府公司时，我们可以看到，在一个既定的债务水平下，政府公司是如何不需要像经营性公司那样减少那么多代理成本的。这是因为预算约束是软的，即政府允许一个政府公司破产和对其资产进行拍卖的可能性是非常低的。在这种情况下，旨在减少代理成本的债务惩戒效应被削弱。当政府为此提供贷款时，这种对债务惩戒效应的削弱得到进一步的强化。这是因为，当政府公司的债务被其他债权人承担的时候，重组而非保留这家公司将变得更加容易。进而，政府公司财务恶化的成本也将以一个比经营性公司更低的杠杆比率而增加（如图 6.2 所示）。

总成本函数 C' 没有画出，因为在给定比较平坦的 A' 和 F' 曲线形状时，C' 曲线拐点的轨迹是不清晰的。C' 曲线甚至可能是平坦的。不管 C' 曲线上

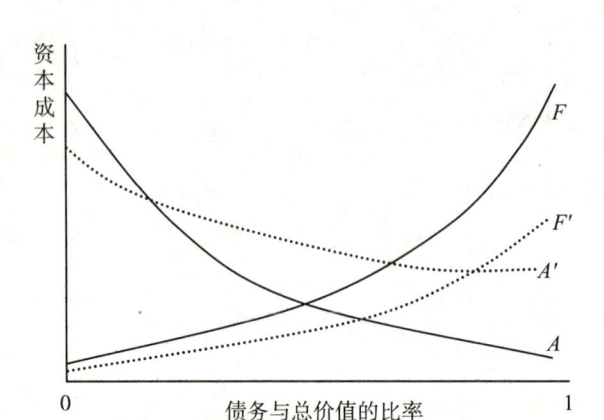

图6.2　政府公司中的代理成本和财务恶化成本的变化

的点是否确实都位于 C 曲线上所有的点之上，$c^{*'}$ 则很可能会在 c^* 之上（也就是说，政府公司资本成本的最小值小于大多数可比较的经营性公司资本成本的最小值）。这是因为，与所减少的代理成本相关的收益并不会计入。而且，正在趋于复杂化的是，治理的代理成本会随着公司资本结构的变化而变化。这种情况还不会立刻显现出来。一个最可信的观点是：治理的代理成本可能与管理层的代理成本具有类似的表现——它们可能随着债务的上升而减少。然而，由于政府有能力使预算约束成为软约束，即允许不必要的干预发生，因此，要想使治理的代理成本从软预算约束中厘清，是非常困难的。

也就是说，对于政府公司来说，如果其资本结构中的债务具有更强的预算约束，那么，使其受到债务使用惩戒机制的强有力约束，可能是非常值得的。第一，它减少了管理层的代理成本。第二，如果预算约束很难在事后改变，那么它就可能减少与政府部长治理有关的代理成本。政府公司的激励越强，预算约束越难以改变，或几乎不能改变，则在政府公司的法人治理中，政府部长以不适当的或基于某种政治动机的方式进行干预就越困难。这种行为的成本变得越来越高，因为企业很可能会遭受失败。第三，较多的债务意味着更少的（国家）权益，以及对政府公司不断减少的公共资金投入。问题是：这些方面如何才能在公共部门中实现？

我们就预算约束的硬度问题对董事们进行了调查。我们要求董事们在1～5的范围内对下述问题的同意程度进行打分，1表示非常不同意，5表示非常同意。

(1) 股息和债务偿还额的规模能够约束管理层，使其行为更加有效。

（2）政府公司相信，如果它陷入破产境地，政府将会放弃它。

受访的董事对两个问题的回答是不同的。对于问题1，受访者同意程度的均值是3.45，这在$p<0.001$时与均值3（未定的）相比具有显著性差异。对于问题2，受访者同意程度的均值是2.31，这在$p<0.001$时与均值3（未定的）相比也具有显著性差异。部门差异对这两个问题中的任何一个都没有显著的影响。

这些回答说明，政府公司中的预算约束并非软约束。然而，重要的是，这个结论受到了怀疑。第一，我们问董事们，国家提供财政支持"与市场上的资本成本相比"是否是"一个较大的优势。"对于这个问题，受访者同意程度的均值是3.31，这在$p<0.01$时与均值3（未定的）相比具有显著性差异。这种财政支持软化了预算约束。第二，也许存在这样的情况，即政府不会放弃破产的政府公司。但是，更明显的是，政府是不会让政府公司落入这种境地的。第三，董事为了证明其对公司价值增加的贡献，可能会高估预算约束的硬度，这是由样本选择的偏差所致。

硬化预算约束是可能的，也是有必要的。这可以通过两种方法来实现。

一是对未尽责任的企业，要加大对其再次提供资金的难度。可以要求它通过正规的资本市场获取相对更多的债务资金，而不是谋求从政府那里获取财政资金。这样，通过调整贷款期限或还款额度，使得这些企业重获贷款变得更加困难。企业为了再次获得贷款，必须向贷款人提供回报，这对于企业管理层和政府来说，都是不愿意看到的。这样，债务资金对企业就发挥了较大的约束作用。

二是仿效债务拖欠的作用机制。债务最具有激励性的影响在于：如果企业不能按照承诺向贷款人偿还债务，企业的管理层就会失去对企业的控制（Hart，1995）。即使存在这样的情况，即对于公共基础设施债券，当还款人到期无法还款时，政府出于公共政策的考虑，绝不会允许债权人剥夺还款人收回抵押品的权利，那么，对于政府公司管理层来说，就仍然有可能仿效取消抵押品赎回权的作用机制。因此，在因管理层拖欠债务、需要政府再次提供资金的地方，政府和政府公司必须加强联系，以使CEO的任期立即终止。由于管理层的控制是与绩效相伴随的，这就为管理层建立了一套强有力的激励机制。尽管在竞争性市场环境中，这会带来巨大的风险，但它创造了一个与私有企业可能面对的相同的环境，这才是根本性的。

这个规则也同样适用于董事，即便企业仍然是政府公司。对连续的"公司记忆"（corporate memory）的需要表明，只是一定比例的董事遭到解雇。在这种情况下，哪位董事应该被迫终止任期呢？一种可能是终止那些任期临近期满的董事的职务。然而，如果董事是前任政府在既定的高水平绩效条件下任命的，那么这种规则的激励作用将非常小。另一种可能是终止一个随机选择的团体的职责。令人担心的是，这种规则可能会赶走董事会中最好的董事。目前还没有什么显而易见的选择方法。例如，给予董事会一定的权力，以使一两个董事在随机选择中可以幸免，但这仍不能保证最好的董事能够保留下来。最多只可能延长那些最具有广泛支持率的董事的任职时间。基于这些原因，更可取的也许是，允许政府部长就终止董事职务做出自己的裁决，但不要附带条件，规定董事会的小部分人员应该保留下来，以实现董事会的连续性和保持公司记忆的目的。

应该鼓励政府公司发展以（所有者）权益换债务的计划。也就是说，应该鼓励它们把过去的国家权益投资返还给国家，并满足来自贷款人的新的资本需求，直至实现与私有企业类似的一些目标杠杆作用机制。通过这种替代可以减少企业的自由现金流，因为每年的股息和一次性资本支出减少了。这些返回国家的资本，可以用于其他形式的社会投资，或者可以用来降低税收水平。这是一种形式的部分"私有化"，非常适合于某些领域的公有资产出售。这种出售通过减少国家投资来创造现金流，相对于向许多分散的股东分权而言，具有惩戒性的债务能够产生更强的激励。

另一种利用企业的资本结构来加强最优激励的方法是运用可卖回次级债（puttable, subordinated debt, PSD）（Skeel, 2003）。PSD是一种债务融资工具的运用，其优先权排在政府公司的其他债务之后。PSD交易具有明确的卖出选择权，持有者可以一个特殊的价格（将会参考总支付额）把该债券卖回给政府公司。使用PSD的合理性在于：第一，它提供了来自资本市场的监管。债券的价值会不断地被审察，因为持有者希望当债券的市场价值低于该卖出选择权的行权价格时，才会行权，并把该债券卖回给政府公司。第二，它强化了政府公司追求最大化公司价值的激励，因为施加于政府公司身上的成本决定于全体债券持有者，后者可以把他们手中的债券卖回给公司。这样，沉重的成本压力就硬化了企业的预算约束。

PSD源于美国银行业改革的建议（Wall, 1989）。它被看做是规制者加强监管的一种机制设计。而来自批评者的一种理解是：在银行体制出现系统性的、非随机性的偏差趋向时，PSD可能有助于银行体制的运行。斯基尔（Skeel, 2003, p.113）指出，这一批评对于政府公司来说可能是不正确的。

6.2 经理人

通过巧妙地设计经理人与政府公司之间的签约程序，以改善经理人的激励，是否可行呢？在经营性公司，通常的方法是将激励性报酬具体化在合同中，以使经理人将边际努力与他们给公司价值带来的边际影响相等。但是，正如我们看到的，这种方法在政府公司很难实施，因为缺乏可靠的企业价值指标，而正是这种指标，可以用来决定报酬水平。如果由于缺乏这种指标，经理人不能获得激励性报酬，那么他管理好企业的可能的激励来源就只能是对公益的热情、个人道德，以及作为经理人的市场价值的体现。如果依靠替代指标来衡量企业价值，那么，正如我们所看到的，其带来的风险是：经理人将会致力于最大化这种替代指标，而不是政府公司的价值，由此，能够增加公司价值的各种形式的管理行为就可能被驱逐（King，2003）。另一个问题是：只要CEO关注激励性报酬，那么，他下的赌注越大，他与政府部长合谋的可能性就越大。例如，CEO可以设法说服政府部长行使其治理权，这无异于允许CEO最大化其津贴，而不会增加社会福利（Dixit，2000）。以上哪个选项更可取，完全是不清晰的。许多人寄希望于代表公司价值的代理人当选的可能性，但这种可能性在一些政府公司中是非常受限的，而在其他公司则可能很大。

改善经理人激励的另一种可能的方法是：对于他们采取的行为方式，如硬化预算约束，给予相应的酬劳。这包括：给予更多的股息（相对于SCI条款），或以股权换取债务。给予经理人酬劳是换取他们硬化预算约束和最小化财务漏洞的一种承诺。这种方案的一个潜在风险是任期结束问题。也就是说，如果经理人正处于他们任期的结束阶段，那么他们就会倾向于争取支付更高的股息，或以股权换取债务。因为他们清楚，他们可以获取更高的报酬，而不必承担与支付这些现金流相关的未来成本。① 当把必需支付的津贴作为抵押，并以推迟报酬的形式支付时，这种情况就会出现（偶尔也发生在政府公司持续地实现某些既定目标的时候，此时公司或者有偿还能力，或者能够实现某些或全部的未来利润目标）。当然，如果政府公司管理层与政府中某个政党的任期联系在一起，那就意味着，类似的情况无论如何都是可能发生的。尽管如此，报酬安排最好还是不要加剧

---

① 一个例子是，政府公司通过限制正常支出来支付更高的股息。

这些情况的发生。

第三种可能的方法是为政府公司 CEO 制定明确的任期终止程序，而不是使任期终止成为董事会或政府部长随意决策的一个权力来源。该程序中随意决定的成分越少，任期终止对 CEO 与政府部长重新谈判的影响就越小，政府部长为达到政治目的而延长经理人任期这种不正当交易发生的可能性也越小。如果 CEO 的任期已满，那么他必须与其他候选人一起竞争这个职位。

其他许多与现代公司治理相联系的审慎的约束规则也与此有关。这包括：高级经理人的任命要服从董事会专门委员会的仔细审察，比如经营者报酬委员会。在后文分析董事会问题时，我们还会回到这些问题来。

在任命 CEO 的合同方面，管理层的经营处置权对此会产生影响。尽管公司化的目的是避免政府干预，建立一种具有充分自主权的体制，但自主权必须受到一定的限制，因为管理层在一定程度上使用自主权将可能增加政府公司垄断的社会成本。从经理人与政府公司签订的报酬合同看，由于一些管理行为可以增加经理人的财富，但同时也会增加社会成本，因此我们必须意识到来自于合同的正式激励产生外部效应的可能性。在下面政府公司运作的部分，我们将更详细地讨论垄断的社会成本。

6.3 董事会

本书中的许多分析都是针对与董事会相关的问题，经验证据自然也来自这个领域。我们已经看到，政府公司董事会的运作在某种意义上是与经营性公司董事会不同的。这是政府公司在多个方面背离经营性公司治理环境的必然结果。一是持股结构与经营性公司不同，股东在治理中发挥的作用也不同。二是应用于公司的许多特有的是非标准被弄得模糊不清。价值最大化的理念（"是"的标准）尽管仍在发挥着作用，但由于涉及垄断的社会成本和公共服务义务（CSO）而变得有些淡薄。同样，传统的受托人禁止（fiduciary prohibitions）（"非"的标准）在应用于不确定的政治利益冲突时遇到了很多麻烦。三是在董事会的任期和代表资格上，政府公司董事会也有不同之处。

我们将在 6.3.1 部分首先考察董事的选择和任命，然后分析董事的收益权，接下来分析各类关键参与者，特别是董事会主席和委员会的合适角色和期望，最后分析董事的责任、任期和任期终止。

6.3.1 董事会的任命和结构

政府公司董事会的任命程序涉及两个关键性问题——谁负责任命和应该任命哪种类型的人？这两个问题的答案在很大程度上取决于董事会的观念，以及董事会是否受效率或代表性目标的驱动。我们看到，紧要的价值评估使治理程序变得复杂化，而调节这些治理程序的手段又不完善。一种调节手段是：重组董事会的结构，使董事会的不同部门专注于不同的评估。

重组的方法是：在政府公司建立执行董事会，其人员构成是公司治理方面的专家。执行董事会与经营性公司董事会具有相同的职能：它主要负责监督和控制管理层，把高额投入纳入战略计划。这个董事会与咨询董事会是分开的，后者由公共利益代表和政府公司服务的主要受益者组成。咨询董事会主要负责监督服务水平的质量，评估政府公司与股东之间的关系，就CSO的交付问题向政府部长提出建议。对于负有CSO责任且提供基本服务和基础设施的政府公司，咨询董事会的存在是必需的。

既然执行董事会将拥有与经营性公司相同的许多权力，那么哪些权力将会保留在咨询董事会呢？看起来以下几种权力似乎是合适的。一是董事会成员对于公司信息的使用权力。就像经营性公司的董事一样，咨询董事会的成员对于公司信息的使用，对于向他们披露信息的人员，也都要服从于受托人的信用职责。对信息的需要是为了对不同服务水平的成本和CSO的过分要求做出适当的判断，也是为了监督这些领域的绩效。二是咨询董事会可以要求CEO和其他高级经理人出面，就公众关心的问题接受质询，并对CSO的交付做出评论和回应。三是列席执行董事会会议的权力。这是监管程序的一个必要的组成部分，目的是为了评估执行董事会如何处理咨询董事会提出的问题。

这种模式与德国公司中的双层董事会结构具有相似的特征（Hopt，1998）。然而有一个很重要的不同点——执行董事会不是由咨询董事会任命的，也不向其报告工作。具有讽刺意味的是，我们所推荐的这种模式与中国公司法提出的治理结构极为相似（Schipani and Liu，2002）。

这种模式对董事会的重组有以下几方面的效果：第一，它通过增强每个主体一致性的认同感，以及为每个主体提供清晰的和近乎一致的目标，可以给予每个主体以极大的关注。第二，当代表董事就与他们的选民相关的问题进行权衡或投票时，它可以减少过度行为和政治利益冲突发生的可能性。第三，假定至少需要一些人拥有公司治理的经历，那么相对于政府公司董事会通常允许的范围,它考虑到了潜在的、更广泛的公共利益的代表性。

一旦做出重组的决策,合适的任命程序和必备的任职资格问题就变得非常清晰了。如果执行董事会不被看做是一种代表性的制度安排,而被看做要对管理层的绩效负责,那么我们就不必再持这样的观点,即政府部长对董事的任命拥有完全的权力。更确切地说,一方面,政府部长有权采取适当的措施,以保证其对政府公司的适当治理;另一方面,董事会和管理层对政府公司的管理又具有自主权。努力在这两者之间形成更容易辨别的平衡,是很有必要的。可以通过给予董事会在任命董事问题上较大的自由,并要求董事会实现由管理层和政府公司认可的正式计划程序中确定的目标,来实现这一平衡。关于这一程序的详细分析,我们将在公司治理中政府部长的角色部分展开。就现在讨论的目的来说,争论在于,政府公司在哪些方面实现了其财务目标,又是如何决定一个人数不多的候选人名单的?在这份名单中,政府部长要能够经由董事会提名委员会从中做出他的选择。提名委员会在现代经营性公司中是一个普通的现象,它被认为是避免管理层对董事选举过程进行不恰当控制的一个适当手段。如果政府公司的财务目标没有实现,政府部长就不必受到提名委员会选择的约束。我们将在后文阐述中回到这个问题。

相比之下,政府部长对于咨询董事会成员的选择则拥有更加广泛的权力,因为咨询董事会的成员如同政府部长一样是政府的代表。因此,这些人员的任命会更广泛。

一个相关的更重要的问题是:具有什么样的经历和资格的人才会得到任命?首先考虑执行董事会。对于政府公司的董事,他们是否应该具备一定的资格或特殊的背景,一直是存在争议的问题。一种赞同的观点认为,具有公司治理的专业资格或丰富经历的董事能够给政府公司和董事会带来监督管理层的技巧。另一种赞同的观点认为,有更多经历和更专业的董事任职董事会具有较高的机会成本,而且在一个政府公司董事会中任职还把较高的声誉资本置于风险之中。较高的机会成本意味着终止他们职位的威胁是无足轻重的和不可置信的,这至少会限制政府部长和经理人对董事会的一些潜在的、不适当的影响。董事所拥有的较大声誉资本起着保证金的作用,即他们要为政府公司和公众的最大利益而尽职尽责,这是一种自我实施的机制。

反对由经历丰富的人担任董事的观点则不太明显。就像在第3章看到的,任职于政府公司的董事的报酬要比其他大公司的董事低很多。这些差异并没有因诉讼风险或其他责任的差别而得到令人满意的解释,对资格和背景的限制可能会使政府公司董事会陷入一个有限的、贫乏的、低质量的任命中。如果政府公司的任命不具有价格竞争优势的话，它们必然会付出质量的代价。

我们在昆士兰案例中看到，拥有公司治理经历的人数是相当有限的。绝大部分政府公司的董事没有在上市公司工作的经历。因此，存在这样一种情况，那就是要求拥有公司治理经历的董事要达到某个最低数量或比例。

我们从上述争议中还看到一种情况，即允许经营者在董事会任职。特别是这些争议把董事会工作的中心置于战略计划中考虑。那些在乡村政府公司任职的经营者在这方面的诉求特别强烈，他们发现很难吸引到有经验的董事。在这些公司，内部人比其他可任命的人选更具有一些优势。就内部人来说，最佳的做法是为他们提供机会，而不是向他们下命令。在他们担任董事的政府公司里，当涉及关于管理层的治理问题（如报酬问题等）时，阻止他们投票可能是适当的做法。

咨询董事会不必把具有经验作为董事任命的必要条件。然而，对于希望董事代表何种类型的集团和团体，则应当施加一定的必要条件。例如，一个公共事业类政府公司对于城市和乡村的服务使用者，可能会要求某种特殊的平衡。试图让每个利益相关者集团的代表都进入咨询董事会是不可能的。例如，雇员可能不需要在董事会中有他们的代表，因为他们有自己的工作程序来实现合同中的条款和责任。总的指导原则是：咨询董事会由与大集团相关的个人代表组成，这些大集团具有相对比较高的集体行动成本。对于这样的代表，尽管人们关心的是他们的自律，但是，对于在利益集团政治中其他集团对他们所代表的集团可能造成损害的倾向，上述的咨询董事会代表方式还是可以扭转的。

6.3.2 董事的报酬

在历史上，无论是政府公司还是标准的经营性公司，对非执行董事补偿的方法都是支付一笔固定费用（flat fee），通常还加上一笔委员会工作补贴，后者对于参与任何董事会委员会工作的董事，都是有的。

在董事报酬问题上，目前出现了几种趋势，它们相对于原有的报酬支付，多多少少都有一些变化。第一，光辉国际公司（Korn/Ferry International, 2000）指出，一种倾向是向董事支付一笔单一费用，而没有额外的补偿。第二，对董事的激励性报酬或股票形式的报酬越来越得到认同。在美国，这种报酬相当普遍，而且得到快速增长——根据光辉国际公司1999年对美国公司的调查，84%的公司向其董事支付部分股票作为酬劳，而5年前该比例是62%。澳大利亚公司的这种报酬改革比较慢。对澳大利亚公司的调查表明，向董事支付股票形式的报酬的公司仅占31%，虽然在光辉国际公司的调查中，74%的受访者认为股票形式的报酬应该增加。对非执行董事运用特殊激励机制的公司比例是相当低的——只有9%。

为了衡量政府公司中董事报酬的多少，我们可以看一看光辉国际公司（2000）的调查，调查结果列示在表6.1中。可以看到，相对于其他类型的公司，政府公司董事的费用均值是比较低的，并且证明有较低的方差。

表6.1　　非执行董事的工作时间和报酬（按公司类型）

报酬单位：澳大利亚元

	平均天数	均值	中值	第75百分位数的值
上市的公众公司	21	52 760	47 000	64 250
未上市的公众公司	18	37 500	26 940	38 700
私有公司	15	37 560	25 000	47 500
政府公司	23	27 700	29 000	33 500

资料来源：光辉国际公司（2000，第43页）。

表6.1显示，就绝对值来说，政府公司董事报酬的均值和第75百分位数的值是最低的，中值尽管比私有公司和未上市的公众公司略高，但如果以每年工作的天数计算，则平均每天的报酬中值仍是最低的（为1 261元，而私有公司是1 497元，未上市的公众公司是1 667元）。事实上，政府公司董事报酬的方差也是明显较低的，因为政府公司董事的报酬中值（第50百分位数的值）和第75百分位数的值之间的差异比其他类型的公司都要低[①]。董事会主席的报酬也具有类似的趋势。政府公司董事会主席的报酬均值和第75百分位数的值略高于私有公司和未上市的公众公司，但是要求他们的年工作时间几乎是后两类公司的2倍。

政府公司董事的低报酬和报酬的低方差这个事实是耐人寻味的。它意味着政府公司中支付给质量最次的董事的报酬很可能高于他们的价值，而给予质量最好的董事的报酬则很可能小于他们的价值。这将会降低董事会的平均质量，削弱他们的工作热情，并且可能会促使他们更倾向于进入政治或政党体系中。

因此，有必要对报酬方式进行适当的调整。调整后的报酬方式必须能够

[①] 图6.1还显示了政府公司董事酬金的另一个值得注意的特征。政府公司董事的酬金不同于其他类型的公司，其平均值要小于中值，这表明董事的最高酬金相对来说是较低的。

对不同职位管理者机会成本的差异具有足够的敏感性，这种调整可能需要与政府部长进行协商，同时也要听取董事会附属委员会的建议。如果董事会的报酬总是固定不变，就像在澳大利亚那样，那就可能意味着惩罚了最好的董事而奖励了最差的董事。最合理的解决方法并不是增加所有董事的报酬（因为最没有能力的董事可能永远也不会满足），而是额外支付一笔协议保险费以反映董事的能力和经验。

这一建议与前面关于 CEO 报酬的分析如何一致起来呢？我们曾讨论——激励性报酬可能会导致一个重要问题，即出现公司代理人的绩效与其真实价值不一致的现象，在政府公司可以获得垄断租金的场合，也存在这种情况。在将激励性报酬支付引入到政府公司的董事时，也会发生类似的问题，尽管没有经理人那么严重。这里我们要强调的是，在一些情况下，董事报酬的总体水平应该较高一点，以吸引可用的董事人才。相对于因公司绩效而进行的重大报酬调整，这种措施要重要得多。

6.3.3　主席的角色

董事会主席在董事会履行职责中的作用举足轻重[①]。例如，在董事会召开之前决定准备什么样的材料，应该考虑什么样的事宜，审议时采用什么样的顺序和方式，受托人接受有投票权的董事的委托进行投票或审议时应当承担什么样的责任，这些都是主席的职责范围。人们还可能希望主席根据政府公司董事的不同经历，决定董事是否需要继续接受专业的教育和培训。此外，在多样化的企业治理程序和与这些程序有联系的利益相关者（其中，政府部长是最重要的）之间，主席也扮演着关键的联系人角色。

第一，我们已经看到，对于政府公司董事，人们有一个共识，即董事应该具备专业资格和经历。既然想成为董事的人必须具备这种资格，那么，董事会主席也同样如此。

第二，对于政府股东来说，他有必要就其与以主席为核心的董事会之间的信息交流达成一致协议。例如，政府股东需要通过主席把所有的信息传达给董事会，类似的责任也适用于与董事会打交道的其他利益相关者。我们在表 5.1 中已经看到，在服务的范围和定价问题上，董事会成员或经理人经常被游说。表 5.2 则表明，一些董事在某些场合的行为至少是代表特殊的利益相关者的。此外，在考察政府股东与董事会之间的信息交流时，政府部长非

---

① *AWA v Daniels*（1992）7 ACSR 759.

正式的游说董事会成员是很常见的事情。这些现实情况表明,在政府公司中强化道德规范是多么重要,因为这有助于防止政府公司的治理程序受到不法派系的利用。

解决这个问题的一种方法是将关于这方面的道德规范纳入受托人的职责范围中。在前面的分析中我们看到,既有的受托人职责存在一个问题,即它们不能很好地解决政治利益的冲突问题。对于充当某个游说集团代言人的一位董事来说,这些职责应该如何在他身上得到体现,是很难掌握的。解决问题的一种方法是,如果这位董事在审议或投票中被允许承担某种角色,那就向他施加一种义务,即向董事会主席披露游说集团对他游说的内容。具体说,这种义务就是,董事会主席要知晓游说集团与这位董事之间的基本关系,以及这位董事现在和以前从中获得利益的情况。倘若相关信息传到政府部长(除非这位政府部长是最大的游说者)和其他董事那里,那么这位董事可能会被告知,如果继续维持这种利益关系的话,那就不能背离其他义务。然而,如果信息没有被揭露,那么这位董事就会因违反规则而被处以罚款,或者丧失董事资格。这就强化了这样一种规范,即对于各种形式的利益冲突,要以董事会主席为核心进行信息沟通,在董事会召开之前,这种沟通可以形成更高层次的决策信息。

第三,董事会主席要对政府公司董事的培训和发展问题负责①。如前所述,由于在法人治理的相关技术知识上存在着不足,因此,对董事继续进行培训就变得十分重要。这种培训必须在董事会和董事会主席的支持下进行,而不能处于政府部门或政府股东的控制之下。这可以确保董事建议的独立性和对政府公司最大利益的关注。政府部长可以通过合法途径传达其期望——这是一种好的做法,因为它可以将董事会和股东之间认识上的不一致降至最低。但是,在某些方面,股东的目标与董事被要求实施的行为可能不同。例如,我们曾提到,政府股东可能想干预政府公司某些方面的治理,而不想受制于政府公司法规的约束。如果这样的话,那么,对于政府部长想干预的暗示,董事如何做出回应就十分重要了——董事也许会顺应它,也许会抵制它。因此决定性的问题是,在所透露出来的关于如何应对这些问题的信息中,董事会主席或政府将如何区别对待。

因此,在调查董事已经接受了何种类型的教育和指导之后,我们接着向他们提出了这样的问题:"谁负责提供这些建议或指导?"可供选择的答案

---

① 《加拿大政府公司指引》明确指出,董事会主席要承担这一职责(参见《财政部长和财政委员会主席》,1996)。

有两个：一个是董事会主席，另一个是政府部门。董事有可能同时选择这两个答案，因为这两个答案相互并不排斥。表 6.2 列示了调查结果。

表 6.2　　　　　作为建议来源的董事会主席和政府

	政府提供建议	政府不提供建议	总　　计
董事会主席提供建议	9	30	39
董事会主席不提供建议	41	30	71
总　　计	50	60	110

如果分别考察现任董事和前任董事对这个问题的回答，那么很明显，董事会主席履行这个职责更少一些，而政府则更多一些。在现任董事中，只有 28% 的董事从董事会主席那里获得建议；而在前任董事中，却有 41% 的董事从董事会主席那里获得建议。对于从政府那里获得建议，这两个比例分别是 53% 和 37%。表 6.2 还表明，董事很少同时从董事会主席和政府方面获得建议。

另一个很明显的方面是，超过 1/4 的董事获得的建议既不是来自于董事会主席，也不是来自于政府。那么这些建议来自于哪里呢？我们预想这样一种情景，为董事提供一个从两位提供者中择其一的机会。结果主要分为三种情况：第一，董事可能会根据自己的意愿搜寻信息。对此，不同的董事表示，他们曾出席过专业组织的研究班，这些研究班不是争论性的。第二，董事可能会从某个非执行董事那里获得信息。这在各种情况下都会发生，由于公司律师通常不进入董事会，所以这种获得信息的方式是非常合理的。倘若这种信息被广泛共享，而且董事会主席也能知晓，它也就不会引起人们很大的关注。第三，一些董事把 CEO 的陈述作为他们的信息来源（或者直接引用，或者作为例证）。这种获取信息的方式是有问题的。因为监督 CEO 是董事的职责，不强调这种职责，就意味着服从于 CEO 的私利。CEO 也可能会希望这样的协议，即向他提供更多的信息而不是更少。总体说来，这并不是人们所希望看到的一种现象。

在此要强调的是董事会主席的重要性，这种重要性体现在，向董事提供教育和建议时他负有主要责任，这种教育和建议涉及作为一名董事所需要具备的责任、道德和标准。为了实现这个目的，他（她）应该向政府股东提供一份董事接受继续教育的计划的复印件，这份复印件要涵盖具体的事项和人员。这些信息应该提供给所有的董事。在由其他董事负责继续教育的情况下，他们应该得到董事会主席的明文许可，并且在继续教育计划中注明。政府公司的首席执行官基于其职责和义务不应该向董事提供教育和指导。政府向董事提供的建议应该主要作为政府政策，以及董事与政府相互影响方面的信息，而不是作为职责和义务的主要信息来源。

6.3.4　董事会委员会

目前在公司治理方面最好的做法是建立常设的公司治理专门委员会，并将其置于不可忽视的重要地位，这些委员会在公司中执行一系列离散的关键职能。根据光辉国际公司（2000）的研究，83%的澳大利亚公司的运作是通过正式的委员会，委员会把他们的意见带回董事会。在这里，关键的问题是决定哪些委员会对于企业来说是重要的，以及由什么人来组成这些委员会（尤其是执行董事和非执行董事的角色）。可以看到，委员会的类型、规模、人员，以及它们开会的频率，在不同公司是具有很大差异的（参见光辉国际公司关于澳大利亚的调查，2000）。典型的情况是，委员会由非执行董事进行控制，委员会职能处于公司治理的核心，例如经营者报酬委员会（Executive Compensation Committee，ECC）和审计委员会（Audit Committee，AC）。而对于执行职能，则执行董事处于更为显著的地位，例如财务委员会和执行委员会。

关于董事会专门委员会能够使公司增值或提高公司绩效的理论研究，则有些模棱两可。有证据表明，执行董事资格与较高的公司绩效是相关的（Klein，1998）。

英联邦、南澳大利亚和塔斯马尼亚的政府公司被特别要求建立一个董事会授权下的审计委员会[①]，维多利亚则是特许政府公司董事会向委员会进行授权，而其他辖区在这方面则没有任何规定。尽管如此，这些辖区的公司内部治理框架，包括董事会在内，还是非常相似的——例如，昆士兰的大多数政府公司都有审计委员会，负责对报酬、营销、战略、安全、质量和管理等方面的审计。财务委员会的设立也很普遍，特别是在大型的贸易类政府公司中。

在董事会专门委员会中，有两个对于实现治理目的是最为重要的：一是审计委员会，二是经营者报酬委员会。这两个委员会对于处理好公司管理层与政府部长、政府部长与民众之间的关系至关重要，在这两种关系中处于核心地位。

---

① 南澳大利亚：s.31；澳大利亚联邦：s.16（1）(a)；英联邦：ss.32（英联邦当局），44（英联邦公司）。

第6章 政府公司的改革

经营者报酬委员会的重要性是不证自明的。经营者报酬委员会之所以如此重要，是因为它决定着企业对经营者的吸引力，以及最大化企业价值的激励特征。我们在前面的章节中看到，在政府公司中，在缺少实现企业价值的理想的代理人，同时又存在公共利益目标的情况下，绩效激励是十分复杂的问题。

审计委员会的重要性也是不证自明的。第一，它承担着主要的财务责任，并就政府公司的管理和政府治理向议会和公众提交报告。第二，正如我们所看到的那样，澳大利亚的政府公司依赖于董事会和政府部长之间经协商而形成的清晰的计划和责任分配制度，如公司目标和公司计划描述。尽管财务数据在公司制度设置中具有非排他性，但却是很重要的。第三，在政府公司中，审计委员会与经营者报酬委员会密切相关。正如我们所看到的那样，相对于经营性公司，政府公司的绩效激励可能更多地依赖于财务数据，这是因为证券价格不适宜用作绩效指标。这给财务数据的报告和确认带来了压力，反过来又强化了审计委员会的重要性。

尽管提名委员会在经营性公司中十分重要，但目前在政府公司中的作用还很小，原因只在于政府控制着董事会的任免。然而，提名委员会还是可以扮演我们在前文提到的某个重要角色的。这关系到是否赋予董事会州级或有权力（state-contingent right）以使其具有更大的独立性。我们首先较详细地讨论经营者报酬委员会和审计委员会，然后再回归这个问题。

在昆士兰政府公司样本中，具有上市公司法人治理经历的董事比起没有这种经历的董事，略微倾向于在经营者报酬委员会（由3~4个很少变化的成员组成）中任职，但是两者的区别并不显著。董事会主席一般是委员会的成员。我们向董事（既有在委员会中任职的，也有不在其中任职的）提出四个关于委员会的建议问题，请他们选择"是"或者"否"。

第一个问题是："至少在一种场合，委员会曾建议增加CEO的报酬"。在95位受访者中，只有7位选择了"否"。这7位中有5位属于A部门。每个政府公司中不到1位选择了"否"，这意味着这些回答可能是不可靠的。

第二个问题是："至少在一种场合，委员会曾建议减少CEO的报酬"。在88位受访者中，只有10位选择了"是"。这10位中有5位属于B部门（又均与两个特殊的政府公司相关）。但是，在这10个回答者中，有8位是现任董事，结果在$p<0.05$的水平上显著。这意味着，在增加经营者报酬方面，委员会可能已经成为很少有倾向性的橡皮图章。

第三个问题是："至少在一种场合，委员会曾建议CEO的报酬应该包括较大比例的绩效激励部分（例如，奖金支付）"。调查结果列示在表6.3中。

表6.3　　　　　　　　　不同部门基于绩效的支付增加

	A部门政府公司	B部门政府公司	C部门政府公司	总　计
建议增加绩效支付	35	16	10	61
没有建议增加绩效支付	7	20	2	29
总　计	42	36	12	90

对这些结果的卡方检验在 $p<0.001$ 的水平上具有统计上的显著性。表6.3中显示，B部门最不倾向于建议增加绩效支付。而具有上市公司法人治理经历的董事则比较强烈地建议增加绩效支付，这一结果在 $p<0.05$ 的水平上具有统计上的显著性。

第四个问题是："董事会总是会通过委员会的建议"。在93位受访者中，有76位做出肯定的回答。总体看来，似乎很少有人不同意经营者报酬委员会的建议。

政府公司的法人治理有可能通过规范化的经营者报酬委员会制度而得以改善。经营者报酬委员会由3～4位成员组成是比较合适的。由3位组成便符合上市公司运作的要求，但如果董事会主席没有决定性投票权，而结果又需要3对1而不是2对1的多数通过，那么由4位成员组成经营者报酬委员会则是不错的选择。在经营者报酬委员会中，至少要有1位应该具有上市公司法人治理的经历，以便于熟悉关于上市公司经营者报酬的经验。这些成员的报酬也应该更多地与其工作绩效联系起来。最后，经营者报酬委员会中要有1位成员同时也应该是审计委员会的成员，以便更熟练地掌握公司的财务绩效情况，了解财务数据与绩效报酬之间的联系。

与经营者报酬委员会一样，在样本政府公司中，审计委员会也是很普遍的。在样本中有超过一半的董事曾在委员会中任职。而具有上市公司法人治理经历的董事更可能在审计委员会中任职，但没有该经历的董事也可以表现得很好。与经营者报酬委员会不同，董事会主席通常不在审计委员会中任职。有68位受访者表示董事会主席在审计委员会中任职；有43位表示没有，还有相当多的董事会主席在政府公司中交叉任职。有证据表明，董事会主席不在审计委员会任职的情况正在逐步减少，而在其中任职则越来越常见。在董事具有上市公司法人治理经历的公司，这种情况是很难看到的。

我们向董事（既有在委员会中任职的，也有不在其中任职的）提出三个关于委员会建议的问题，请他们选择"是"或者"否"。第一个问题是："至少在一种场合，委员会建议增加1位新的审计员"。在110位受访者中，只有25位选择了"是",选择"是"的人数在各部门大体相当。这些回答似乎总能得到同一些政府公司其他受访者的支持,因此,这个结果看来是比较可信的。

第二个问题是:"至少在一种场合,委员会被告知,审计员打算审核财务报告是否符合要求,除非已经做出更正"。有19位受访者选择了"是"。C部门中没有选择"是"的受访者,在A部门和B部门中,选择"是"的比例分别是15%和25%。有1家政府公司,所有的受访者都一致地支持这个答案。

第三个问题是:"董事会总是会批准委员会的建议"。有88位受访者选择了"是",23位选择了"否"。只有1家政府公司,2位以上的董事对这个问题选择了"是",因此,这个证据的一部分可能是不可靠的。

对于审计委员会,有人可能给出与经营者报酬委员会相似的建议——它们也应该有3~4位董事,由董事会主席主持工作,有1位具有上市公司法人治理经历的董事,还应该有1位具有财务会计或审计经历的董事。我们已经看到,经营者报酬委员会的1位成员也会在审计委员会中任职。

6.3.5 董事的职责

董事的职责包括两个方面:一是道义性的,二是目的性的。这种职责在政府公司和经营性公司中可能是不一样的。在经营性公司,特别是股份广泛持有的、经理人控制的经营性公司,董事的职责是董事尽职尽责的至关重要的手段。它们通过一系列的事前约束,来防止一些人们不希望的行为发生,例如,明显的疏忽、侵占财产、欺诈等。相对于经营性公司其他责任机制的局限性(如接管是罕见的,在代理人竞争中董事被取代是困难的,等等),这些具有目的性的董事职责的价值是特别明显的。道义性职责涉及对董事道德上的要求,以便于建立受托人的行为规范,受托人的行为应是被社会认可的,是公平的和适当的。这种道义上的行为规范在经营性公司中是很重要的。当公司失败或受托人有重大不当行为的时候,它们就会发挥作用。然而,法律在这方面却无能为力。公司治理更多地受到对专业团体中最有效行为认知的影响,也会受到商业伦理学家理论贡献的影响。尽管法律对此有一些最低的规范化要求,但超出这一范围,它的作用可能就是有限的。

与此形成对比的是,具有目的性的董事职责的价值在政府公司中可能比在经营性公司中要低。因为,在政府公司中,对于公司治理的直接的、有效的政府干预是相当大的。政府股东总是能够对董事的不尽职做出快速的、全面的反应，不会因为遇到许多程序和集体行动问题而退缩。相反，经营性公司的股东却要受到许多程序和集体行动的牵制。同样，事先的治理程序的存在，如公司目标描述，意味着无需依赖于事后的制裁。相比之下，政府公司可能希望把一些复杂的道德规范确定下来，在这方面，董事的职责可能具有更大的道义性的价值。政府公司拥有一个复杂而独特的组织节点，这就是公共部门治理和公司治理之间的交叉点。

首先，应当把政府公司受托人的典型违规行为（如滥用资产）记录下来，就像经营性公司那样。在这种情况下，董事的职责无需进行适应性调整。然而，正如我们所看到的，在许多情况下，董事的职责确实需要进行适应性调整，或者至少要进行严肃的重新审查。这些情况主要包括：存在政治利益的冲突，以及处理政府部长或其他利益集团对董事会成员的游说行为。

其次，正如我们已经预见到的，传统的受托人职责存在困境，那就是权力，如诉讼的权力或确定无效合同的权力，所有这些权力都由股东来决定。然而，如果把这种状况移植于政府公司，那么所有这些权力都将归于政府股东。这会引发政治利益的冲突，原因就在于权力集中在了政府手中，政府股东可以超脱于宪法和行政管理制度之外。有没有一些发展中的规则可以应用于完善政府公司董事的职责呢？

初始，我们应该注意这一建议，即分解执行董事会和公共顾问董事会的职能，允许执行董事会基于物质利益的缺失来选择董事，因为这种物质利益的缺失有可能引发利益冲突。在这里，执行董事会拥有受托人的职责。这种事先的安排减少了董事职责上的压力。在董事会层次上可以应用类似的初始防范措施。在这项工作中，假设要为董事会的提名委员会提供不同的建议，那么这项工作就是要准备一份报告，在报告中要证实提名委员会与利益集团和其他利益冲突来源之间的关系。这份报告在董事会做出任命某个人进入董事会的决议之前，要提交给政府部长。在删除其中的机密信息之后，这份报告要纳入公共档案。公共档案记载着利益集团与政府公司相互作用中的公共利益。

一个重要的问题是：我们是否需要以法律规则来应对政治冲突，哪种事项属于法律规则应该赦免的范围，或者，该事项是否应该使用选择性控制方式，就像议会制度那样？我们将用证据来证明，在应对这些问题时，法律具有很重要的作用，但同时也是很复杂的。我们不能简单地把问题留给政治程序，因为政治程序可能控制在最有实力的利益集团手中。法律可以通过强制性披露利益集团的活动来发挥重要作用。这种披露能够降低竞争中的利益集团的信息成本。利益集团之间的激烈竞争可能带来更高的效率（Becker，

1983；cf. Przeworski，1991；Shleifer and Vishny，1993）。在董事职责上，法律的作用是非禁止性的，要更多地予以披露，因此，必须将董事职责与典型的受托人职责区别开来。带有政治冲突的问题往往难以确立因果关系——政府公司采取的一项行动是由董事会决定的，一个人如何证明这项行动是由特殊利益集团的游说促成的？① 因此，一项禁止交易的法律规则很难被证明是正当的，尽管它具有明显的约束力，有利于刺激信息披露。因果关系问题（另外还有评估问题）使得对损害的补偿几乎不具有可操作性。那么，针对政治冲突的法律规定，应该如何付诸于司法运作呢？

最佳的补救办法是对没有尽到披露义务和其他谨慎义务的董事施以惩罚。两个似乎有道理的惩罚措施是：或者取消资格（免职），或者进行罚款。在这两种补救办法中，免职相对来说是比较有效的，因为这可能使一个利益集团失去未来在董事会中的代表；而罚款只不过使利益集团增加了一部分游说成本；而且，免职比罚款包含着更大的心理惩罚的成分。

我认为，上述这些制度设计与董事会的信息沟通是相联系的。法律规则要求，关于个别董事受到游说的程度，以及他们与股东之间联系的性质等方面的信息，必须进行披露，以此作为评价董事是否尽到谨慎义务的依据。这些信息首先要披露给董事会主席，然后再复制给其他董事和政府股东，并接受公众的审查。问题是，在进行信息披露的时候，董事是否应该有权参与审议和投票，或者有权参与审议但不能投票，或者在涉及他或她的职位问题时，本人应该回避。

一种可能性是，采用一种等级方法来评价冲突的程度。一般的原则是：如果决策的受益面较宽，那么这种决策应该允许较广泛的参与；而如果决策的受益面只限于某个有限的阶层，那么这种决策几乎不需要多少人参与。这样一种法律规则使得那些组织良好的、传统的、有实力的利益集团影响公司治理变得相对困难了。这种规则不是妨碍董事参与决策，而是促使他们树立公共利益的观念。这种原则比起传统的、基于金钱利益冲突的受托人禁律更加有用。典型的状况是，在受托人作为一方当事人与公司签约的典型情况下，受益人比想象的还要少——只有一个人，那就是受托人。这充分证明严格的禁律是合理的。尽管确定利益边界可能会引起争议，但如果受托人的利

---

① 在常规的董事职责中，类似的问题也经历过。在严格而公正的法律原则下，被利益冲突玷污的交易都是可以取消的。然而，一项得到许可的行动中可能存在着不当目的，例如，一项接管中的防御行动是很难用法律标准来判断的。在所有董事中，由于他们的动机渗入了变数，在应对接管的行动中，道德风险的发生率较低只是表面上的。他们人为地使接管行动具有不确定的价值，以寻求竞争性出价。

益是间接的，比如，他只是公众公司众多股东中的一个小股东，那么松散的禁律就会变得更加有力。

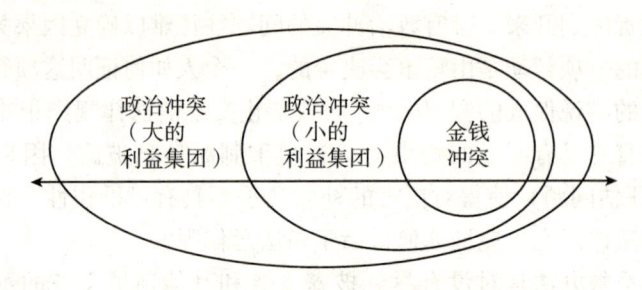

图6.3 政治冲突与金钱冲突的表现

图6.3是反映这种观点的示意图，图中显示，金钱冲突可以被视为大的冲突集团中的小集团。按照"寻租"（rent-seeking）利益集团的规模和一个利益集团排除非成员受益的难易程度，政治冲突和金钱冲突还是可以区别开的。接下来，需要制定一种新的法律规则，对政治冲突施加约束。对于来自于小规模的、组织良好的利益集团的董事来说，他们的任何提议行动，都可以使该利益集团因这种规则而受益，而大团体则从中受益甚微。例如，政府公司在日常经营过程中或在履行公共服务义务时出台的关于服务水平的决议，经常会导致某些董事一定层次上的利益冲突。如果一位董事与这个团体的一个大规模的、有代表性的部分共享利益，那么这位董事从中获得利益也是正确的。某些形式的利益冲突可能存在于一个或多个董事身上，这种情况或者是个人感觉，或者是他（她）与利益集团有联系。对于这些董事来说，合适的做法是：事先披露他们与利益集团的关系，以及他们个人接受了什么样的游说，而禁止审议将会有损于董事会。回顾一下先前的例子，国民服务的交易（country services transaction）便属于这种情况。

比较而言，其他情况则必须有更严谨的解决方式。一个例子是，与工作条件相关的一项董事会决议必须考虑工会代表的意见。在这些情况下，存在着巨大的寻租风险，集团在董事会的代表参与治理的过程中，往往谋求进一步增加集团的利益。利益集团对于向政治圈施加影响驾轻就熟，这种影响会通过政府干预间接地对公司治理造成压力。没有任何理由说明应该放任这种影响。董事会应该区分的是，对于要求关注公众利益的行为要给予支持，而对于要求进一步增加集团利益的行为则予以限制。

这两种情况如何区分呢？两者的界限可以通过不同的标准来描绘，但实质性区别在于有无一组关注公众利益的行为，这些行为涉及交易是否会影响公众利益。也就是说，它们关注的是不确定的、团体的利益，这些团体使用或消费政府公司提供的商品或服务，或者受到政府公司运作的影响。这就把这些行为与那些密切关注利益集团（如雇员）的行为区分开了。这种区分也适用于这样一种情况，即公众是作为政府公司服务的消费者而存在的，他们对参与政府公司治理有强烈的要求权，特别是考虑到许多政府公司具有自然垄断的性质，产品市场秩序缺失的情况，就更是如此。而其他选民，如雇主（不存在劳动垄断），则不具有类似强烈的要求权。

现在概括一下董事职责制度的运作。假设董事具有促进公众利益的行为，这意味着，他要尽到向董事会主席、其他董事、政府部长和公众披露信息的义务，这些信息涉及在董事会召开之前，针对这位董事关于商业交易方面的信息沟通或游说行为。董事会有权决定这位被游说的董事是否可以参与公司治理①。如果没有尽到披露义务，对负有责任的董事应该施以金钱上的惩罚。

关于增加私人利益的行为，也负有同样的信息披露义务。但是，被游说或者涉及重大政治利益冲突的董事，将会被拒绝参与审议和投票。这种义务不适用于关注公众利益的行为。

在政府公司中，还有一个基本的法律原则需要重新思考，那就是董事的注意义务。在某些方面，注意义务并非全部都是关于政府公司的，因为这种情况相当多地发生在公司无法偿还债务或经历大的灾祸之时。在这种情况下，董事可能会因为在信息或程序方面的不足而被提起诉讼，这种诉讼涉及这些董事是否应对公司的重大损失负有责任。假如政府公司的预算约束相对比较松散，那么董事遭诉讼的情况几乎是不可能发生的（虽然这要依赖于起诉规则，这一点我们后面会谈到）。尽管如此，在涉及政府变革中，董事职责还是会起作用的。新政府可能希望通过对一些政府公司董事进行诉讼来重组政府公司，这种重组甚至是一种刺激董事顺从新政府的一种策略。因此，我们是不能忽视董事的注意义务的。

原则上，注意义务不应该作为区分经营性公司和政府公司的标准依据。然而，政府公司的注意义务还是有别于经营性公司的，它对于考察政府公司的目标范围和治理上的限制，还是具有重要意义的。例如，有必要注意以下几个因素：

（1）对于有争议的行动、程序或过程，政府予以许可或指导。
（2）官方治理文件中对于正式认可的目标的说明与价值最大

---

① 类似的效果，参见《公司法》(2001)，（英联邦澳大利亚），s. 195。

化目标不一致。

（3）源于有争议行动的、显而易见的公众利益，没有被公司内在化。

考虑到以上因素，澳大拉西亚（Australasian）① 的立法已经对注意义务作了广泛的、明确的修正②。本部分专注的最后问题是诉讼权问题——什么人应该有权诉讼？从技术上说，政府公司享有董事尽职的利益。在这种情况下，董事会被认为有权做出最后的决策，就背离职责的行动提出诉讼。相比之下，在经营性公司中，基于个人利益的决策风险要比政府公司小的多，这种决策一般不会引起诉讼。而在政府公司中，政府部长居于核心地位——他可能有能力发出指令，或者取代董事。而且，政府部长也有权力提起连带诉讼。

然而，政府部长的这些有利条件也会导致一个与政府公司董事职责相关的基本问题，那就是来自于政府部长利益冲突的风险，即他在起诉董事背离职责时会产生道德风险。这在政治冲突中是相当严重的问题。不过，道德风险在其他方面也会出现（例如，一位董事背离自己的基本职责，成为同盟者）。在这种情况下，拥有诉讼权的人是不是应该更广泛一些呢？

这个问题存在两种可能性：一是对政府部长的行为寻求司法审查，例如，利用强制性禁律对政府部长提起连带诉讼。二是扩大诉讼权力，允许其他选民发起具有同等效力的连带诉讼行动。前者极可能得不到允许，从诉讼的基本动机中，几乎得不到对政府部长进行司法审查的授权，政府部长仍具有很大的自由决定权来扼杀这种诉讼。另外，对政府部长提起诉讼也会产生风险：一种风险是导致政府部长的政治寻租，进而导致权力膨胀；另一种风险是导致诉讼膨胀，刚刚从对公司化的司法审查中解放出来，可能又会陷入新一轮诉讼。这些问题不能陷入毫无节制的评论中，对政府部长的诉讼可以限于这样一些选民，他们能够证明其所受到的伤害源于他们对政府部长提出异议的行为（Stearns，2001）。另外，鼓励提起诉讼的领域应该是那些被认为最需要广泛诉讼的领域，也就是说，通过诉讼，该领域的政治冲突将会得到限制。司法救济的主要形式是免职和民事惩罚，而不是取消交易。由于寻求司法救济将受到一定的限制，这意味着，更多的自由诉讼没有必要成为决定性的解决方式。

---

① 澳大利亚、新西兰及附近南太平洋诸岛的总称——译者注。
② 参见本书关于这个问题的讨论，P.31（指原著页码——译者注）。

6.3.6 任期与任期终止

在第3章中，我们利用定性和定量两方面的证据分析了高层董事的更替问题。这种更替并非是因为失败的业绩，也不是因为董事责任机制发挥了作用，而是主要受制于政府任命其更偏好的董事的要求。关于这种任命的负面影响，已经在其他章节讨论过。

我们曾提出一种方法，即限制政府部长根据 SCI 目标是否实现而对董事会任免进行随意的控制，缩小政府部长更换董事会的范围。稍后我们将会详细解释这一方法。不过，在任命董事的时候，如果公司正在实现其财务目标，那么政府部长在提名委员会提供的选择范围内，可以拥有有限的选择权。与此相类似，如果政府公司已经实现了其财务目标，那么政府部长就不能随意提前终止董事任期，尽管有其他可证实的理由（例如，过于自负，经常缺席董事会会议，以及其他形式的背离规则的行为）说明终止任期是合适的。这种方法，从政府部长角度来看，是为了鼓励其更多地关注财务目标及其实现情况；而从董事角度，则是为了给予董事更大的安全感，以更好地实现其目标。

这种方法也有助于稳定摇摇欲坠的董事会结构。在这种方法下，董事的任命是基于确定的任期，比如说3年。然而，任期的结束却并非总是发生在同一时间。例如，在一个有6位董事组成的董事会中，有2位可以在任何一年中辞职。在这种情况下，对于一个绩效不佳的政府公司，新政府就可以任命它自己的董事；相反，对于一个绩效不错的政府公司，基于公司确定的目标，新政府在任命新董事时就会受到限制，不能因为政府能够作为而为之。这样做的目的在于，尽可能地保护仍在发挥作用的治理环境。

6.4 政府部长的治理角色

政府公司法人治理的改革是至关重要的，改革的中心是责任机制，这种机制是与政府部长及其对政府公司的治理权力相联系的。比起适用于董事或经理人的规则来说，适用于股东行使权力的规范和原则很少适用于政府公司。政府部长接受治理程序的约束，目的在于他必须要减少治理和管理的大量代理成本。

在这一部分中，我们将考虑一个更广泛的问题，即政府公司法人治理设计中所包含的治理原则。我们先考察治理权力在执政当局内部的分配，然后分析目标建立和绩效监督的作用，以及它们与治理程序的衔接问题。接下来，继续分析政府公司 CSO 的功能，以及要求政府公司承担的其他任务，还要讨论政府部长在努力实现企业价值最大化的商业环境中所不希望发生的问题。最后的话题是讨论政府公司和主管部门、政府部长与利益集团的相互作用。

6.4.1 执政当局内治理权力的配置

政府公司治理权力在执政当局成员中的配置是一件非常复杂的事情。这种权力配置可能会由于执政当局成员的数量、身份、每个成员对权力行使的范围和方式等方面的不同而不同。

典型的配置方法是法定权力模式。这种模式认为，政府内部的改革比起公司化来说并不是什么"高级"形式的改革，因此会要求把最重要的执行权力授予某个政府部长。换言之，这是一种向某个部长授权的模式，该部长所在部门是适合政府公司的部门。这样的授权原则也能很容易地应用到政府公司身上。在这种情况下，所授权力是很大的，权力行使方式也往往不受欢迎。

与此相反，与政府公司相关的治理权力可以进行广泛的分配，甚至可以分配给执政当局的所有成员。这样的配置制度不可能是很有效的，原因在于责任不清晰。在这种情况下，治理权力有可能被非正式地分配给执政当局的一个或少数几个成员，从而可能产生没有正式责任的权力。

折中的办法是将治理权力分配给执政当局的两个（或其他少量）成员。这是非常重要的解决方法，已被澳大拉西亚的政府公司所接受。在澳大利亚，典型的做法是，治理权力被分配给投资部长和另一位部长，后者的中心工作就是对"整个政府"关心的问题做出广泛的和积极的反应。这位部长或者本身具体负责政府公司的治理，或者是负责综合财政的财政部长。在新西兰，这两位部长是负责政府公司的部长和财政部长。

相对于单一股东模式，双重股东模式的优点在于：第一，它限制了其中任何一位部长的利己主义行为。例如，某位部长可能会通过某种方式运用其治理权力来增加他的预算、他再次当选的机会，以及他所在部门的福利，等等。尽管其中一些利益将会由整个政府所共享，但还有一部分是不能共享的。在后面的例子中，把权力授予第二位部长可以限制这些行为。因此，当存在第二位部长的时候，政府部长实施策略性行为（strategic behavior）几乎是不可能的。第二位部长在政府公司法人治理中会考虑更广泛的目标和部长的不同优势，如投资部长具有更熟练的操作能力，而财政部长则可能更关注财务控制和财务责任。

根据经济学理论，毫无疑问，多位主管部长并存是有缺陷的。因为不同的股东有不同的目标，把治理责任在各股东之间进行分解会弱化代理人实现各位部长确定的目标的激励（Dixit，1996，2000）。每个企业的两位或更多主管部长将会给代理人（这里指经理人）实现部长目标带来压力，进而会阻碍代理人实现其他目标。除此之外，目标放大为代理人糟糕的绩效提供了部分保险。这是因为，当一个代理人不能实现某个具体目标时，主管部长们会存在不同的观点，这依赖于他们是否对该目标下过指令。

多位主管部长并存方面的研究文献有几个结论：第一，也是最好的解决方案是，多位部长达成一个合同性质的协议，通过代理人的努力实现各所属政党联合利益的最大化（Dixit，2000，pp. 17–18）。第二，有问题的企业应该进行重组，对此，各主管部长的观点可以相互补充，而不能断章取义（P. 19）。各主管部长的利益分歧越大，面临的问题就越糟糕。第三，在多位主管部长拥有不同利益的情况下，立法机构应该尝试分割他们的利益（Dixit，2000，P. 19）。要做到这一点，一种方式是，让部长看到他们从包含其利益的一个或多个目标中获得的利益。从实现这些不同解决方案的效力角度看，对于双主管部长模式的需求是内生的。

正像斯基尔（Skeel，2003）指出的那样，实现这些特殊目标的现代公司治理过程有两个特征，即公司目标描述（SCI）和公共服务义务（CSO）。SCI 是类似于合同的一种协议，或者说，是对政府部长达成协议的书面描述。CSO 允许分割各主管部长的利益，方法是把那些超越政府公司商业目标的目标固定下来。然而，我们应该回顾一下第 4 章给出的证据，政府部长之间的确存在着严重的冲突，而且更重要的是，它们经常得不到解决。这表明，尽管 SCI 和 CSO 机制具有理论上的吸引力，但对于解决多位主管部长并存的问题并非是完美的方式。

对于这种两位主管部长被授予治理权力的模式，一种可选择的解决问题的方式是：把与持股相关的治理权力授予某一位部长，这位部长最有可能实现政府目标的内部化。另一位部长则更关心特殊投资，他将与政府公司的外部治理过程发生相互作用，这包括两个方面：一是从本质意义上的合同层面，他是作为一个用户与政府公司发生相互作用；二是从规制层面，他与政府公司发生其他商业性相互作用。新西兰模式是最接近于这种权力配置的。一位部长保留着对政府公司进行指导的权力，但这种指导只限于公司的经营和投资问题。涉及公司治理的其他指导则需要得到另一位政府部长的排他性豁免。这就实现了一种更有效的利益分割。特别是，这与财政部长最关心财务绩效和公司治理的证据是一致的,而投资部长则更可能关注公司的经营和投资问题。

6.4.2 目标建立和公司计划

运用一种绩效合同,像 SCI,是很有意义的。它可以为激励性报酬制度提供绩效目标,以及实现这些目标的前提条件。它允许政府部长通过具有合同性质的协议来解决目标冲突的问题,也允许将公众利益目标进行更准确的量化工作,而不是采用最一般的命令形式。在这一部分中,我们将进一步概述"控制权"界定的意义,同时概述 SCI 的一些局限性以及它们应该如何完善。

在第 4 章我们看到,在激进主义者看来,政府公司中 SCI 扮演的角色与政府部长和董事会之间的协议并不一致,由此造成 SCI 目标难以实现的结果。对于这种变化的一种解释是,在协商合适的目标以及因不能实现这些目标而施加惩罚方面,政府部长只具有很微弱的激励。在政府公司中,政府部长的产权(property rights)是很小的,迫使他们关注公司的财务目标可能与董事和经理人的行为不一致,即董事和经理人不愿意迎合政府部长的特殊政治热情。

因此,能否找到可以使政府部长和经理人自行实施适合于政府公司目标的方法,是很有必要的。我曾经提到一种方法,那就是允许将是否实现 SCI 目标作为享有对董事会任命的控制权的依据。如果实现了 SCI 目标,那么就把控制权临时授予董事会。换句话说,董事会对于任职于董事会的人选拥有很大的控制权;如果 SCI 目标没有实现,那么控制权就归还给政府部长。显然,两者都希望享有控制权。对于政府部长来说,希望董事会中有人与他合作;对于董事会来说,希望保住其位置,并维持董事会某种程度的和谐。

临时控制权(contingent control)思想是经营性公司的基本原则。在经营性公司,股东及其代理人享有对公司财产的控制权,但这要视他们是否能够按时、按合同偿付债务(Hart,1995)。如果公司不能偿还债务,控制权就会转移给债权人。很明显,临时控制权具有强大的激励功能,它鼓励立约人自行实施其所做出的承诺。这样的思想也可以应用于政府公司。

如果政府公司没有实现其年度 SCI 目标,它们可能会迁就政府部长对董事会及其任免实施控制的要求。而在董事会已经实现协议目标的政府公司,董事会则会要求更多地摆脱政府部长的干预,以稳定董事会的工作。对临时事件进行界定的一种方法是:政府公司在会计账目上达不到指定的权益回报率(return on equity),从而需要由政府部长和董事会在财务政策选择上做出调整。

这种方法需要我们界定，在决定未来董事会的人选上，政府部长和董事会各有多大程度的控制权。在由董事会控制政府公司时（董事会实现了目标），董事会可能要求政府部长只能从现任董事提交的推荐名单中选择候选董事，这个推荐名单是由提名委员会确定的（对于这个名单，政府部长可能只是提出没有约束力的建议）。在董事会失去对政府公司的控制时，政府部长在任免董事（要满足所要求的资格条件）时就有相当大的权力，尽管这时候仍允许提名委员会进行推荐。

可以证明，这种方法将会激励政府部长制定一些政府公司永远不可能实现的、脱离实际的高目标，以最大化他对董事会的控制权。然而，这种激励也要服从于政治冲突的压力。第一，一位政府部长要在制订 SCI 目标和政府公司治理方面对议会负责。如果他制订的目标政府公司总是实现不了，那么他可能因公司经营松散而面临严厉的批评。这将使他所任命的人遭受更大的压力。第二，在部长所属政党失去执政地位后，他有激励试图尽可能多地把他所任命的人留在董事会。然而，他们不能这样做，在准备选举的年度，如果他们制订的目标政府公司实现不了，那么新部长有权否定提名委员会的决定。而且，在许多政治环境中，下一次选举的时间安排可能是不清晰的。例如，在政府失去议会中的多数席位，或者通过在任期结束之前寻找选举优势的情况下，就是如此。

这些激励的一个综合效应（combined effect）是鼓励政府部长制订 SCI 目标，该目标会延长一届政府的任期。图 6.4 描述了一个以 3 年的议会任期为假设的问题。在选举年到来之前，所要求的回报率（required return）会超过实践中所能达到的最高回报率；而在最后的年度里，情况则相反。

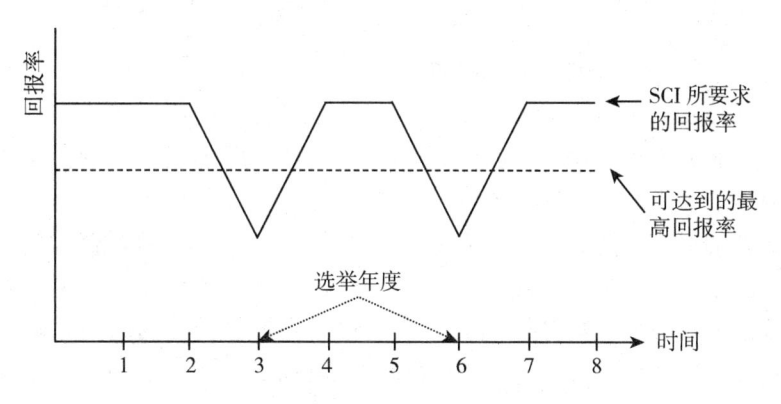

图 6.4　SCI 所要求的回报率的战略性激励

这种激励能够通过"棘轮"规则（ratchet rule）而减弱。棘轮规则是指允许部长提高所要求的回报率，但不允许降低回报率。所要求的回报率只能通过新政府来降低——这只发生在政府想提高该回报率的时候。棘轮规则偶或能有助于增加政治压力，使得政府部长不允许政府公司降低过高的标准。它也会阻止政府公司董事会通过寻求选举团支持（electoral-support）的最大化目标，来谋求折中回报率（trade-off return）的想法——这是代理成本（agency cost）的潜在的主要来源。

如果 SCI 中的财务目标被用作这些目的，就会产生这样一个问题，即 SCI 中除了财务目标外，是否还应该有其他目标。比较突出的观点是认为 SCI 应该只包括可证实的目标（verifiable targets），其中大部分可能是财务目标。这些可证实的目标会为签订其他合同奠定一个很好的基础，比如与 SCI 相联系的奖金支付。SCI 应该包括的关键指标是财务年度权益目标回报率（target return on equity）、目标盈余（target dividend）和计划中的资本减少（capital reductions）。SCI 可能包括一组受到限制的其他事项，比如一个项目完成时的专家鉴定书，或在未来某个日期之前采用新的劳动集体合同。可证实的目标对于任何旨在发挥绩效合同功能的文件都是关键之所在（Hart, 1995; Schwartz, 1992）。不具有可证实性的其他事项可以保留在其他文件中，如许多澳大拉西亚辖区使用的公司计划，这些文件可以包括各种各样的约定和政策描述。

对于政府公司来说，很值得做的一件工作是，在公司报告中披露 SCI 目标不能实现的原因，采用了什么样的评价方式，是经由政府公司还是政府部长提议要确保这些失败在下一年度不会再次出现。这项工作有利于促进公众审查政府部长强加的、不能实现的 SCI 目标会带来什么样的后果。

6.4.3 公共服务义务和政策指导

公共服务义务（CSO）是政府公司法人治理的重要组成部分。正如我们已经看到的那样，CSO 代表着政府公司利益最大化和公共利益目标之间不一致问题的一部分解决方案。它也允许对政府部长的目标进行分割。然而，这也会产生一些问题。正如奎根（Quiggin, 2003）指出的，CSO 对于工作任务及其影响因素、最佳绩效赖以产生的环境状态是不能做出很好的反应的。例如，哪些使用者应该得到可以相对容易地享受免费公共品的授权，是可以明确说明的。而相比之下，明确界定一个更宽泛的目标，如维持通信网络的完整性，则是极其困难的。工作任务的"最佳"绩效有可能依赖于一系列的变量，如成本和技术的变化、网络节点的点击人数、货币投资的机会成本（opportunity cost）等。这使得界定合适的 CSO 绩效、事先测算 CSO 的成本、确定 CSO 是否实现，变得非常困难。最大的困难是政府公司经理人员可能拥有有关披露状态的私人信息，其中未予披露的信息可能会对最佳绩效实现的程度产生影响。这是一种在 CSO 绩效问题上的机会主义风险（risk of opportunism），这种风险在事先的固定基金委托（fixed funding commitment）业务上尤其明显。在这种情况下，逃避责任是非常有可能的。

CSO 的另一个风险是它被用于交叉补贴（cross-subsidize）中，通过这种行为，政府公司与私人部门的市场参与者进行竞争。如果这种行为发生了，CSO 将违反竞争中立（competitive neutrality）原则，从而干扰市场竞争。我们已经看到，政府公司的董事并不认为 CSO 债券的索价过高。虽然如此，就 CSO 有助于为公司的一些固定成本支出提供资金来说，政府公司仍会降低市场竞争程度。如果政府处于政治激励的目的而对特殊服务提供补贴，那么 CSO 就会得到有力的支持，从而获得成功，在这种情况下，CSO 降低市场竞争的作用是很明显的（King，2003）。

通过法律规则来较大程度地解决这些问题是非常困难的，特别是那些涉及私人信息的问题。也许比较合适的做法是经常地对来自 CSO 绩效的利益进行审计，以此作为政府公司责任体系的一部分。其主要的风险是一项 CSO 可能变得具有"黏性"（sticky）——一旦建立，它就容易固化下来，很难改变①。在 CSO 发生的地方，政府公司和政府也许会限制人们寻求更有效的提供服务的方式。虽然政府存在的本质就是相对持续地提供 CSO，但是，周期性地对 CSO 供给进行审查还是很有必要的，以便于研究利益的分配、提供服务的成本、向团体提供利益的可选方式（包括那些政府公司没有涉足的方式）。在这方面，建立咨询董事会是很重要的，因为它提供了一种反馈循环。在这种循环中，既包括假设的从 CSO 服务中获益的人，也包括其他集团的代表，后者往往有激励确立优先的要求权，以谋求政府投资。通过这种反馈循环，可以加强 CSO 供给和对可竞争性的审查。

与 CSO 密切相关的是政府指导的问题。CSO 是一种可操作性的指导。然而，指导也可能是关于公司治理问题的，如财务控制或管理者报酬。一种指导可能也会要求政府公司遵守政府的某项政策，政府公司所在部门和政府的其他机构也要遵守这项政策。经验证据表明，政府政策很少能够增

---

① 这是一个特殊的问题，此时 CSO 投入会变为沉没成本（sunk cost），尤其是当政府进行涉及 CSO 的匹配投资的时候。在这种情况下，一个可竞争的市场将转化为双边垄断（bilateral monopoly）。

加政府公司的价值,而且通常是不必要的,是具有高昂成本的。政府部长经常通过发布指示来要求政府公司响应政府出台的政策或其他法令,那么,有没有可能限制政府部长享有的这种发布指示的保留权力(reserve power)呢?

一种方法是,要求向特定的政府公司投资的任何约束性指导,都要有理论上的支持,指导成本(costs of directive)必须向公众公开。然而,确定其边际成本对于很多政策来说都是很困难的,因为这涉及董事会和政府部长之间的谈判。另一种可选的方法是,为政府指导的司法审查提供一系列的"市场模拟"(market-mimicking)基地,普遍地赋予政府公司和受到政府指导影响的人们以诉讼提请权(drawn rights of standing)。以下是这种司法审查的三个可能的理由。

第一,免除对于日常或运营管理方面的指导。股东总是通过其投票权来让公司接受他们所提出的建议,美国证券法规则使用上述两种检查方法来限制股东的这种权力①。很明显,这种情况属于管理层和董事会的谨慎义务的范畴。

第二,对"平等保护"(equal protection)的检查。对于没有应用于或不能应用于私有企业的政策,这种检查将使政府公司免于服从这种政策。这方面的例子是,一种政策指导仅仅应用于工会劳动力,或者仅仅应用于雇用视觉存在缺陷的一部分雇员。这种原则为竞争中立建立了法律基础。

第三,在政策指导将会损害SCI回报的实现能力的情况下,不允许政府部长提供这种指导。我曾提出过为了实现SCI目标而使政府公司享有治理权力的可能性。因为这种制度是有效的,限制政府部长做出没有资金支持的指导是合适的,因为这种指导将会严重损害政府公司实现明确的财务目标的能力。

6.4.4 有关政府部门的观点

已提到的许多措施对于处理与部门的策略性行为相关的问题都有一些好处,特别是政府部长与部门之间的一定程度的共谋问题,以及许多不容易受法律介入影响的其他问题。它们依赖于相互影响的文化传统,这种相互影响可能发生在个人涉足政府公司、部门和政府的时候。

问题的一种可能的来源是部门内部的职责,即部门具有顾问的功能。例

---

① 参见《联邦规则条例(CFR)》,17,§240,14a-8(1999)。

如，部门在公司治理和财务控制方面拥有专门的技术和指引，同时也具有规制或监督功能，并有这方面的专门技术和指引。但是，让这些部门发挥顾问功能则存在一些困难。那么，将辅助持股部长的那些部门内部的顾问功能整合起来是否合适呢？如果具备以下两个条件，这项工作是可以做的。第一是政府公司董事会在治理安排上拥有显著的判断力——基于这种职位提出的建议只是建议，而不是指导；第二是政府公司能够广泛地寻求各种建议——顾问职位在提供建议方面并不具有垄断权。我们看到，在政府公司高级管理人员寻求企业发展问题上，也有类似的问题——让董事会主席保留首要的仲裁人地位是很重要的，他需要对政府公司获得的建议进行仲裁。

6.4.5 政府公司和利益集团的相互作用

上述许多建议涉及对董事会的游说、CSO 过程的改革等问题，这些建议旨在对利益集团施加于政府公司的影响进行规制，因为这些利益集团对政府公司具有支配性作用。如硬化预算约束和允许董事会在决定董事人选上拥有较大程度的自主权等措施，都有间接的效果，此时政府公司也取得了不错的绩效。这些措施的目的不是消除利益集团的影响，而是使这种影响更加透明，更具有责任性。因此，利益集团的任何影响都必须是透明的，提供的任何补贴都要尽可能清晰。这可促使利益集团之间形成一个合意的竞争方式。前面我们已经讨论过 CSO 机制，它在利益集团和政府部长之间相互作用中的角色是非常明显的。然而，要注意，由于政府部长能够对政府公司所提供的服务施加政治压力，他们可能倾向于不使用 CSO 机制，这既是为了将 CSO 投资用于其所在部门的其他方面，也是为了降低补贴的透明度。为了反击政治责任上可能的借口，最好让政府公司搞清楚不同行业、不同地理区域的相对营利能力，并支持它们在关于服务和价格的变化对净收入影响的报告中阐明这种变化是正确的。行业报告非常适合按一定顺序去做，这有利于对各行业继续经营的理由进行充分的审查。服务和定价的变化具有类似的理由，这种变化是对利益集团更短期压力的反映。

6.4.6 政府部长的道德

从上述分析中可以看出，公司化的基本问题之一是政府对政府公司拥有太多的权利来源，这使得政府总是规避明确的治理制度，如 CSO、SCI，以及向董事会授予管理权。因此，本章介绍的治理方案只是次优（second-best）方案。它们的典型假定是，在某些情况下，通过政府股东向董事会重新配置权利，节约代理成本是可能的——尽管在这些情况下管理的代理成本可能增加。

在政府公司治理中，道德规范具有重要的作用。这些道德规范是指：行为人能够促使自己降低治理的代理成本和增加责任感，如果政府部长能够把这些道德规范内部化，那么它们对于政府公司的治理是非常合意的。

公司治理方面的核心道德规范是承诺以"规则"行事——按照本意利用治理机关（governance apparatus）。这些道德规范包括：

（1）与政府公司的沟通只通过合适的渠道——在经营问题上是管理层，在治理问题上是董事会主席——而不能通过不合适的方式，如对个人董事进行游说。

（2）要对确立的指引和目标建立程序，在管理过程中要限制干预。

（3）对于要求在经营和财务绩效上"宽松"（slack）一些的管理层，不要切断与他们的交易，因为这是管理层政治上的需求。

（4）要任命那些反映公司绩效和代表公众利益的董事会，而不能根据政治上的动机和需求是否相同来任命。

困难在于如何通过奖励那些内部化道德规范的政府部长，惩罚那些违反道德规范的政府部长，从而找到一些方法来加强这些道德规范。政府中的高级官员是加强这些道德规范的一个可能的来源。在一些情况下，政府中的最高级官员也许愿意惩罚那些违反道德规范的政府股东。然而，采取这种行动是为了获得政治上特别是选举上的优势地位，或者是为了获得在利益集团中的利益，因此，这种惩罚可能不会经常发生。

另一个可选择的，也是更有希望的加强道德规范的来源是议会。政府部长在政府公司治理上要就其权力行使和滥用对议会负责。政府中的较高级官员要对刚愎自用的政府部长进行约束，议会的作用在于对这种约束的主动性做出评判。但是，议会的动机可能受到质疑，就是说，议会对出现的问题重新进行审查可能被怀疑是为了获得政治上的有利地位。尽管如此，作为评价政府责任性的论坛，议会的权力还是很清晰的。

6.5 对政府公司运作的治理

在迄今为止的讨论中，我们主要分析了治理实践和治理改革是如何影响管理和治理的代理成本的。对于政府公司治理体制来说，其持续不变的目标是最小化垄断的社会成本,但是这种目标只是转瞬间出现在我们的脑海中。在这一部分,我们将分析一些特殊的治理问题,这些问题在一些方面是呈平方级增长的。

需要考虑的特殊问题是,如何最好地控制和治理政府公司向一个新行业扩张的欲望。这个问题派生出一些复杂的问题。一方面期望政府公司能够做出最大化其价值的决策;另一方面对于政府公司超越其法定权力(statutory mandate)要给予极大的关注。首先要关注的是这样一种风险,即政府公司可能会把其获得的租金用于它的新市场运作。在政府公司的激励和产权不完善的情况下,即使来自各种经营的总利润减少了,也不可能遏制政府公司经理人的这种行为。这样,政府公司可能会削弱负载边际成本的私人竞争者的力量。因此,竞争以及从中产生的社会利益需要得到保护,使其免受政府公司的干扰(Sidak and Spulber,1996;Steel,2003)。

为了减少这种风险,有各种各样的可选择的方法。

第一是控制政府公司在竞争性市场上被允许的要价。然而,这也会带来不利因素,即规制不仅被引入到垄断性市场,也会被引入到竞争性市场。而对于竞争性市场,规制似乎是不必要的和不经济的。

第二是禁止政府公司进入所有的市场。这类禁令提出了一个挑战,即需要做出解释,因为对于政府公司可以向哪里扩张,不可以向哪里扩张,并不总是清晰的。一个有用的例证是,美国邮政管理局(United States Postal Service,USPS)除了拥有法定的信函业务外,是否还应该被允许拥有快递业务。法定权利能够使邮政网络覆盖到乡村和偏远地区,因为在这些地区建立邮政网络是有困难的。然而,由于免于竞争,便形成了这样的情况,即USPS在竞争性市场上为了快递业务可能会潜在地削弱参与者的力量。在这种情况下,哪些地方应该结束信函业务,哪些地方应该启动快递业务,是很不清晰的。也就是说,在最清晰的场合,禁令可能是最简单也是最好的方法——在这里,新业务与旧业务是没有关系的。在这种情况下,对于业务扩张(例如范围经济)的有效性解释是没有说服力的,对问题的解释是无力的。正因为如此,斯基尔(Skeel,2003)赞成这种方法,它使人联想到公司法中那些超越权限的、现在已经过时的教条。

第三是更折中的方法,是允许政府公司扩张,但要求它提出治理方案,这种治理方案要清楚地说明,政府公司的垄断业务是否和在多大程度上正在支持它进入竞争性市场。要实现这种治理的透明度,通过采取简单的命令提交报告的做法是很困难的,因为存在歪曲事实的风险。解决这一问题的一种方法是由一家新的子公司作为中介,使政府公司的扩张得到"疏导"

(Skeel，2003)。尽管存在一些会计操作上的问题(特别是交易定价问题)，但是，会计操作上的设计还是可以使人们对新行业的营利能力有一个较清晰的感觉的。例如，如果子公司亏损了，那么很明显，政府公司的垄断业务就要对子公司进行交叉补贴，以维持子公司的生存能力。母公司和子公司之间的其他资金转移也将变得清晰起来。另外，一个需要解释的类似问题是，进行业务扩张或者开展新业务的意义是什么。从业务扩张禁令的使用上推论，这是与垄断业务相关的业务享有优先选择权(preferred option)的问题。

6.6 结 论

国有企业已经伴随我们几个世纪了，而且在可预见的将来还将继续存在下去。它们继续经营着庞大的资产，而且常常是国民经济的重要组成部分。21世纪前几年世界资本市场的萧条表明，新一轮私有化风潮不会很快到来，在西方经济体中，那些确实发生的私有化是非常注重实效的，也是有坚实基础的。新兴经济体由于受到脆弱的经济、软化的市场制度和政治短视的困扰，将继续尽最大努力进行国有经济的改革。

我们看到，关于国有企业和政府公司的治理话题在每个时代都会重复发生。政府公司承诺要提高公共品和其他重要服务的供给效率，同时也提供使政府能够解决公众直接关心的利益问题的平台。从投入产出关系的狭义的X-效率看，政府公司的问题并不在于它是低效的。像在某些情况下发生的国有化案例，如英国战后的国有化，就具有深远的意义。但是，政府公司其他方面的效率分析却是含糊的，被不同的目标搞混乱了。问题在于，第一，强化国家对政府公司事先做出的承诺，以创造一种环境，限制国家的治理功能，但这是困难的；第二，建立对管理层的激励制度是很有必要的，这会增加公司价值，而不会使他们产生浪费性的或者高成本的垄断行为，但这也是困难的。对于政治家和政府来说，国有资产简直太庞大了，这使他们总是超越其原先申明的治理能力。

这一点即使在澳大拉西亚的公司化模式中，也是正确的，这些问题已经被认识到，本书提供的经验证据相当清晰地证实了这一点。管理具有很大的政治化成分，政府股东不断地介入政府公司的管理，这种介入经常是干预和干扰，它们并不被认为是有利于政府公司的治理的。这种介入反映了政府的政治考虑，而不是基于效率或公众利益的考虑。消费者和其他游说集团与政府公司之间的相互作用是通过政治中介，而不是通过市场，这与公司化的目的相悖。

　　当然，对于政府公司的私有化来说，政府干预就不能说不必要了。私有化的证据往往只被认为是一种形式的所有权成本，它并没有告诉我们其他形式的所有权成本的任何情况。最近在经营性公司发生的一些事情，例如对于经营者过于奢侈的报酬组合以及与其相关的欺诈行为，就是经营性公司中管理的代理成本的证据，这也反映了经营性公司的激励制度是不完善的。

　　本书和本章的主要启示在于，作为可能要进行的改革的一种指引，应当首先确立这样一种理念，即治理结构（governance structure）并不是自动实施（self-enforcing）的。不过，通过可能的控制权配置，治理结构可以做得更好一些。同时，法律规则有助于明确利益集团对公司治理过程的介入程度，而道德原则则有助于明确我们所希望的政府公司治理参与者的角色和相互作用。本书反复出现的一个主题是，简单地搬用经营性公司的治理程序、法律和道德规范，对于政府公司并不是最优的。正因如此，如果这种思想被用做演绎治理程序的话，那种把公司化视为私有化和政府部门之间重要的中间过渡的思想是危险的。公司治理不是连续的过程，应该设计合适的治理形式，而不是仿效其他可选择的激励结构。正如威廉姆森（Williamson）所言，有选择的干预几乎是不可能的，干预的需要对于政府公司来说是致命的，它所考虑的既不是政府公司的生存能力，也不是继续对政府公司治理进行研究。相比之下，凭借本身的能力把政府公司及其治理作为一个课题来研究，则可以使我们从过去的比较静态分析中解放出来，从而开启一个动态的、面对未来的新领域。

参 考 文 献

Ahern, M., Goss, W., Innes, A. (1989), *Management of the Queensland Public Sector in the 1990 s* Centre for Australian Public Sector Management, Research Paper No. 5.

Alatas, S. F. (1997), *Democracy and Authoritarianism in Indonesia and Malaysia — The Rise of the Post-Colonial State*, Macmillan Press, London.

Alchian, A. (1965), 'Some Economics of Property Rights', *Il Politico*, 30, 816 – 829.

Alonso-Zaldivar, R., Meun, J. and Brooks, N. R. (2002), 'Ex-Enron Trader Admits Rigging Energy Market', *Los Angeles Times*, October 18.

American Law Institute (1982), Principles of Corporate Governance and Structure: Restatement and Recommendation, Tentative Draft No. 1.

Armour, J. and Whincop, M. J. (2003), 'The Proprietary Structure of Corporate Law', unpublished working paper.

Ayres, I. and Gertner, R. (1992), 'Strategic Contractual Inefficiency and the Optimal Choice of Legal Rules', *Yale Law Journal*, 101, 729 – 773.

Bacon, J. (1993), *Corporate Boards and Corporate Governance*, Conference Board, New York.

Baird, D., Gertner, R. and Picker, R. (1994), *Game Theory and the Law*, Harvard University Press, Cambridge.

Baker, M. P. and Gompers, P. (1999), 'An Analysis of Executive Compensation, Ownership, and Control in Closely Held Firms', unpublished working paper.

Balfour, M. and Crise, C. (1993), 'A Privatisation Test: The Czech Republic, Slovakia and Poland', *Fordham International Law Journal*, (1993), 17, 84 – 125.

Bebchuk, L. A. and Roe, M. J. (1999), 'A Theory of Path Dependence in Corporate Ownership and Governance', *Stanford Law Review*, 52, 127 – 170.

Becker, G. S. (1983), 'A Theory of Competition Among Pressure Groups for Political Influence', *Quarterly Journal of Economics*, 98, 371–400.

Berle, A. A. and Means, G. C. (1932), *The Modern Corporation and Private property*, MacMillan, New York.

Blair, M. M. and Stout, L. A. (1999), 'A Team Production Theory of Corporate Law', *Virginia Law Review*, 85, 247–328.

Blanchard, O. and Shleifer, A. (2000), 'Federalism With and Without Political Centralization: China Versus Russia', Massachusetts Institute of Technology Department of Economics Working Paper 00–15.

Blasi, J. R., Kroumova, M. and Kruse, D. (1997), *Kremlin Capitalism—The Privatization of the Russian Economy*, Cornell UP, Ithaca.

Blaszczyk B. and Dabrowski, M. (1993), *The Privatisation Process in 1989–1992: Expectations, Results and Dilemmas*, Centre for Research into Communist Economies, London.

Boubakri, N. and Cosset, J.–C. (1998), 'The Financial and Operating Performance of Newly Privatized Firms: Evidence for Developing Countries', *Journal of Finance*, 53, 1081–1110.

Boubakri, N., Cosset, J.–C. and Guedhami, O. (2001), 'Liberalization, Corporate Governance and the Performance of Newly Privatized Firms', unpublished working paper, available at http://papers.ssrn.com/sol3/papers.cfm?abstract_id=270642

Bratton, W. W., Jr. (1989), 'The "Nexus of Contracts" Corporation: A Critical Appraisal', *Cornell Law Review*, 74, 407–465.

Broadman, H. G. (2001), 'Lessons from Corporatization and Corporate Governance Reform in Russia and China', unpublished conference paper.

Brown, A. J. (2003), 'Halfway House or Revolving Door? Corporatisation and Political Cycles in Western Democracy' in M. J. Whincop (ed.), *From Bureaucracy to Business Enterprise: Legal and Policy Issues in the Transformation of Government Services*, Ashgate, Aldershot.

Buchanan, J. and Tullock, G. (1965), *The Calculus of Consent*, Duke University Press, Durham.

Business Week (2001), 'California's Bitter Bailout', 5 March, 44.

Butlin, N. G., Barnard A. and Pincus, J. J. (1982), *Government and Capitalism: Public and Private Choice in Twentieth Century Australia*, Allen and

Unwin, Sydney.

Cao, L. (1995), 'The Cat that Catches Mice: China's Challenge to the Dominant Privatization Model', *Brooklyn Journal of International Law*, 21, 97 – 178.

Chandler, M. A. (1983), 'The Politics of Public Enterprise', in J. R. S. Prichard (ed.), *Crown Corporations in Canada*, Butterworths, Toronto.

Chang, R. (ed) (1997), *Incommensurability, Incomparability, and Practical Reason*, Harvard University Press, Cambridge.

Chorney, H. (1998), 'The Future of Crown Corporations: Government Ownership, Regulation or Market Control: A Keynesian Approach', in J. R. Allan (ed.), *Public Enterprise in an Era of Change*, Canadian Plains Research Center, University of Regina.

Coffee, J. C., Jr. (1990), 'Unstable Coalitions: Corporate Governance as a Multi-Player Game', *Georgetown Law Journal*, 78, 1495 – 1549.

Collier, B. and Pitkin, S. (1999) (eds), *Corporatisation and Privatisation in Australia*, CCH, Sydney.

Curnow, G. R. and Saunders, C. A. (1983) (eds), *Quangos: The Australian Experience*, Hale and Ironmonger, Sydney.

Davies, M. R. (1998), 'Civil Servants, Managerialism and Democracy in the UK', *International Review of Administrative Sciences*, 64, 119 – 129.

Davis, G. (1993) (ed), *Public Sector Reform under the First Goss Government: A Documentary Sourcebook* Royal Institute of Public Administration Australia/ Centre for Australian Public Sector Management, Brisbane.

De Alessi, L. (1969), 'Implications of Property Rights for Government Investment Choices', *American Economic Review*, 59, 13 – 24.

De Alessi, L. (1973), 'Property Rights, Transaction Costs, and X-Efficiency: An Essay in Economic Theory', *American Economic Review*, 63, 64 – 81.

De Angelo, H. (1981), 'Competition and Unanimity', *American Economic Review*, 71, 18 – 27.

De Lacy, K. (1993), 'The Corporatisation of Government Owned Enterprises in Queensland', in G. Davis (ed), *Public Sector Reform under the First Goss Government: A Documentary Sourcebook* Royal Institute of Public Administration Australia/Centre for Australian Public Sector Management, Brisbane.

Demsetz, H. (1967), 'Towards a Theory of Property Rights', *American Economic Review*, 57, 347 – 359.

Deutsch, C. H. (2003), 'The Revolution that Wasn't: 10 Years Later, Corporate Oversight is Still Dismal', *New York Times*, January 26, BU2, BU12.

Dewatripont, M. and Roland, G. (1999), 'Soft Budget Constraints, Transition and Financial Systems', working paper.

Dirmeyer, J. Tulley, F. and Block, W. (2002); 'Should Airlines be Subsidized in an Emergency? The Libertarian View', *Journal of Social, Political and Economic Studies*, 27, 65 – 81.

Dixit, A. K. (1996), *The Making of Economic Policy: A Transaction-Cost Perspective*, MIT Press, London.

Dixit, A. K. (2000), 'Incentives and Organizations in the Public Sector: An Interpretive Review', unpublished manuscript.

Dixit, A. K. and Nalebuff B. J. (1991), *Thinking Strategically: The Competitive Edge in Business, Politics, and Everyday Life*, W. W. Norton. New York.

Domberger, S., Meadowcroft, S. and Thompson, D. (1986), 'Competitive Tendering and Refuse Collection', *Fiscal Studies*, 7, 69 – 87.

D'Souza, J, . Megginson, W. L. and Nash, R. (2000), 'Determinants of Performance Improvements in Privatized Firms: The Role of Restructuring and Corporate Governance', paper presented at 2001 American Finance Association 2001 annual meeting.

Duncan, I. and Bollard, A. (1992), *Corporatization & Privatisation: Lessons from New Zealand*, Oxford University Press.

Dunleavy, P. (1991), *Democracy, Bureaucracy and Public Choice: Economic Explanations in Political Science*, Harvester Wheatsheaf, Sydney.

Easterbrook, F. H. and Fischel, D. R. (1991), *The Economic Structure of Corporate Law*, Harvard University Press, Cambridge.

Ehrlich, I. , Gallais-Hamonno, G. , Liu, Z. , and Lutter, R. (1994), 'Productivity Growth and Firm Ownership: An Empirical Investigation', *Journal of Political Economy*, 102, 1006 – 1038.

Eisenberg, M. A. (1989), 'The Structure of Corporation Law', *Columbia Law Review*, 89, 1461 – 1526.

Encel, S. (1968), 'The Concept of the State in Australian Politics', in

C. A. H. Hughes (ed), *Readings in Australian Government*, University of Queensland Press, Brisbane.

Fama, E. F. and Jensen. M. C. (1983a), 'Separation of Ownership and Control', *Journal of Law & Economics*, 26, 301 – 325.

Forsyth, P. (1992) 'Public Enterprise: A Success Story of Microeconomic Reform?', *CEPR Discussion Paper No.278*, Australian National University, Canberra.

Froomkin, A. M. (1995), 'Reinventing the Government Corporation', *University of Illinois Law Review*, 1995, 543 – 634.

Frydman, R., Gray, C. W., Hessel, M., and Rapaczynski, A. (1999), 'When Does Privatization Work? The Impact of Private Ownership on Corporate Performance in Transition Economies', *Quarterly Journal of Economics*, 114, 1153 – 1191.

Frydman, R. and Rapaczynski, A. (1994), *Privatization in Eastern Europe: Is the State Withering Away?*, Central European University Press, London.

Gibbon, H. (1997), 'A Seller's Manual: Guidelines for Selling State-Owned Enterprises' in *Privatisation Yearbook*, Privatisation International, London.

Gillan, S. L. and Starks, L. T. (1998), A Survey of Shareholder Activism: Motivation and Empirical Evidence, *Contemporary Finance Digest*, 2, 10 – 34.

Gilson, R. J. (1996), 'Corporate Governance and Economic Efficiency: When Do Institutions Matter', *Washington University Law Quarterly*, 74, 327 – 345.

Gilson, R. J. and Roe, M. J. (1993), 'Understanding the Japanese Keiretsu: Overlaps Between Corporate Governance and Industrial Organization', *Yale Law Journal*, 102, 871 – 906.

Goodrich, C. (ed.) (1967), *The Government and the Economy, 1973 – 1861*, Bobbs-Merrill, Indianapolis.

Graham, C. and Prosser, T. (1991), *Privatising Public Entities: Constitutions, the State and Regulation in Comparative Perspective*, Clarendon Press, Oxford.

Hancock, W. K. (1930), *Australia*, Benn, London.

Hansmann, H. and Kraakman, R. (2000), 'The End of History For Corporate Law', *Georgetown Law Journal*, 89, 439 – 468.

Harper, J. T. (2001) 'Short-term Effects of Privatization on Operating Performance in the Czech Republic', *Journal of Financial Research*, 24, 119 – 131.

Hart, O. (1995), *Firms, Contracts, and Financial Structure*, Clarendon Press, Oxford.

Hellman, J. (1998), 'Winners Take All: The Politics of Partial Reform in Postcommunist Transitions', *World Politics*, 50, 203 – 234.

Hendricks, W. (1977), 'Regulation and Labor Earnings', *Bell Journal of Economics and Management Science*, 8, 483 – 496.

Hilmer, F., Rayner, M. and Taperell, G. (1992), *National Competition Policy*, Report by the Independent Committee of Inquiry, AGPS, Canberra.

Hirshhorn, R., (1984), 'Government Enterprise and Organizational Efficiency', *Economic Council of Canada*, unpublished paper.

Hlaváček, J. and Mejstřick, M. (1997), 'The Initial Economic Environment for Privatization', in M. Mejstrick (ed), *The Privatization Process in East-Central Europe: Evolutionary Process of Czech Privatization*, Kluwer, Boston.

Holmstrom, B. and Milgrom, P. 'Multitask Principal-Agent Analyses: Incentive Contracts, Asset Ownership, and Job Design', *Journal of Law, Economics, and Organization* 7, 24 – 52.

Hopkins. T. D. (1998), 'The Czech Republic's Privatization Experience', in D. S. Iatridis and J. G. Hopps (eds), *Privatization in Central and Eastern Europe—Perspectives and Approaches*, Praeger, London.

Hopt, K. J. (1998), 'The German Two-Tier Board: Experience, Theories, Reforms', in K. Hopt, *Comparative Corporate Governance—The State of The Art And Emerging Research*, Clarendon, Press, Oxford.

Jefferson, G. H., Rawski, T. G., Zheng, Y. (1996), 'Chinese Industrial Productivity: Trends, Measurement Issues, and Recent Developments', *Journal of Comparative Economics*, 23, 146 – 180.

Jefferson, G. H. and Rawski, T. G. (2001), 'Enterprise Reform in Chinese Industry', in R. Garnuat and Y. Huang (eds.), *Growth Without Miracles—Readings on the Chinese Economy in the Era of Reform*, Oxford University Press, Oxford.

Jensen, M. C. (1986), 'Agency Costs of Free Cash Flow, Corporate Finance, and Takeovers', *American Economic Review*, 76, 323 – 329.

Jensen, M. C. and Meckling, W. H. (1976), 'Theory of the Firm: Managerial Behavior, Agency Costs, and Ownership Structure', *Journal of Financial Economics*, 3, 305 – 360.

Jensen, M. C. and Murphy, K. J. (1990), 'Performance Pay and Top-Management Incentives', *Journal of Political Economy*, 98, 225 – 261.

Johnstone, C. (2002), 'State's Profits set to Slump', *Courier Mail*, 9 April, 1.

Jones, S., Megginson, W. L., Nash R. C., and Netter, J. M. (1999), 'Share Issue Privatizations as Financial Means to Political and Economic Ends', *Journal of Financial Economics*, 53, 217 – 253.

Kapstein, E. B. and Milanovic, B. (1999), 'Dividing the Spoils: Pensions, Privatizations and Reform in Russia's Transition', working paper.

Kelly-Escobar, J. (1982), 'Comparing State Enterprises Across International boundaries: the Corporation Venezolanda de Guayana and the Companhía Vale do Rio Doce', in L. P. Jones (ed.), *Public Enterprises in Less Developed Countries*, Cambridge University Press, Cambridge, MA.

Kikeri, S., Nellis, J., and Shirley, M. M. (1992): *Privatization: The Lessons of Experience*, World Bank, Washington, DC.

King, S. (2003), 'Corporatisation and the Behaviour of Government Owned Corporations' in M. J. Whincop (ed.), *From Bureaucracy to Business Enterprise: Legal and Policy Issues in the Transformation of Government Services*, Ashgate, Aldershot.

Klein, A. (1998), 'Firm Performance and Board Committee Structure', *Journal of Law and Economics*, 41, 275 – 303.

Klein, B., Crawford, R. G. and Alchian, A. A., (1978), 'Vertical Integration, Appropriable Rents, and the Competitive Contracting Process', *Journal of Law & Economics*, 21, 297 – 326.

Klich, J. (1998), 'The Concept of Mass Privatization in Poland: Theoretical and Practical Considerations', in D. S. Iatridis and J. G. Hopps (eds), *Privatization in Central and Eastern Europe—Perspectives and Approaches*, Praeger, London.

Korn/Ferry International (2000), *Boards of Directors Study in Australia and New Zealand* 2000.

Kornai, J. (1992), *The Socialist System: The Political Economy of Communism*, Princeton University Press, Princeton.

Kraakman, R. (1984), 'Corporate Liability Strategies and the Costs of Legal Controls', *Yale Law Journal*, 93, 857 – 898.

Kuznetsov, A. and Kuznetsova, O. (1999), 'The State as a Shareholder: Responsibilities and Objectives', *Europe-Asia Studies*, 51, 433 – 446.

Langford, J. W. (1979), 'Crown Corporations as Instruments of Policy', in G. B. Doern and P. Aucoin (eds), *Public Policy in Canada: Organization, Process and Management*, McGill-Queen's University Press, Montreal.

Lardy, N. R. (1998), 'China's Unfinished Economic Experiment', in J. A. Dorn (ed.), *China in the New Millennium: Market Reforms and Social Development*, Cato Institute, Washington, D. C.

Levac, M. and Wooldridge, P. (1997), 'The Fiscal Impact of Privatization in Canada', *Bank of Canada Review*, 1997, 25 – 39.

Li, W. (1997), 'The Impact of Economic Reform on the Performance of Chinese State Enterprises, 1980 – 1989', *Journal of Political Economy* 105, 1080 – 1106.

Lin, C. (2000), 'Corporate Governance of State-Owned Enterprises in China', working paper, Asian Development Bank.

Lipsey, R. G., and Lancaster, K. (1956), 'The General Theory of Second Best', *Review of Economic Studies*, 24, 11 – 32.

Longstreth, F. H. (1989), 'From Corporation to Dualism? Thatcherism and the Climacteric of British Trade Unions in the 1980s', *Political Studies*, 36, 413 – 432.

Lopez-de-Silanes, F. (1997), 'Determinants of Privatization Prices', *Quarterly Journal of Economics*, 112, 965 – 1025.

Macey, J. R. (1991), 'An Economic Analysis of the Various Rationales for Making Shareholders the Exclusive Beneficiaries of Corporate Fiduciary Duties', *Stetson Law Review*, 21, 23 – 41.

Macey, J. R. and Miller, G. P. (1995), 'Corporate Governance and Commercial Banking: A Comparative Examination of Germany, Japan and the United States', *Stanford Law Review*, 48, 73 – 112.

McCarthy, D. J., Naumov, A. I. and Puffer, S. M. (2000), 'Russia's Retreat to Statization and the Implications for Business', *Journal of World Business*, 35, 256 – 274.

McCraw, T. K. (1981), *Regulation in Perspective: Historical Essays*, Harvard University Press, Boston.

McMinn, W. G. (1979), *A Constitutional History of Australia*, Oxford University Press.

Megginson, W. L., Nash R. C., and van Randenborgh, M. (1994), 'The Financial and Operating Performance of Newly Privatized Firms: An International Empirical Analysis', *Journal of Finance*, 49, 403 – 452.

Megginson, W. L. and Netter, J. M. (2001), 'From State to Market: A Survey of Empirical Studies on Privatization', *Journal of Economic Literature*, 39, 321 – 389.

Milne, R. S. and Mauzy, D. K. (1999), *Malaysian Politics under Mahathir*, Routledge, London.

Minister of Finance and the President of the Treasury Board (1996), 'Corporate Governance in Crown Corporations and Other Public Enterprises—Guidelines', Treasury Board of Canada Secretariat, Ottawa.

Mitchell, L. E. (ed.)(1996), *Progressive Corporate Law*, Westview, Boulder.

Mládek, J. (1997), 'Initialization of Privatization through Restitution and Small Privatization', in M. Mejstrik (ed.), *The Privatization Process in East-Central Europe: Evolutionary Process of Czech Privatization*, Kluwer, Boston.

Modigliani, F. and Miller, M. H. (1958), 'The Cost of Capital, Corporation Investment, and the Theory of Investment', *American Economic Review*, 48, 261 – 297.

Morton, E. (1999), 'Economic Reform of GBEs', in B. Collier and S. Pitkin (eds), *Corporatisation and Privatisation in Australia*, CCH Australia, North Ryde.

Muzikar, K. and Drevinek, K. (2002), 'Historical Overview of Privatization', *Focus Europe*, 2002, Summer, 54 – 55.

Niskanen, W. (1968), 'The peculiar economics of bureaucracy', *American Economic Review* 58 (2), 293 – 305.

Niskanen, W. (1971), *Bureaucracy and Representative Government*, Aldine, Chicago.

Olson, M. (1971), *The Logic of Collective Action: Public Goods and the Theory of Groups*, 2nd ed., Harvard University Press, Cambridge.

Olson, M. (2000), *Power and Prosperity: Outgrowing Communist and Capitalist Dictatorships*, Basic Books, New York.

Otsuka, K., Liu, D. and Murakami, N. (1998), *Industrial Reform in China Past Performance and Future Prospects*, Clarendon Press, Oxford.

Pagoulatos, G. (2001), 'The Enemy Within: Intragovernmental Politics and

Organizational Failure in Greek Privatization', *Public Administration*, 79, 125 – 138.

Parker, C. E. (2002), *The Open Corporation: Effective Self-Regulation and Democracy*, Cambridge University Press.

Parkes, H. (1892), *Fifty Years in the Making of Australian History*, Longmans Green, London.

Patience, A. and Head, B. (1979), 'Australian politics in the 1970s', in Patience and Head (eds), *From Whitlam to Fraser: reform and reaction in Australian politics*, Oxford University Press, Melbourne.

Patterson, R. H. (1996), 'How the Chicago School Hijacked New Zealand Competition Law and Policy', *Competition Law & Policy*, 17, 160 – 192.

Peltzman, S. (1976), 'Toward a More General Theory of Economic Regulation', *Journal of Law & Economics*, 19, 211 – 240.

Peoples, J. (1998), 'Deregulation and the Labor Market', *Journal of Economic Perspectives*, 12, 111 – 130.

Perotti, E. C. and Guney, S. E. (1993), 'The Structure of Privatization Plans', *Financial Management*, 22, 84 – 98.

Perry, T. and Zenner, M. (2000), 'CEO Compensation in the 1990s: Shareholder Alignment or Shareholder Expropriation?', *Wake Forest Law Review*, 35, 123 – 152.

Pinto, B., Belka, M. and Krajewski, S. (1993), 'Transforming State Enterprises in Poland: Evidence on Adjustment by Manufacturing Firms', *Brookings Papers on Economic Activity*, 213 – 261.

Poznanski, K. Z. (1993), 'An Interpretation of Communist Decay: The Role of Evolutionary Mechanisms', *Communist and Post-Communist Studies*, 26, 3 – 24.

Prichard, J. R. S. (ed.), (1983), *Crown Corporations in Canada*, Butterworths, Toronto.

Przeworski, A. (1991), *Democracy and the Market*, Cambridge University Press, New York.

Queensland Government (1993), *Corporatisation in Queensland—Policy Guidelines: A Queensland Government White Paper*.

Quiggin, J. (2003), 'Governance of Public Corporations: Profits and the Public Benefit' in M. J. Whincop (ed.), *From Bureaucracy to Business Enterprise:*

Legal and Policy Issues in the Transformation of Government Services, Ashgate, Aldershot.

Rajan, R. G. and Zingales, L. (2000), 'The Governance of the New Enterprise', in Vives, X. (ed.), *Corporate Governance Theoretical and Empirical Perspectives*, Cambridge University Press, Cambridge.

Rajan, R. G. and Zingales, L. (2001), 'The Firm as a Dedicated Hierarchy: A Theory of the Origins and Growth of Firms', *Quarterly Journal of Economics*, 116, 805 – 851.

Rawski, T. G. (1996), 'Implications of China's Reform Experience', in A. G. Walder (ed.), *China's Transitional Economy*, Oxford University Press, Oxford.

Rodan, G., Hewison, K. and Robison, R. (1997), *The Political Economy of South-East Asia—An Introduction*, Oxford University Press, Melbourne.

Roe, M. J. (1993), 'Some Differences in Corporate Structure in Germany, Japan, and the United States', *Yale Law Journal*, 102, 1927 – 2000.

Romano, R. (1993), 'Public Pension Fund Activism in Corporate Governance Reconsidered', *Columbia Law Review*, 93, 795 – 853.

Romano, R. (1996), 'Corporate Law and Corporate Governance', *Industrial & Corporate Change*, 5, 277 – 339.

Romano, R. (1999), 'Less is More: Making Shareholder Activism a Valued Mechanism of Corporate Governance', *Yale Journal on Regulation*, 18, 174 – 251.

Sappington, D. and Sidak, J. G. (1999) 'Incentives for Anticompetitive Behavior by Public Enterprises', Working Paper 99 – 11, AEU-Brookings Joint Center for Regulatory Studies.

Sappington, D. M. E. and Sidak, J. G. (1999), 'Incentives for Anticompetitive Behavior by Public Enterprises', unpublished draft.

Schipani, C. A. and Liu, J. (2002), 'Corporate Governance in China: Then and Now', *Columbia Business Law Review*, 2002, 1 – 69.

Schmitz, P. W. (2000), 'Partial Privatization and Incomplete Contracts: The Proper Scope of Government Reconsidered' *FinanzArchiv*, 57, 394 – 411.

Schnitzer, M. C. (1987), *Contemporary Government and Business Relations* (3rd ed), Houghton Mifflin, Boston.

Schwab, S. J. and Thomas, R. S. (1998), 'Realigning Corporate Governance:

Shareholder Activism by Labor Unions', *Michigan Law Review*, 96, 1018 – 1094.

Schwartz, A. (1992), 'Relational Contracts in the Courts: An Analysis of Incomplete Agreements and Judicial Strategies', *Journal of Legal Studies*, 21, 271 – 318.

Shapiro, C. and Willig, R. D. (1990), 'Economic Rationales for the Scope of Privatization' in E. N. Suleiman and J. Waterbury (eds), *The Political Economy of Public Sector Reform and Privatization*, Westview, Boulder.

Shen, R. (2000), *China's Economic Reform An Experiment in Pragmatic Socialism*, Praeger, London.

Shirley, M. M. (1999), 'Bureaucrats in Business: The Roles of Privatization Versus Corporatization in State-Owned Enterprise Reform', *World Development*, 27, 115 – 136.

Shirley, M. and Xu, L. C. (1998), 'Information, Incentives, and Commitment: An Empirical Analysis of Contracts Between Government and State Enterprises', *Journal of Law, Economics, and Organizations*, 14, 358 – 378.

Shleifer, A. and Treisman, D. (1997), 'The Economics and Politics of Transition to an Open Market Economy', OECD Development Center Working Paper.

Shleifer, A. and Vishny, R. (1993), 'Corruption', *Quarterly Journal of Economics*, 108, 599 – 617.

Sidak, J. G. (2002), 'Acquisitions by Partially Privitized Firms: The Case of Deutsche Telekom and Voicestream', *Federal Communications Law Journal*, 54, 1 – 29.

Sidak, J. G. and Spulber, D. F. (1996), *Protecting Competition from the Postal Monopoly*, AEI Press, Washington DC.

Skeel, D. A., Jr. (1998), 'The Law and Finance of Bank and Insurance Insolvency Regulation', *Texas Law Review*, 76, 723 – 780.

Skeel, D. A., Jr. (2003), 'Virtual Privatization', in M. J. Whincop (ed.), *From Bureaucracy to Business Enterprises: Legal and Policy Issues in the Transformation of Government Services*, Ashgate, Aldershot.

Spann, R. (1977), 'Public versus Private Provision of Government Services', in Borcherding (ed.), *Budgets and Bureaucrats: The Sources of Government Growth*, Duke University Press, North Carolina.

Stearns, M. L. (2003), 'A Private-Rights Standing Model to Promote Public-

Regarding Behaviour by Government Owned Corporations' in M. J. Whincop (ed.), *From Bureaucracy to Business Enterprise: Legal and Policy Issues in the Transformation of Government Services*, Ashgate, Aldershot.

Stevens, D. F. (1993), *Corporate Autonomy and Institutional Control: The Crown Corporation as a Problem in Organization Design*, McGill-Queen's University Press, Montreal.

Stigler, G. (1971), 'The Theory of Economic Regulation', *Bell Journal of Economics*, 2, 3 – 21.

Stiglitz, J. E. (2002), *Globalization and its Discontents*, W. W. Norton, New York.

Sunstein, C. R. (1987), 'Constitutionalism After the New Deal', *Harvard Law Review*, 101, 421 – 510.

Swann, D. (1988), *The Retreat of the State: Deregulation and Privatization in the UK and US*, Harvester/Wheatsheaf, New York.

Telser, L. G. (1980), 'A Theory of Self-Enforcing Agreements', *Journal of Business*, 53, 27 – 44.

Tiebout, C. M. (1956), 'A Pure Theory of Public Expenditures', *Journal of Political Economy*, 64, 416 – 424.

Tivey, L. J. (1966), *Nationalisation in British Industry*, Jonathan Cape, London.

Treasury Board of Canada Secretariat (2001), *Crown Corporations and Other Corporate Interests of Canada 2001*, Canadian Government Publishing, Ottawa.

Trebilcock, M. J. and Prichard, J. R. S. (1983), 'Crown Corporations in Canada' in J. R. S. Prichard (ed.), *Crown Corporations in Canada*, Butterworths, Toronto.

Tupper, A. (1998), 'The Changing Political Environment of Canadian Crown Corporations', in J. R. Allan (ed.), *Public Enterprise in an Era of Change*, Canadian Plains Research Center, University of Regina.

Von Nessen, P. and Reynolds, A. (1999), 'The Government Owned Corporations and State Owned Corporations Statutes', in Collier, B. and S. Pitkin (eds), *Corporatisation and Privatisation in Australia*, CCH, Sydney.

Wachter, M., Hirsch, B. and Kleindorfer, P. R. (2001), 'Difficulties of Deregulation When Wage Cuts are the Major Cost', in M. A. Crew, and P. R. Kleindorfer (eds), *Future Directions in Postal Reform*, Kluwer, Boston.

Walker, M. A. (1998), 'Who Benefits from Privatization', in J. R. Allan (ed.), *Public Enterprises in an Era of Change*, Canadian Plains Research Center, University of Regina.

Wall, L. D. (1989), 'A Plan for Reducing Future Deposit Insurance Losses: Puttable Subordinated Debt', *Economic Review of the Federal Reserve Bank of Atlanta*.

Wang, X., Xu, L. C. and Zhu, T. (2001), *State-owned Enterprises Going Public: The Case of China*, HKUST Social Science Working Paper.

Weisman, J. (1997), 'Congress Looks West for Lesson in Utility Deregulation', *Congressional Quarterly Weekly Report*, Feb. 15, 55, 7, 412 – 420.

Weisskopf, T. E. (1998), 'Economic Perspectives on Privatization in Russia: 1990 – 1994', in Iatridis, D. S. and Hopps, J. G. (eds), *Privatization in Central and Eastern Europe—Perspectives and Approaches*, Praeger, London.

Wettenhall, R. (1966), 'The Recoup Concept in Public Enterprises', *Public Administration (London)*, Vol. 44; also in (1987) *Public enterprise and national development: Selected Essays*, Royal Australian Institute of Public Administration, Canberra, 45.

Wettenhall, R. (1966), 'The Recoup Concept in Public Enterprise', *Public Administration (London)*, 44, 391 – 413.

Wettenhall, R. (1987), *Public enterprise and national development: Selected Essays*, Royal Australian Institute of Public Administration, Canberra.

Whincop, M. J. (1996), 'A Theoretical and Policy Critique of the Modern Reformulation of Directors' Duties of Care', *Australian Journal of Corporate Law*, 6, 72 – 92.

Whincop, M. J. (1999), 'Painting the Corporate Cathedral: The Protection of Entitlements in Corporate Law', *Oxford Journal of Legal Studies*, 19, 19 – 50.

Whincop, M. J. (2001), *An Economic and Jurisprudential Genealogy of Corporate Law*, Ashgate, Aldershot.

Whincop, M. J. (2002a), 'Another Side of Accountability: The Fiduciary Concept and Rent-Seeking in the Governance of Government Corporations', *University of New South Wales Law Journal*, 25, 379 – 407.

Whincop, M. J. (2002b), 'Contracting Around The Conflict Rule: An Empirical Analysis Of A Penalty Default', *Journal of Corporate Law Studies*, 2, 1 – 23.

Whiniecki, J. (1997), 'Introduction: Seven Year's Experience' in J. Winiecki (ed.), *Institutional Barriers to Poland's Economic Development*, Routledge, London.

Williamson, O. E. (1984), 'Corporate Governance', *Yale Law Journal*, 93, 1197–1230.

Williamson, O. E. (1985), *The Economic Institutions of Capitalism*, Free Press, New York.

Williamson, O. E. (1996), *The Mechanisms of Governance*, OUP, New York.

World Bank (1997), *China's Management of Enterprises Assets: The State as Shareholder*, World Bank, Washington D. C.

Zeckhauser, R. J. and Horn, M. (1989), 'The Control and Performance of State-Owned Enterprises', in P. W. MacAvoy, W. T. Stanbury, G. Yarrow and R. J. Zeckhauser (eds), *Privatization and State-Owned Enterprises*, Kluwer, Boston.

Zhuang, J. and Xu, C. (1996). 'Profit-Sharing and Financial Performance in the Chinese State Enterprises: Evidence from Panel Data', *Economics of Planning*, 29, 205–222.

Zingales, L. (1998), 'Corporate Governance', in P. Newman (ed.), *The Palgrave Dictionary of Economics and the Law*, Macmillan, London.

主要词汇索引

agency costs　　　　　　　　　　　　　　　　　代理成本
　　calculation 57-9　　　　　　　　　　　　　计算
　　GCs 6,11,13,22,24,26,30,31,42,43,47,53,56,63,114-19,188-90　　政府公司
　　Ministers' discretion 120-1　　　　　　　政府部长的谨慎
Agents，perquisite consumption 64　　　　　　代理人的特权消费
Airlines，quasi-nationalisation 1　　　　　　　航空公司的准国有化
Australia　　　　　　　　　　　　　　　　　　澳大利亚
　　corporatisation 14，33，36　　　　　　　　公司化
　　GCs 30-7　　　　　　　　　　　　　　　　政府公司
　　privatisation 29-30　　　　　　　　　　　私有化
　　SOEs（state-owned enterprises）27，28-30　国有企业
　　see also Queensland　　　　　　　　　　　　昆士兰

BCs（Business Corporations）　　　　　　　　　经营性公司
　　board of directors 68-9　　　　　　　　　　董事会
　　CEOs 65　　　　　　　　　　　　　　　　　首席执行官
　　dividends 66　　　　　　　　　　　　　　　股息
　　GCs，comparison 5-9，10-11，18，65-8　　 政府公司的比较
　　governance 5，6-7，23　　　　　　　　　　 （法人）治理
　　managers 65，67-8　　　　　　　　　　　　经理人
　　shareholders 6-7，65，113　　　　　　　　股东
board of directors　　　　　　　　　　　　　　董事会
　　BCs 68-9　　　　　　　　　　　　　　　　经营性公司
　　GCs 69-71，195-214　　　　　　　　　　　政府公司
　　　　appointments 78-9，116，195-8　　　　任命
　　　　board structure 196-7　　　　　　　　董事会结构
　　　　chairman's role 200-3　　　　　　　　主席的角色
　　　　committees 203-7　　　　　　　　　　委员会
　　　　duties 207-13　　　　　　　　　　　　职责
　　　　experience 79-82　　　　　　　　　　　经历
　　　　fiduciary duties 72，89-94　　　　　　受托人职责
　　　　liability 85-6　　　　　　　　　　　　责任
　　　　perceived quality 86-7　　　　　　　　所需要的品质

politicisation 113 　　政治化
remuneration 84 – 5, 199 – 200 　　报酬
reputational effects 87 – 8 　　声誉效应
tenure and termination 94 – 109, 213 – 14 　　期限与终止
governance problems 68 – 9 　　（法人）治理问题
business corporations see BCs 　　经营性公司

Canada 　　加拿大
GCs 40 – 2 　　政府公司
privatisation 42 　　私有化
capitalism, *laissez-faire* 38 　　资本主义放任（政策）
CEOs (Chief Executive Officers) 　　首席执行官
BCs 65 　　经营性公司
GCs, remuneration 74 – 8 　　政府公司的报酬
China 　　中国
privatisation 44, 51 – 6 　　私有化
SOEs 51 – 6 　　国有企业
community service obligations see CSOs 　　公共服务义务
corporate governance see governance 　　法人治理
corporatisation 　　公司化
Australia 14, 33, 36 　　澳大利亚
GCs 3, 14 – 18 　　政府公司
model 14 – 18 　　模式
New Zealand 14 　　新西兰
and privatisation 57 　　私有化
Queensland 20 　　昆士兰
SOEs 23 　　国有企业
US 14 　　美国
creditors, GCs 181 　　政府公司的债权人
CSOs (Community Service Obligations), GCs 　　政府公司的公共服务义务
8, 11 – 12, 17, 36, 116 – 18, 120, 179 – 80, 220 – 2
customers, GCs 183 　　消费者，政府公司
Czech Republic, privatisation 49 – 51 　　捷克共和国的私有化

data, GCs 19 – 20 　　政府公司数据
dividends 　　股息
BCs 66 　　经营性公司
GCs 66 – 7 　　政府公司

employees, GCs 181 – 2 　　政府公司的雇员
Europe, Eastern, privatisation 43 – 4 　　东欧的私有化

executives, GCs 73–8 政府公司经营者
extant corporatisation model, GCs 14–18 既有公司化模式

FGCs (Federal Government Corporations), US 39–40 美国联邦政府公司
finance, GCs 188–93 政府公司财务
firm, theory of 64 企业理论

GCs (Government Corporations) 政府公司
  agency costs 代理成本
    6,11,13,22,24,26,30,31,42,43,47,53,56,57,58,59,63,114–21,188–90
  Australia 30–7 澳大利亚
  BCs, comparison 5–9, 10–11, 18, 65–8 经营性公司比较
  board of directors 69–71, 78–110 董事会
    appointments 78–9, 116, 195–8 任命
    chairman's role 200–3 主席的角色
    committees 203–7 委员会
    duties 207–13 职责
    experience 79–82 经历
    fiduciary duties 72–3, 89–94 受托人职责
    liability 85–6 责任
    qualifications 81–3 资格
    qualities 86–7 质量
    remuneration 84–6, 199–200 报酬
    reputational effects 87–8 声誉效应
    tenure and termination 94–109, 213–14 期限与终止
Canada 40–2 加拿大
CEOs, remuneration 74–8 首席执行官的报酬
corporatisation 3, 14–18 公司化
creditors 181 债权人
CSOs 8, 11–12, 17, 36, 116–18, 120, 179–80, 220–2 公共服务义务
customers 183 消费者
data 19–20 数据
dividends 66–7 股息
employees 181–2 雇员
executives 73–8 经营者
  remuneration 73–5 报酬
  extant corporatisation model 14–18 既有公司化模式
  finance 188–93 财务
  governance 6–13, 225–7 （法人）治理
  government 政府
    departments 10, 146–52, 222–3 部门

  policy 9，152－8 政策
  relationship 9－10，113 关系
  reserved powers 16－17 保留权力
institutional investors 10 机构投资者
interest groups 10，163－78，223 利益集团
investment 67 投资
local communities 184 当地社区
managers 184－5，193－5 经理人
Ministers' role 114－46，214－24 政府部长的作用
  appointments 122－4 任命
  ethics 223－4 道德
  goal setting 129－33，217－20 目标设定
  governance 133－45，215－17 （法人）治理
  interventions 16，124－9 干预
models 14－18 模式
monopoly 7，9，12 垄断
New Zealand 14 新西兰
Queensland 5，6，19－20 昆士兰
SCIs（Statement of Corporate Intent）183，219－20 公司目标描述
stakeholders 8，180－5 利益相关者
studies 3－4 研究
and Treasury 148－52 财政部
UK 26－7，43 英国
and value 8，66 价值
see also SOEs 国有企业
governance （法人）治理
  aim 2－3 目标
  BCs 5，6－7，23 经营性公司
  board of directors，problems 68－9 董事会的问题
  GCs 6－13，225－7 政府公司
  and investment 64－5 投资
  legal rules 71－3 法律准则
  problems 64－5 问题
  Queensland 19，36－7 昆士兰
  self-enforcing regimes 187－8 自动实施机制
  and stakeholders 162－86 利益相关者
  SOEs 23，56－60 国有企业
  studies 3 研究
government corporations see GCs 政府公司

institutions, and GCs 10	公共机构和政府公司
interest groups	利益集团
GCs 10, 163－78, 223	政府公司
labour policies 174－8	劳工政策
lobbying activities 166－74	游说活动
and privatisation 163－4	私有化
investment	投资
GCs 67	政府公司
and governance 64－5	（法人）治理
SOEs 27	国有企业
legal rules, governance 71－3	（法人）治理的法律准则
local communities, GCs 184	当地社区
managers	经理人
BCs 65, 67－8	经营性公司
GCs 184－5, 193－5	政府公司
markets, equilibria 4	市场均衡
monopoly, GCs 7, 9, 12	政府公司的垄断
Morrison, Herbert 24	赫伯特·莫里森
New Zealand	新西兰
corporatisation 14	公司化
GCs 14	政府公司
privatisation 27－8	私有化
SOEs 27－8, 35	国有企业
perquisite consumption, agents 64	代理人的特权消费
Poland, privatisation 47－9	波兰的私有化
privatisation	私有化
Australia 29－30	澳大利亚
Canada 42	加拿大
China 44, 51－6	中国
and corporatisation 57	公司化
Czech Republic 49－51	捷克共和国
drawbacks 2	缺陷
Eastern Europe 43－4	东欧
and interest groups 163－4	利益集团
New Zealand 27－8	新西兰
Poland 47－9	波兰
Queensland 29－30	昆士兰

Russia 44–7	俄国
Slovak Republic 49–51	斯洛伐克共和国
SOEs 23	国有企业
UK 26, 42	英国
see also GCs; SOEs	政府公司，国有企业
public choice theory 1	公共选择理论
Queensland	昆士兰
Corporatisation 20	公司化
GCs 5, 6	政府公司
Governance 19, 36–7	（法人）治理
research data 19–20	研究数据
government system 20	政府系统
privatisation 29–30	私有化
SCI 33–6, 116	公司目标描述
rent-seeking 2, 5, 21 n.3, 67, 160, n.73, 164, 165, 182, 210, 211	寻租
Russia	俄国
privatisation 44–7	私有化
SOEs 45–6	国有企业
SCI（Statement of Corporate Intent）	公司目标描述
GCs 183, 219–20	政府公司
and Ministers 129–33, 219–20	政府部长
Queensland 33–6, 116	昆士兰
shareholders	股东
BCs 6–7, 65, 113	经营性公司
and governance 162–86	（法人）治理
Sherman Act（1890）38	谢尔曼法
Slovak Republic, privatisation 49–51	斯洛伐克共和国的私有化
SOEs（State Owned Enterprises）22	国有企业
Australia 27, 28–30	澳大利亚
China 51–6	中国
corporatisation 23	公司化
governance 23, 56–60	（法人）治理
investment 27	投资
New Zealand 27–8, 35	新西兰
privatisation 23	私有化
Russia 45–6	俄国
UK 24–7, 67	英国

governance 25–6	（法人）治理
US 37–40, 67–8	美国
see also GCs	政府公司
stakeholders	利益相关者
GCs 8, 180–5	政府公司
creditors 181	债权人
customers 183–4	消费者
employees 181–2	雇员
local communities 184	当地社区
managers 184–5	经理人
and governance 162–86	（法人）治理
Statement of Corporate Intent *see* SCI	公司目标描述
UK	英国
GCs 26–7, 43	政府公司
privatisation 26, 42	私有化
SOEs 24–7, 67	国有企业
US	美国
corporatisation 14	公司化
FGCs 39–40	联邦政府公司
SOEs 27, 37–40, 67–8	国有企业
value, and GCs 8, 66	价值，政府公司
Williamson, Oliver 13	奥利弗·威廉姆森

图字：01 – 2005 – 4346

Corporate Governance in Government Corporations by Michael J. Whincop

© Michael J. Whincop 2005
ISBN：0 – 7546 – 2276 – 2

2005 年由 Ashgate Publishing Limited 出版

© 简体中文版权属经济科学出版社
　版权所有　　翻印必究

图书在版编目（CIP）数据

政府公司的法人治理／[澳]温考普著，高明华译校．—北京：经济科学出版社，2010.12
（治理译丛）
ISBN 978－7－5141－0100－3

Ⅰ.①政… Ⅱ.①温…②高… Ⅲ.①公司－法人－企业管理－研究 Ⅳ.①F276.6

中国版本图书馆CIP数据核字（2010）第218568号

责任编辑：金　梅　莫霓舫
责任校对：韩　宇　杨　海
版式设计：代小卫
技术编辑：董永亭

政府公司的法人治理

[澳]迈克尔·J·温考普　著
高明华　译校

经济科学出版社出版、发行　新华书店经销
社址：北京市海淀区阜成路甲28号　邮编：100142
总编部电话：88191217　发行部电话：88191540
经济理论编辑中心电话：88191435
电子邮件：jjll1435@126.com
网址：www.esp.com.cn
北京中科印刷有限公司印刷
华丰装订厂装订
787×1092　16开　16.25印张　220000字
2010年12月第1版　2010年12月第1次印刷
ISBN 978－7－5141－0100－3　定价：36.00元
(图书出现印装问题，本社负责调换)
(版权所有　翻印必究)